做人要学曾國藩 做事要学胡雪岩

华 业⊙编著

中国商业出版社

图书在版编目（CIP）数据

做人要学曾国藩　做事要学胡雪岩 / 华业编著 . — 北京：中国商业出版社，2008.7

ISBN 978-7-5044-6219-0

Ⅰ. ①做… Ⅱ. ①华… Ⅲ. ①曾国藩（1811 ~ 1872）—人生哲学 ②胡雪岩（1823 ~ 1885）—人生哲学 Ⅳ. ① K827=52 ② K825.3

中国版本图书馆 CIP 数据核字（2008）第 096363 号

责任编辑：唐伟荣

中国商业出版社出版发行

010-63180647　www.c-cbook.com

（100053　北京广安门内报国寺 1 号）

新华书店经销

天津冠豪恒胜业印刷有限公司印刷

*

710 毫米 ×1000 毫米　16 开　17 印张　300 千字

2008 年 10 月第 1 版　　2019 年 6 月第 2 次印刷

定价：48.00 元

*　*　*　*

前言
PREFACE

曾国藩和胡雪岩这两个生活在同一时代的人，在晚清风雨飘摇的情况下，是什么使他们在各自的领域都取得了令人惊叹的成就呢？这个问题吸引了一百多年来几代人的好奇和关注。

曾国藩出身于一个普通农家，其资质并不出众，但自跻身于仕途之后却一帆风顺，一生官至总督。在太平天国起义使晚清王朝岌岌可危、满朝文武大臣束手无策的危急关头，他以一介书生带兵，力挽狂澜，与太平天国展开了你死我活的斗争，历经十多年的血雨腥风，最终取胜，延续了清王朝半个多世纪的统治，他也因此被称为“中兴第一名臣”。

曾国藩的一生可说是充满传奇色彩，在面对清王朝对他充满戒心时谨言慎行，巧妙化解。许多名人对他推崇备至。梁启超说：“吾党不欲澄清天下则已，苟有此志，则吾谓《曾文正集》不可不日三复也。”青年毛泽东对曾国藩也是佩服不已，他说：“吾于近人，独服曾文正公。”晚年毛泽东还认为曾国藩“是地主阶级中最厉害的人物”。蒋介石则认为曾国藩可以做他的老师（“是为吾人师资”）。

胡雪岩的出身则更为低微，他未熟读诗书，自幼家贫即入钱庄学徒，从最基层——打杂做起，后又因帮人而丢失工作，但他并未因此而沉沦。在“豪赌”成功后，胡雪岩依凭自己的聪明才智和官场势力开始了纵横一生的事业，最终成为晚清的第一富商。胡雪岩眼光独到，为人诚信，有政治头脑，在当今社会他的所作所为无疑仍然具有积极的作用。

本书从做人、做事各方面向人们展示了曾国藩、胡雪岩成功的一生，希望世人能够从中吸取对自己有用的元素。

编者

2008年4月

目录
CONTENTS

上篇　做人要学曾国藩

下篇 做事要学胡雪岩

上篇

做人要学曾國藩

第一章

慧眼识才，用才得当

人才是一个社会发展的主要动力，但有了人才并不一定就会取得成功，这还涉及如何使用人才的问题。因此，如何识别人才和使用人才是需要认真考虑和学习的事情，善于识别人才并予以适当运用是一个管理者成功的重要条件。

1. 知人善用，网罗人才

善于识人用人是曾国藩成功的根本要诀。他对于人才非常重视，不论在何时，都注意留心人才。他认为，“为政之要，首务得人”，“得一好人，便为天地消一浩劫”，“多事之秋，得一人则重于山岳，少一人则弱于婴儿”，“除得人之外，无一事可恃”。但是用人极难，知人尤难，所以他慨叹“人不易知，知人不易。”

经过长期实践，曾国藩提出了一套认识和鉴别、考察人才的理论和方法。他在《应诏陈言疏》中提出应以“考言”为主，看他是否具备一定的语言文字能力；除此而外，还要考察人的志趣、意志、态度、品行和思想。例如，就“志趣”而言，曾国藩认为卑微者“安流俗庸陋之规”，而高贵者“慕往哲盛隆之轨”，高低贵贱立时可判；就“品行”而言，人才要以“朴实廉介为质”，要有操守而无“官气”，这是考察和选拔人才的标准；就“思想”而言，曾国藩认为不外乎有操守而无官气，多条理而少大言。

为了识拔和鉴别人才，曾国藩甚至还发明了“相人”之术，从“神骨”、刚柔、容貌、五官、须眉、声音、情态、气色等方面来“相人”。虽然看相之术有许多迷信色彩，但是曾国藩相人之术中某些合理的内容对于识别和选拔人才，还是有一些可取之处的。

曾国藩的知人之明，仅从他的幕府组成人员来看，就可窥见一斑。有人曾经对曾图藩的幕府人才作了总结，认为他幕府中的人才有以下几类：

谋略人才：郭嵩焘、左宗棠、李鸿章、陈士杰、李鸿裔、薛福成等。

作战人才：彭玉麟、杨载福、唐训方、黄润昌等。

军需人才：李瀚章、甘晋、郭嵩焘、李兴锐等。

文书人才：罗萱、程鸿诏、向师棣、黎庶昌等。

吏治人才：李宗羲、洪汝奎、赵烈文、倪文蔚、方宗诚等。

文教人才：吴敏树、莫友芝、陆艾、俞樾、戴望、吴汝纶、张裕钊、刘寿曾等。

制造人才：李善兰、徐寿、华蘅芳、冯浚光、陈兰彬、容闳等。

仅上面所提及的曾氏幕府的佼佼者来看，就有五十人之多。因此，当时就有人评价曾国藩幕府人才之盛时说："幕府人才，一时称盛，于军旅、吏治外，别有二派，曰道学，曰名士。道学派为何慎修、程鸿诏、涂宗瀛、倪文蔚、甘绍盘、方谋诸人，名士派为莫友芝、张裕钊、李鸿裔诸人。"

容闳后来评述曾国藩的幕僚时也说："当时各处军官，聚于曾文正之大营者，不下二百人，大半皆怀其目的而来。总督幕府中，亦有百人左右。幕府外更有候补之官员，怀方之士子，凡法律、算学、天文、机器等专门家，无不毕集。几于举国人才之精华，汇集于此。是皆曾文正一人之声望、道德及其所成就之功业，足以吸收罗致之也。"

从这些评论来看，无不是对曾国藩的知人之明和广罗人才推崇备至，这也从另一方面体现了曾国藩善于知人、明于用人的思想。

事实上，曾国藩对自己身边的幕僚和营中将领也有许多中肯的评价，我们可以从中看到曾国藩的知人之明，也可以领略到他的用人之术。下面仅举几例：

对于胡林翼，曾国藩说："胆识绝人，威望夙著"；"才大心细，为军中万不可少之员。"

对于左宗棠，曾国藩说："实属深明将略，度越时贤"；"左帅平定甘肃之后，恐下文尚长，亦由天生过人之精力，任此艰巨也。"

对于李鸿章，曾国藩说："少荃天资，于公牍最相近，所拟奏咨函批，皆有大过人处，将来建树非凡，或竟青出于蓝，亦未可知"；"才大心细，劲气内敛，可胜江苏巡抚之任"；"用人行政不改常度，而高掌远跖，治事清核，实鄙人所不逮"；"殊为眼明手辣"。

对于周梧冈，曾国藩说：“于军中小事尚能办理妥办，遇有大事则无识无胆”；“暗于大局，不能受风浪，若扎营放哨、巡更发探、开仗分枝，穷系宿将，不可多得。”

对于杨载福，曾国藩说：“气韵沉雄，出奇制胜。”

对于彭玉麟，曾国藩说：“淡于荣利，退让为怀。”

在论及营中诸将时，曾国藩说：“塔齐布，一威望之将；毕金科，一骁悍之将；王福、韩升均属难得之才……”

“人才难得亦难知”，这是我国北宋著名政治家王安石在认识和选拔人才时说的一句话。因此，如何正确认识人才，将不同人才用到最合适的位置，是领导者需要着意关注的问题。曾国藩在这方面已经做了成功的范例，如果曾国藩手下没有这么多人才，可以说他就难以镇压太平天国起义军。

2. 区别对待，驭人有术

曾国藩特别善于驾驭各种类型的人才。在处理刘铭传和陈国瑞械斗一事上就充分地体现了这一点。

同为悍将，但两人却有不同的特点。械斗的一方淮军将领刘铭传长在民风强悍的淮北平原，自小养成了一种天不怕地不怕的豪霸之气。18岁时，一个土豪到他家勒索，其父亲与哥哥皆跪地求饶，只有刘铭传愤而寻找土豪报仇，土豪欺他年少，对他进行污辱，不料他大步跨上前去，抢过刀来割下了土豪的首级，之后便聚众为王，拉起了一支队伍，成了乡里有名的流氓头子。

李鸿章奉曾国藩之命回原籍招募淮军时，第一个就看中了他。因此，将他的队伍募入淮勇，名为“铭军”，并花了不少银两，从洋人手中购买了枪支弹药，把铭军装备成近代武装，这支队伍为李鸿章建立功业出了不少力，但对于刘铭传的倨傲狂妄，李鸿章也着实恼火。因此，当曾国藩借用淮军剿捻时，李鸿章就把“铭军”拨给了老师，希望曾国藩能够熏陶、管教他一下。

械斗的另一方陈国瑞，原是蒙古王爷僧格林沁的手下大将。他从未读过书，更不知道什么德不德，开口便是脏话，只要想干的事，任天塌下来也要办成。

陈国瑞15岁时，在家乡湖北应城投了太平军，后来又投降清军，几经辗转被收在僧格林沁部下，据说他异常骁勇，打仗时，炮弹击碎了他手中的酒杯，他不但不避，反而抓起椅子，端坐在营房外，高叫“向我开炮”，使手下都很敬畏他。

要说粗鲁莽撞，僧王比他有过之无不及，传说僧王是个暴虐、狂躁、喜怒无常之人，听手下汇报战况也要到处走动。赞赏时不是割一大块肉塞进对方嘴里，就是端一大碗酒强迫别人喝下去。发怒时则用鞭子抽打或冲过去拧脸扯辫子，搞得很多人都难以接受。只有这陈国瑞不怕僧王，他是打心眼里佩服僧格林沁。

僧王死后，曾国藩接替“剿捻”事宜，与陈国瑞打上了交道。

这样，两员悍将碰到了一起。“一山不容二虎”，果然，在“剿捻”过程中，刘铭传军与陈国瑞军发生了两次械斗。对于如何处理这个事端，一时也让曾国藩犯了难。不处理吧，于事不公，双方都不能平心静气，今后还会内讧；处理吧，刘铭传是李鸿章的属下，且刘铭传谋勇兼备，又有洋枪洋炮，今后自己还要倚靠他。于是，曾国藩想了个万全之策，就是对刘铭传进行严厉斥责，嘴上说得狠，但对其过失不予追究，使他心生悸畏。这一招果然管用，只是不久，曾国藩就调铭军独自赴皖北去剿捻了。

对于老师的办法，李鸿章心领神会，所以他照方抓药，在剿捻成功后，他向清廷力推刘铭传的功绩，使刘铭传得以委任台湾道员。正是这个桀骜不驯的人，在中法战争中带领台湾军民奋起抵抗法军的进攻，使法军终未能攻下淡水，占领台湾的梦想破灭了。

1885年，清政府将台湾正式撤道改建成省，刘铭传被任命为台湾第一任巡抚。

在处理陈国瑞时，曾国藩则采取了另一种方式。曾国藩感到只有让他真心服自己，才有可能在今后真正使用他。于是，曾国藩拿定主意，先以凛然不可侵犯的正气打击陈国瑞的嚣张气焰，继而历数他的劣迹暴行，使他知道自己的过错和别人对自己的评价。当陈灰心丧气、准备打退堂鼓时，曾国藩话锋一转，又表扬了他的勇敢、不好色、不贪财等优点，告诉他是个大有前途的将才，切不可以莽撞自毁前程，使陈国瑞又振奋起来。紧接着，曾国藩坐到他面前，像与儿子谈话那样谆谆教导他，给他定下了不扰民、不私斗、不梗令三条规矩，一番话说得陈国瑞口服心服，无言可辩。

但是，陈国瑞莽性难改，所以一回营就照样不理睬曾国藩所下的命令。看到使用软的作用不大，曾国藩马上请到圣旨，撤去陈国瑞帮办军务之职，剥去黄马褂，责令戴罪立功，以观后效。并且告诉他再不听令就要撤职查办，发往军台效力了。陈国瑞一想到那无酒无肉、无权无势的生活，立即表示听曾大人的话，率领部队开往指定地点。

所以，曾国藩驾驭悍将，无外用两种手段，或软硬兼施，或外严内宽。这样，就可以尽用其才。

3. 合理安排，用其所长

人才找到后，如何将他用到最合适的位置，发挥他的长处就成为至关重要的问题了。对此，曾国藩认为，虽有良药，如果用得不对症，还不如一般的药；虽有贤才，如果不用在合适的地方，还不如那些庸人。这就好比质地坚实的木梁可以用于冲击城门，而不可以用来堵洞穴；强壮的水牛不能用来捕捉老鼠；千里马不可以用来看守闾门；价值千金的宝剑用来砍柴，还不如一般的斧头；古老的宝鼎用来耕田，还不如犁。只要是时间恰当，环境适当，一般的人也可以发挥神奇的功效。因此，这个世界不是没有人才，而是要看如何去使用人才。

曾国藩的观点，其实就是要求知人善任，用人如器，即将每一个人才放到最适合他的位置，以发挥其最大的能力和功效。在这方面，汉高祖刘邦可以称得上楷模。

刘邦在战胜项羽之后，大宴群臣。酒到半酣，刘邦问众臣："诸位爱卿，你们能不能告诉我，我为什么能够战胜项羽，拥有天下？"王陵站起来回答说："陛下虽然平时待人傲慢，动不动就发脾气；但是陛下能够赏罚分明，不论谁有功，都会按功行赏，所以将士都愿意为陛下卖力。而项羽则不同，他虽然表面上很仁慈，待人恭敬，但他刚愎自用，听不进别人的建议，而且猜忌功臣，有功不赏，得地不分，有功之人得不到应有的报偿，所以他失去了天下。"

刘邦听了，摇摇头说："你们只知其一，不知其二。运筹于帷幄之中，决胜于千里之外，我不如张良；安定国家，稳固后方，充实军饷，我不如萧何；统率军队，冲锋陷阵，攻无不克，战无不胜，我不如韩信。这三个人都是当今的豪杰奇才，我都能够悉心任用，所以能够得天下。而项羽只有一个范增，尚且得不到重用，这就是他败亡的原因。"

一个真正的领者导，要做到人尽其才，才尽其用。因此，做领导的要了解人才的特长、特点，甚至会识别人才的真伪，要通过察言观色、工作实绩考察和他人评价来选拔人才、使用人才，防止"伪人才"占据高位、显位。另外，要根据人才的实际情况安排适当的职位，真正做到唯贤是举、量才录用。

曾国藩驻军安庆的时候，湖南的同乡不少人前来投靠，有一位戚姓同乡从湖南赶来，行李简单，衣服破旧，沉默寡言，一瞧便知是为生计所迫而投奔军营的穷苦人。曾国藩见到家乡人不免要热情寒暄一番。在曾国藩打听家乡的一些事情和亲友的情况时，戚姓同乡回答拘谨，很显然是不善言辞的老实人。不过，偶尔在关键处说上几句，话语很中要害。曾国藩决定对他考察一番，先给他一些事情做。

曾国藩有一个固定的习惯，在每次吃饭的时候都召集幕僚们在一起吃，没有人敢违背曾国藩所制定的规矩。一天，戚某吃饭时发现饭中有颗稻粒，就把稻粒扔了出去。曾国藩看在眼里，心中有些不满，但当时也没有说什么。吃过饭后，曾国藩让幕府支出“应备银”二十两，赠给戚某做回家的川资。戚某得知后非常不解。无奈之下，询问曾国藩的表弟彭杰南，希望彭杰南为自己讲情。曾国藩对彭杰南说：“这个老乡不地道，庄稼人吃饭时连一颗稻粒都扔掉，不应该啊！自己不是豪富之家出身，从庄稼地里来到军营不过一个多月，就变成这个样子！我恐怕他贪图享乐、富贵忘本，也吃不了军营的苦，还会为我带来麻烦。”彭杰南说：“这件事情算不上大的过错，也许他是怕人笑话，您可以再找些事情给他做，再试试他。”

曾国藩喜欢吃新鲜的蔬菜，自己有一个菜园。于是，曾国藩就让戚某主管菜园。戚某经过上次的事情后变得勤勉自励，每天和佣耕的人一起辛勤劳动，从早到晚不得片刻的闲暇。曾国藩通过一年多的暗中观察，发现他和别人通力合作，而且始终不渝。曾国藩对他的看法改变了，把他召了回来并让他担任重要的职务。戚某感恩戴德，更加勤勉公事、恪尽职守，最终由一个乡下的农夫扶摇直上，官至观察使，加布政使衔。这件小事足可以反映曾国藩对属下要求之严。

曾国藩出生在一个大的家族，人丁兴旺，子侄甚多。加上曾国藩科举出身，中举人，中进士，点翰林，又外放做过主考官，同年同窗、门生故吏众多。但曾国藩始终坚持甄选人才，量才录用。有才能的人放在适当的位置使用，没有才能的人遣送回家。不仅如此，曾国藩还经常教育其弟曾国荃等人要学习识别人才，善于使用人才。

据说当年曾国藩进京赶考时，盘缠拮据。幸亏曾国藩的五舅变卖家产，为曾国藩凑足盘缠。曾国藩对此十分感激，一直念念不忘五舅的恩德。曾国藩在朝中做官后，每年都要寄回银两接济依然贫困的五舅，报答当年的恩德。

1861年，曾国藩打下安庆后，特地把五舅接到安庆住了一段时间。当五舅过世后，五舅的独生儿子前来投奔已任两江总督的曾国藩，曾国藩自然要给予照顾。然而这位表弟既没有才学又懒惰散漫，交办的事情几乎无一成功，还总爱以总督的表弟自居，有些狂妄傲慢。曾国藩认定这位表弟属于不堪造就之才，尽管五舅生前对自己有恩，还是委婉而坚决地劝说表弟还乡。

曾国藩选拔人才的观点是“深识之士不愿牛骥同槽。阳鲚得意，而贤者反掉头去矣”。因而，对有真才实学的人，量才使用，提供发展的机会和舞台；对平庸无能之人，坚决不予收留。因此，曾国藩的幕府和军帐内确实汇集了一群文武干练的人才。

曾国藩常常这样告诫自己，不能因为自己而埋没了人才，也不能选出华而不实或碌碌无为的人，这样都会贻误将来的事业。选拔人才是有难度的事情，曾国藩也叹道：“人不易知，知人不易。”谁是卑鄙猥琐不堪重用的人？谁是才华卓越不同流俗的人？也许只有通过观察和任用才能辨别，而且要长时间的观察。领导者绝不能任人唯亲，只有量才录用，任人唯贤，才能长保不败。

4. 善用偏才，扬长避短

曾国藩对于偏才和大器晚成者不离不弃，而是扬长避短，给予充分的磨炼，促其成长。

王珍，字璞山，湘军猛将，与鲍超齐名。太平军称鲍超为“豹子”，称王珍为“斑虎”，由此可见王珍的勇猛非同一般了。

王珍是湘军中治军极严的统领，他著有《练勇刍言》一书，湘军后来的规章制度，大都是延用王珍的话。王珍在军纪中规定“士兵怀银十两者斩”，很多人都不明白是什么原因。原来王珍军中士兵的饷银，都是由营部直接交到士兵家中，因此，士兵身上有十两银子，便可推断银子不是抢来的，便是赌博赢来的，所以要把他杀了。还有吃饭不给钱，买东西不给钱的，只要犯了这样的错误也必然给以严惩。左宗棠最敬佩王珍，然亦谓其待部下过于严格。

但是王珍为人有一点不好，喜欢夸大事实，而曾国藩一向讨厌夸大其词的人。王珍有一天对曾国藩说：“我只要招兵三千，就可以把太平军消灭掉。”曾国藩一听，大惊失色，写信告诫王珍。

王珍接到信后，不以为然，依旧我行我素，曾国藩深感忧虑，在致骆秉章的信中说：“璞山不谅我心，颇生猜嫌，待所今亡札饬言撤勇者，概不回答，既无片牍，又无私书，未曾同涉风波之险，已有不受节制之意，同舟而赴敌国，肝胆而变楚越。”从这封信中可以看出，曾国藩对王珍的言行很是不满，因劝阻无效，两人已经闹翻。

王珍对曾国藩如此不敬，因其是难得的人才，虽然有缺点，但曾国藩并不因此嫌弃他。王珍屡次违抗曾国藩的命令，曾国藩在关键时刻照样事事处处关照他，丝毫也没有因王珍的不敬而打击报复。江西林头山大战，王珍身先士卒，率军奋勇作战，大破太平军二十余万，一时间湘军声名大振，名扬天下。

曾国藩知悉王珍破敌的消息，连夜赶写奏折，为王珍请功。未曾想到这位为初建湘军立下汗马功劳，作战威猛不可抵挡的湘军将领，因为操劳过度，积劳成疾，暴死军中。曾国藩得知王珍暴死的消息，不禁痛哭流涕，旁人也无不痛惜。从这里可以看出，曾国藩不仅注重人才，并且有容人之量。他在咸丰三年五月十八日与《与张亮基》一文中说道：“这一地区的文官中如魁太守、朱县令等，武官中如塔参将、景都司，都忠心赤胆，奋发有为，可以和他们一同伸张大义。而其中的塔玉山参将，是被乌都统赏识的顶头人物，实属很难求得的人才。近来听说您因为他未肯前往桂东增援狠狠地督责了他，求您稍稍从缓处置，等我再仔细对他考察一番。人才难得，只怕因小错而损失了有用之才啊！”

偏才大多具有独特的才能，善于使用，发挥其特长，避其短处，必能取得较大的成功。曾国藩能成就一番大事业与他的这种智慧是分不开的。

5. 多方考察，选才有道

曾国藩在选用人才方面，自有一套标准。这些标准或许大悖于一般所谓“唯才是举”的说法，不过事实证明他的做法是很有实益的。

第一，曾国藩的用人标准特殊之处在于：“忠义血性之人最可用”。所谓忠义血性，就是誓死效忠清王朝，自觉维护以三纲五常为根本的封建统治秩序。他说：

“带勇之人，第一要才堪治民，第二要不怕死，第三要不计名利，第四要耐受辛苦。治民之才，不外公、明、勤三字。不公不明，则诸勇必不悦服；不勤则营务巨细，皆废弛不治，故第一要务在此。不怕死则临阵当先，士卒仍可效命，故次之。身体羸弱者，过功则疾；精神乏短者，久用则散，故又次之。四者似过于求备，而苟阙其一，万不可带勇，大抵有忠义血性，则四者相从以俱至，无忠义血性，则貌似四者，终不可持。”

选用具有“忠义血性”者为将领，可以起到表率作用，“以类相求，以气相引，庶几得一而可及其余”，这样便可以带动全军效忠封建王朝，从而能够使这支新兴的军队——湘军——不但具有镇压农民起义的能力，同时还具有“转移世风”的政治功能。

曾国藩识用鲍超，就是重“忠义血性”的例子。鲍超是今重庆奉节县人，因家贫从军，行伍出身。咸丰三年，他入湘军水师，任哨长。攻克武昌后，鲍超升为参将，改领陆军，曾解曾国藩祁门之危，后官至湖南提督，乃曾氏帐下一猛将。

鲍超不识文墨，仅认得自己的姓名，但作战勇敢，带兵有方，其憨直更令曾国藩喜爱。有一次，鲍超孤军被困九江，欲派人向曾氏求救，叫文书写信，多时未完。鲍超心急，顿足道：“都什么时候了，还咬文嚼字！”立即喊亲兵拿来一幅白麻，自己握着毛笔，于幅中大书一“鲍”字，四周作无数小圈围绕，急急封函，派人送去。众人不解其意，曾国藩大笑说：“老鲍又被围矣！”于是派出援军。

曾氏知鲍，鲍亦敬曾。有次鲍超学写“门”字，末笔没有写上钩，别人告诉他还缺一钩。鲍超指着厅中大门：“两边不都是直的吗，哪里有钩？”正好墙上悬着曾国藩所赠对联，中有“门”字，这人于是说：“曾大帅写‘门’字亦有钩矣。”鲍超一看果然，即跪地三叩首，说：“先生恕吾武人！”

第二，曾国藩强调“廉明为用”。对于“廉”、“明”二字，他解释说：

“弁勇之于本营将领，他事尚不深求，惟银钱之洁否，保举之当否，则众目眈眈，以此相伺；众口啧啧，以此相讥。惟自处于廉，公私出入款项，使阖营共闻，清洁之行，已早有以服弁勇之心，而小款小赏，又常常从宽，使在下者恒得沾润膏泽，则惠足使人矣。明之一字，第一在临阵之际，看明某弁系冲锋陷阵，某弁系随后助势，某弁回力合堵，某弁见危先避，一一看明，而又证之以平日办事之勤惰虚实，逐细考核，久之，虽一勇一夫之长短贤否，皆有以识其大略，几于明矣。”

“廉”，对于军队来说是极为敏感的问题。绿营将帅克扣军饷、冒领缺额以自肥的现象，早已是公开的腐败行径。这深为士兵所不满，严重影响了部队的战斗力。曾国藩在新组建的军队选将问题上高度重视，因为它直接关系到湘军的战斗力。

“明”是指将领要做到赏罚分明，是非不淆。“人见其近，吾见其远，曰高明；人见其粗，吾见其细，曰精明。”对于一般将领要求其“精明”，而对于高级将领，则要求其必须“高明”，这样才能够具有远见卓识。曾国藩反复强调将领要具备“廉”“明”的品质，这对于改善官兵关系，提高战斗力，有着极为重要的作用。

第三，选取将领，专取“朴实”之人。

曾国藩对于绿营军官投机取巧、迎合钻营的腐败风气有着极为深刻的认识。他深感积习难改，“国家养绿营兵五十余万，二百年来所费何可胜计。今大难之起，无一兵足供一战之用，实以官气太重，心窍太多，漓朴散淳，其意荡然”，曾国藩从内心里慨叹：即使“孔子复生，难遽变营伍之习气”。

为了从根本上解决这个问题，曾国藩规定，一方面湘军不用入营已久的绿营兵、守备以上官；另一方面他强调挑选将领要侧重“纯朴”。所谓“纯朴”是指脚踏实地，无官气，不浮夸虚饰。曾国藩经过遴选，将大量“纯朴”之人委以重任，这对于提高湘军战斗力和耐力极为有益。

曾国藩就这一选才标准还专门与沈葆桢商讨过，他在同治元年十月二十五日信中写道：“李迪庵兄弟选营官，专门选取简默朴实、临阵不慌的人。弟不能临阵观人，而略仿李氏之意选取简默朴实的。阁下素来知人善任，此仅供斟酌参考。”

第四，“智略才识”是曾国藩选将的又一标准。

曾国藩认为：“大抵拣选将才，必求智略深远之人，绝不能选用冗冗者。”他指出：“其冗冗者，虽至亲密友，不宜久留，恐贤者不愿共事一方也。”曾国藩力求从书生中选拔人才，借助于他们知书达理，努力克服绿营将领缺乏韬略的弊病。

第五，要求湘军将领还应具备“坚忍耐劳”的特点。

“耐劳”本是我国农民身上的优良品质。自古以来，各朝各代以农业立国，国家各项财政收支，几乎全都依赖农业提供。于是苛捐杂税层出不穷，农民通常是吃苦耐劳，来往奔波于田间。湘军之将领多是招募而来的农家子弟，这种坚忍耐劳本就是他们身上的传统，因而湘军能够四处转战而兵将不言其苦，对敌作战能一鼓作气，勇敢顽强，战斗到底。

曾国藩选才用人的五项标准首先注重人的内在精神，以维护封建伦理为首要。曾国藩认为只有以儒家道德感化将士，才能上下一致，同心协力。以封建伦理道德为首要选才标准，是曾国藩镇压农民起义中提出的口号，即维护儒教，这样就达到了师出有名、鼓舞士气的目的。

人才是成事的关键因素，因而不可不慎重，没有一套好的选才标准，往往良莠难辨，轻则让自己背负不能识人用人的骂名，重则误了时机，坏了大事。治国一事，涉及天下苍生，一旦出现差错，将是难以弥补的。曾国藩的这套选才标准虽带有浓厚的封建伦理色彩，但终究不失它的客观之处。

6. 观人于微，相人有术

曾国藩善于识拔人才，主要是因为他能观人于微，并且积久而有经验，故此才有超越的知人之明。他观人的方法，“以有操守无官气，多条理而少大言为主”。他最瞧不起的是大言不惭的人。

曾国藩为人威重，三角眼且有棱，在接见客人时，往往注视客人而不说话，看得对方津脊汗背，悚然难持，由此断人才情，百不爽一，实可称叹。

曾国藩认为，神平则质平，神邪则质邪。观察一个人的“神”，可以见其忠奸贤肖，“神正其人正，神邪其人奸”。常言道，“人逢喜事精神爽”。可见，“神”是不分品质好坏而人所共有的精神状态。而曾国藩所说的“一身精神，俱乎两目”。其“神”与“精神”一词不完全一致，“神”发自人心性品质，集中体现在面部，尤其是体现在两只眼里。

如果一个人“神”狭、“神”挫，则其品格卑下，心怀邪念，容易见异思迁，随便放弃自己的道德情操而趋利。这种人平常善于掩饰自己，往往在准备充分、形势成熟后才显出本性，而不会轻易发难，不打无准备的仗，是大奸大贼一类的人。

所谓“精惠则智明，精浊则智暗”，是说观察一个人的“精”，可以判别其智慧明暗。聪明敏慧的，其“精”条达畅明；鲁笨愚钝的，其“精”粗疏暗昧。这个“精”，与“精明能干的”的“精”字意义上有些联系，但识别起来并不容易。

古谓人有“精、气、神”三性，“精”指一个人才智能力在气质上的外部显露。花气袭人是芳香，人的才情心力也会像花香一样有优劣高下之分。品质的复杂，加上个人修养和环境等因素的外在影响，使得有些人的“精”和“神”表露得不十分明显，特别是处于落魄颓丧时期，普通人难以对此一目了然，一洞澄明。这就需要识人者运用经验和感觉去进行判断。许多人都有这种体验，一看某人，就知道其聪不聪明，道理即在于此。这即是观“精”之说。

所谓“筋劲则势勇，筋弱则势怯”说，意即观察一个人的筋，能识别其胆量。筋劲，其人勇猛有力；筋松，其人怯懦乏劲。所谓“骨硬则质刚，骨软则质弱”说，即观察一个人的骨，能识别其强弱。骨健，其人强壮；骨软，其人软弱。曾国藩认为神和骨是识别一个人的门户和纲领，有开门见山、提纲挈领的作用。他在《冰鉴》中说：“一身骨相，具乎面部”。“筋”和“骨”经常被联系在一起用来衡量一个人勇怯与否。

“气盛决于躁，气冲决于潜”，观察一个人的“气”，可以发现其沉浮静躁。沉得住气，临危不乱，这样的人可担当大任；浮躁不安，毛手毛脚，难以集中全部力量去攻坚，做事往往“知难而退”、“半途而废”。底气足，干劲足，做事易集中精力，且能持久；底气虚，精神容易涣散，多半途而废。活泼好动与文静安详并不是静躁的区别。文静的人也能动若脱兔，活泼的人也能静若处子。而神浮气躁的人，做什么事都精力涣散，半途而废，小事精明，大事糊涂，不能真正静下心来思考问题，遇事慌张，稍有风吹草动，就气浮神惊起来。

还有一个重要的识人方面，即观眼，也就是由眼睛识别人的心性才情。眼睛蓄含了人的诸多信息，从身体素质到心性能力。眼睛有“心灵的窗户”之称，古今中外许多名人都注意到这一方面。在很多情况下，眼睛是识别人才的重要方法。

曾国藩认为：“一身精神，具乎两目。”睛子（眸子）明亮清澈的，往往为人正派；睛子晦涩的，大半是杂才、不正不纯之人，因此从眼神最易判断一个人的心性。凶恶之人目露凶光；仁爱的人目光诚恳而庄重；勇敢的人目光炯炯有神；心怀奸邪的人眼睛闪忽不定，动若萤光；心无杂念、堂堂正正的人，目光镇定有情。

曾国藩一生喜好相人，其治国、治军都需人才帮助，故而对相人有很高的水准。

7. 用人不当，慎加防备

曾国藩饱读经史，对历史上用人不当而招致失败的众多例子了解于胸。下面这两个事件尤受他重视。

战国时，名将赵奢有子名括。赵括从小熟读兵书，精通韬略，讲起带兵打仗，就连父亲这位征战沙场多年、屡建战功的名将也常常被辩得无言以对。但他的父母却认为赵括只会纸上谈兵，全不懂实际变通，如果在真正的交战中，必败无疑。赵括父亲死后，秦兵来犯，赵王不顾赵括母亲的劝阻，任用其为将，结果长平大败，赵军元气大伤。

三国时的诸葛亮为旷世奇才，凭借一己之力保得蜀国与曹魏、孙吴三分天下。但他因用马谡不慎，结果街亭失守，北出祁山又无功而返，自己也被逼唱一出空城计，差点儿被俘。

对于这些历史教训，曾国藩十分明了，因此，他在识人用人方面特别注意以下三点：

（1）表现欲过强的人，不可久用。

大家在一起交往，如果一个人老是自以为是，以自己为中心，处处争强逞能，不给别人以表现和施展的机会，那么别人很快就会对他产生反感，将来一起合作共事的结果就可想而知了。

为人应力戒表现欲太强，在曾国藩所谈的处世禁忌中，第一条就已谈到不喜好夸夸其谈，到处表现自己。另外，曾国藩还说过：人只要稍微有些才能，就想要表现出来，以示与别人的不同。争强好胜的人这样，追逐名利的人更是这样。同当士兵，就想着要挺出于同列；同当小军校，就想着要在军校中出人头地；同是将军，就想着比别的将军高一头；同是主帅，就想着要比别的主帅高明。他们共同的一点是不知足、不安本分。

（2）要提防性格怪僻的人。

性格怪僻的人是天下最难侍候的，因为他们忽阴忽晴，忽笑忽悲。曾国藩非常不喜欢与性格怪僻的人打交道，因为通常这类人喜怒无常，变化无端，不易掌握。

前后出入曾国藩幕府的三四百人，出自曾国藩幕府而任高官者也不下百人。曾国藩与这些人的关系大体是很融洽的，但也有少数几个人很不买曾国藩的账。左宗棠使是其中之一。对于左的天才可用，曾国藩多次向清廷密保、密荐，但对左在自己手下工作，曾国藩却十分慎重，保持警惕。

（3）轻薄之人，好看不好用。

用好一个什么样的人，不是一般的问题，而是大问题。曾国藩的用人术是：让明白人留下，让糊涂人走开。一个人的成功与失败，关键在于他能否把与之有关系的人的能力，转化为自己的能力。只有时时不忘求人自辅，才能抓住时机，创造人生的辉煌。曾国藩认为，人最忌轻薄肤浅，没有内涵，几番接触，就会使人感觉俗不可耐，或令人生厌。大凡有一定学识或修养的人，都能够沉着稳练，谦谨坦荡，而轻薄之人，好看不好用。

曾国藩在朝为官多年，之后又带兵打仗，指挥千军万马，手下将领幕僚，济济一堂。因而在识人、用人上有其独特心得，这其中也有从识人不慎中得出的教训。

曾国藩曾经举荐周腾虎，谁知周腾虎刚得到奏保，即遭连章弹劾，遂致抑郁而死，使曾国藩大为伤感。

曾国藩从此接受教训，其后在用屡遭弹劾、名声极坏的金安清时，坚持只用其策，不用其人。

此外，如恽世临、郭嵩焘等人，经由曾国藩奏保，于两年之内连升三级，由道员超擢巡抚，复因名声不佳，升迁太快而被弹劾降调。曾国藩亦从此接受教训，待1865年10月清政府欲令李宗羲署漕运总督、丁日昌署理江苏巡抚而征询曾国藩的意见时，曾国藩即直抒己见，并提出自己的理由：一岁三迁已非常之遭际。李宗羲廉正有余，才略稍短，权领封圻未免嫌其过骤。丁日昌虽称熟悉夷务，但资格太浅。洋人变诈多端，非勋素著之大臣，不足以戢其诡谋而慑其骄气，该员实难胜此重任。总之是不同意这种安排，以杜升迁太骤之弊。结果，清政府接受曾国藩的意见，随即撤消此议。

第二章

广结人缘，网罗天下

当今世界是一个全球化的世界，分工明细，每个人仅仅依靠自己的力量单枪匹马是无法取得成功的，竞争的激烈更需要我们借助他人的力量——依靠团队取胜，而要想做到这一点，建立广泛的人际关系网就是必不可少的了。

1. 广交师友，谨慎为先

对于一个人来说，朋友的影响是很大的，好的朋友可以帮助自己成功，而坏的朋友则会阻碍自己成功，因此我们每个人都应广交良师益友，而远离那些狐朋狗友。

曾国藩的处世经可以说是他广交朋友的处世经。他立德、立功、立言三个不朽，都是在朋友的砥砺和影响下取得的。因此，他深知选择朋友的重要性，无论什么时候，都十分在意交朋友，特别是那些德才兼备之友。

曾国藩在踏出湖南之前，除郭嵩焘、刘蓉等，没有结识几个对他以后人生有特别重要影响的人。但他对交友已经有了些自己的看法。他在1843年2月17日从北京写给弟弟们的一封信中就嘱咐他们要只获取明师的益处，别受恶友危害！还说：他自己少时天分不算低，后来整日与平庸鄙俗的人相处，根本学不到什么东西，心窍被堵塞太久了。等到乙未年到京后，才开始有志于学习诗、古文和书法。

曾国藩对于当时的友人感到很不满。越到后来他越觉得好朋友的重要和不易得。

“近朱者赤，近墨者黑”，曾国藩由此感到交友不可不慎。

他在给弟弟的信中曾写道：“一生之成败，皆关乎朋友之贤否，不可不慎也。”

在曾国藩看来慎交友的原因是“相友可知人”，“习俗染人”。他曾这样说，看到你的朋友，就可知道你的为人，朋友的好坏，是可以互相影响的。一个人在世上若有几个好朋友相互帮助和交流，生活和事业就可能有好的局面；相反，若交了坏朋友，受到坏习气的影响，生活和事业就可能出现坏的局面。因此，人才总是一批一批的出现，在某一个时代人才辈出，在某一地区人才辈出。这并不是因为这个时代比另一个时代的人更杰出，这个地区的人比另一个地区的人更优秀，而是因为这个时代或这个地区的人团聚在一起，相互激发，相互砥砺，才出现了一个令人钦慕的群星灿烂的好局面。所以，要了解一个人，不一定非得观察这个人，只要看看他所结交的朋友就可以了。这就是“相友而知人”。

古时候楚国就有一个这样的人，他给人看相十分灵验，名声大得连楚庄王也知道了，把他传召到了宫中。庄王问他：“你是怎样给人看相的？怎样能预知他人以后的吉凶呢？”他回答说：“我不会给人看相，不过是从他所交的朋友来判断他的未来。一般老百姓所交的朋友，如果是孝敬父母，尊兄爱弟，不违法乱纪者，那么他家就会一天一天兴旺起来，所以可以断定他日后必有福，这就是所说的好人。一般当官的，如果他所交的朋友讲信用，重德行，那么他就会帮助君王做出许多有益于国家的好事来，所以便可以判定他能升官，这就是我说的好官。君主圣明，大臣贤能，如果君王有失误，大臣们会当着您的面直言劝谏，那么国家就会一天天兴盛起来，君主也一定会受人尊敬，这样的君王才是好君土。找不会给人看相，只不过能够观察他所交朋友的情况。”

《史记》说：“不知其人，视其友。”实在是经验之谈。虽然你是好人，若是交了坏朋友，也不得不时常防备别人也把你当成坏人，于是影响了自己的事业，或是无辜坏了自己的名声。

古人说：交友贵多，树敌务少。但这也要看交的是什么样的朋友了。如果是贤友，志同道合，互通有无，共同促进，那当然是多多益善；如果是顽徒，志趣低下，见利忘义，那显然是不可多交、深交的，甚至应断交。

由于对交友于人一生贤良与否的深刻认识，使曾国藩更加自觉地去接近那些品学兼优的朋友。

他在写给家里的书信中，曾介绍当时所结交的部分朋友：现在朋友越来越多，讲躬行心得者则有唐镜海先生、倭仁前辈，以及吴竹如、窦兰泉、冯树堂数人；穷经学理者，则有吴子序、邵惠西；讲习文字而艺通于道者，则有何子贞；才气奔放，则有汤海秋；英气逼人，志大神静，则有黄子寿。又有王少鹤、朱廉甫、吴莘畬、庞作人，此四君者，皆闻余名而先来拜；虽所造有深浅，要结有志之士不甘居于庸碌者也！从曾国藩的话中，不难看出他谈起良师益友时是多么兴奋！良师益友在曾国藩的事业中起着很大的作用。其中有给他出谋划策者，有赏识提拔者，有危难之时两肋插刀者……从各个角度烘托着他的事业。因此，他比别人更深刻地体会到："择友为人生第一要义。"

慎交朋友，贵在专一，注重品德修养，交友时严于待己，宽以待人，以诚相交，这些都是曾国藩的交友之道。

2. 相交以诚，大度宽容

在结交朋友和与朋友相处时，以诚待人、大度宽容是非常重要的，只有这样才能结交到好朋友，让好朋友为自己事业的成功增添动力。

曾国藩强调严以律己，宽以待人，不怨天，不尤人。认为如果"无故而怨天，则天必不许；无故而尤人，则人必不服……凡遇牢骚欲发之时，则反躬自思：吾果有何不足而蓄此不平之气？猛然内省，决然去之"。凡不能严于律己、宽以待人的人，最终也不能立己达己，历史上的无数事实充分地证明了这点。所以，曾国藩一向主张"以能立能达为体，以不怨不尤为用"。

曾国藩奉行的"待人以诚"的品德集中体现在他正确地处理与左宗棠

的关系上。

曾国藩为人拙诚，语言迟讷，而左氏恃才傲物，自称“今亮”，语言尖锐，锋芒毕露。左宗棠只比曾国藩小一岁，但他屡试不中，科场失意，蛰居乡间，半耕半读。咸丰二年，左41岁，才入佐湖南巡抚张亮基，当了个“刑名师爷”。

左宗棠颇有识略，又好直言不讳。咸丰四年四月，曾国藩初次出兵，败于靖港，投水自尽未遂，回到省城，垂头丧气，左宗棠责备曾国藩：事情还未到不能办的时候，自寻短见是不当的行为，何必出此下策？使得曾国藩无言以对。可见其语直，并非没有情分。

咸丰七年二月，曾国藩在江西瑞州营中闻父丧，立即返乡。左宗棠认为他不待君命，舍军奔丧，是很不应该的，湖南官绅对此也哗然应和。这使曾国藩颇失众望。第二年，曾国藩奉命率师援浙，路过长沙时，特登门拜访，并集“敬胜怠，义胜欲；知其雄，守其雌”十二字为联，求左宗棠篆书，表示谦让之意，使两人一度紧张的关系趋向缓和。曾国藩的大度待人还表现在他对左宗棠的保举上，尽管左宗棠在很多事情上与曾意见不合，但他认为左是个不可多得的人才，于是不遗余力地向清廷举荐左宗棠，甚至说左“深明将略，度越时贤”，终使左能够一展抱负，成为近代著名人物之一。

曾国藩求才心切，因此也有被骗的时候。有一个冒充校官的人，拜访曾国藩，高谈阔论，议论风生，有不可一世之气概。曾国藩礼贤下士，对投靠的各种人都倾心相接，但心中不喜欢说大话的人。见这个人言词伶俐，心中好奇，中间论及用人须杜绝欺骗事，正色大言说：“受欺不受欺，全在于自己是何种人。我纵横当世，略有所见，像中堂大人至诚盛德，别人不忍欺骗；像左公（宗棠）严气正性，别人不敢欺；而别人不欺而尚怀疑别人欺骗他，或已经被骗而不知的人，也大有人在。”曾国藩察人一向重条理，见此人讲了四种“欺法”，颇有道理，不禁大喜，对他说：“你可到军营中，观我所用之人。”此人应诺而出。第二天，拜见营中文武各官后，煞有介事地对曾国藩说：“军中多豪杰俊雄之士，但我从中发现有两位君子式的人才。”曾国藩急忙问是何人。此人举涂宗瀛及郭远堂以对。曾国藩又大喜称善，待为上宾。但一时找不到合适的位置，暂时让他督造船炮。多日后，兵卒向曾国藩报告此人挟千金逃走，请发兵追捕。曾国藩默然良久，说：“停下，不要追。”兵卒退下，曾国藩双手捋须，说：“人不忍欺，人不忍欺。”身边的人听到这句话，想笑又不敢笑。过了几天，曾国藩旧话重提，幕僚问为什么不发兵追捕。曾国藩的回答高人一筹：“现今发、捻交炽，此人只以骗钱计，若逼之过急，恐入敌营，为害实大。区区之金，与本人受欺之名皆不足道。”此事足见曾国藩的远见与胸襟。

大度本身就是一种魅力，一种人格的魅力，那不仅是对自己缺点的正视，而且也是对自身力量的自信。

做人和交友能够胸襟坦荡，虚怀若谷，就可以使人与人之间以诚相待，互相信赖，博取人们对你的支持和真诚相助，事业就有成功的希望。

曾国藩虚怀若谷，雅量大度之举，深深影响了他的同僚。李鸿章就深受曾国藩的影响，为人处世也处处大度为怀。

由于李鸿章身居重要位置很长时间，他的僚属都仰其鼻息，而政务又劳累过度，自然不免有傲慢无理的地方。一次某个下官进见他，行半跪的礼节，李鸿章抬着头，眼睛向上拈着胡髭，像没看见一样。等到进见的官员坐下，问有何事来见，回答说：“听说中堂政务繁忙，身体不适，特来看望你的病情。”李鸿章说：“没有的事，可能是外面的传闻吧。”官员说道：“不，以卑职所看到的，中堂可能是得了眼睛的疾病。”李笑道：“这就更荒谬了。”官员说：“卑职刚才向中堂请安，中堂都没有看到，恐怕您的眼病已经很严重了，只是您自己反而没有觉察到吧。”于是李鸿章向他举手谢过。

相交以诚，大度宽容，不仅使曾国藩自身增加了人格的魅力，博取人们对他的支持和真诚相助，对周围的人产生了好的影响，更重要的是也使曾国藩少树了许多仇敌。

3. 以恕待人，不求全责备

历史上有不少事例说明人要以恕待人，不可求全责备，只有这样，才能得到人们的拥戴。

西汉末年，刘秀与王郎对阵。刘秀势弱，其部下有不少人暗向王郎写投靠信，并诽谤刘秀。后刘秀攻破邯郸，杀王郎，缴获不少文书，其中得其部属私通王郎信章有数十件，刘秀看也不看，召集众将当众焚烧，并说大家可以自此安心。刘秀以“恕”字稳定了队伍，消除了二心。

春秋时楚庄王宴会上，风吹烛灭，黑暗中有人趁酒意调戏楚庄王的爱妃，不料被折断帽缨。楚庄王听爱妃诉情，却不动声色，说：“今天高兴，我们要一醉方休。谁的帽缨没折断，谁就没尽兴，我会处罚他的。”结果所有人都折断帽缨，这才再次点烛，大家畅快痛饮，一场风波被遮掩了过去。后来楚国攻打郑国，有一名武将特别勇猛，鼓舞起全军士气，一举制胜。这位猛将就是当初被折缨之人，他是要以勇报德。

恕不仅可以受到人们尊敬，还可以免灾。宋太宗时，吕蒙正中进士不久就做了参知政事。有天早朝有人暗暗指责他不够格，他装没听见。有同僚要为他追查说此话者，他说：“如果我知道这个人的姓名我会耿耿于怀，有什么好处呢？再说，不追究此事，与我也没有什么损失。”正是凭随和宽容大度，吕蒙正成为一代名相。

曾国藩所提倡的“恕”，中心内容是《论语》所说的“己欲立而立人，己欲达而达人”。自己如果想得到什么，就要考虑到别人也会想到什么，推己及人。曾国藩说：“人孰不欲己立己达？若能推以立人达人，则与物同春矣！”反过来说就是“己所不欲，勿施于人”。人生来就有某些短处，倘若苛刻要求，恐怕无人可以成为朋友，也无人可以为己所用。“水至清则无鱼，人至察则无徒”，说的正是这个道理。“恕”字的一个关键作用，就在于容人之短，甚至是在旁人看来不可容忍之事。韩信未出名时，在闹市上被人逼迫从胯下爬过，称为“胯下之辱”。后来韩信成为名将，汉代开国元勋，不但未找这些人报复，反而召他们来任以官职，其“恕”字精神实为旁人所不可及。曾国藩读到此处，赞赏不已。他以此为例告诫部下，称韩信之举为“豪杰之举动也”。

唐朝名将郭子仪是曾国藩最佩服的人，他曾多次提及。除了郭子仪英勇善战、足智多谋外，曾国藩对他的“恕”字精神也深为折服。郭子仪的祖坟为人所掘，他不但不报仇，反而引咎自责，并未追究。曾国藩称此是“名臣之度量也”。

韩信和郭子仪都是曾国藩心向往之的模范，他自己在办事过程中，也以此二人为榜样，容人之短，与人为善。这在他的用人政策上表现得最突出。

三国蜀相诸葛亮足智多谋，唯独在用人方面存在“端严精密”的偏见。他用人总是“察之密，待之严”，要求人皆完人，“明察则有短而必见，端方则有瑕而必不容。”他对一些确有特长，又有棱有角的人才见其缺点而不重其长处，结果使其无法得到重用。魏延长于计谋而“不肯下人”，诸葛亮就将其雄才大略看作急躁冒进，始终用而不信；刘封勇猛，诸葛亮患其难以驾驭就劝刘备借上庸之败除之。如此求全责备，许多官员谨小慎微。诸葛亮临终才觉蜀地将少才寡，却还不肯省悟是自己的过失。

曾国藩初办团练时，手中无一勇一卒。而当时湖南已有江忠源、罗泽南、王鑫三支湘勇，各有一定势力。曾国藩却成为他们的精神领袖，协调各部的行动。湘军在逐渐发展的过程中，曾国藩突破深厚的宗族观念、地域观念，满族人塔齐布、蒙古族人多隆阿、四川人鲍超等也受其重用。这些都得益于曾国藩坦荡的襟怀和识才善用的本领。

4. 交结贵人，择人而从

贵人通常是指能促进别人事业发展的人，他是一个人事业发展过程中的引路人和指导者，在一定程度上说，选择什么样的贵人决定着事业的兴衰成败。

在现代社会，交际的重要性已经无须多言。但如何结交贵人，尤其是当自己未发迹之时如何结交贵人就显得尤为重要了。

曾国藩在京师的发迹得力于“贵人”穆彰阿的大力提携。

穆彰阿，姓郭佳氏，字鹤舫，满洲镶蓝旗人。进士出身，深得道光皇帝器重，历任兵部、户部尚书，后被任命为军机大臣，兼翰林院掌院学士，尔后任协办大学士、太子太保。

1836年，穆彰阿负责管埋工部，并担任上书房总帅傅、武英殿大学士，两年后，晋升为文华殿大学士。由此不难看出，穆彰阿的升迁之路较为通达，可以说是平步青云。

后来有人这样评价他：“居高位二十余年，亦爱才，亦不大贪，惟性巧佞，以欺罔蒙蔽为务。”这一评价还是比较贴切的。

平心而论，道光皇帝是一位想做一番事业的皇帝，怎奈此时的清王朝已逐渐走向没落。

鸦片战争前，英国的鸦片大肆横行于中国的沿海内地，大量白银外流，严重威胁清王朝的统治，道光皇帝决心禁查鸦片，任命林则徐为钦差大臣亲赴广东禁烟。

实际上，穆彰阿并不赞成林则徐的禁烟举动。当鸦片战争爆发后，他窥知道光皇帝惧怕战争的心理，于是积极怂恿道光皇帝与英国人议和，并力劝道光皇帝罢免林则徐以减少议和的阻力。道光皇帝的好恶，穆彰阿都十分熟悉，并竭力顺承皇帝的想法来讨取皇帝的欢心。

所以终道光一朝，穆彰阿一直受到皇帝的倚重和宠信。自嘉庆朝到道光朝，典乡试三次、典会试五次，大凡复试，殿试、朝考，没有一次缺少穆彰阿的参与。

穆彰阿的门生旧吏遍布朝野上下，知名之士大多受到他的援引和提携，一时形成很大的声势。

曾国藩参加科举考试的老师即是穆彰阿，于是二人一直保持着师生的交情。由于曾国藩勤奋好学，又具有卓越的政治才干，穆彰阿对曾国藩非常器重和赏识，处处予以关照。

自结识穆彰阿后，曾国藩的仕途变得十分通畅，在短短的五年内由七品跃为二品，速度之快令人瞠目结舌。

一天晚上，曾国藩接到次日召见的谕旨，遂连夜到穆彰阿家暂歇并讨教晋见的秘诀，穆彰阿仅叫曾国藩多多留意。

第二天，曾国藩被带到皇宫某处静候，多时也没有得到皇帝的召见，无奈白白地等了半天，曾国藩也不便发作，只好再次回到穆府。

晚上，穆彰阿问曾国藩："汝见壁间（白天被带去的地方）所悬字幅否？"曾国藩确实见过，但并没有留意，所以一时答不上来。

穆彰阿怅然曰："机缘可惜。"随即踌躇了一段时间，穆彰阿召来自己的心腹仆从说："你立即取纹银四百两交给某内监，嘱他将某处壁间字幅秉烛代录，此为酬金也。"仆人连夜携带酬金送予太监，随即将太监抄录的壁间字幅再送给穆彰阿。穆彰阿令曾国藩逐条背诵并烂熟于心以备皇帝垂询。果然，次日晋见道光皇帝，皇帝询问壁间所悬历朝圣训，曾国藩的回答令皇帝龙心大悦，曾国藩因而大受赏识。事后，道光皇帝夸奖曾国藩曰："汝言曾某遇事留心，诚然。"

综观曾国藩在京仕途升迁的原因，一是依靠自己的真才实学和踏实能干，二是依靠“贵人”如穆彰阿的大力提携。如果没有穆彰阿的知遇之恩及提携栽培，即使曾国藩再勤奋上进、聪明能干，在十年之内连跃十级也是不可能的。

如何选择自己的“贵人”，这在曾国藩看来是个至关重要的原则问题，也是决定一个人能否成功的关键因素之一。

5. 与人为善，取人为善

为人处世，如果只顾坚持自己的原则而不顾别人的感受，只会使别人心生怨言甚而得罪于人，因此，有时需要接受别人的意见和建议。

“与人为善，取人为善”源自《孟子》。曾国藩继承这个思想并将其做了详尽的解释：“思古圣人之道莫大乎与人为善。以言诲人，是以善教人也；以德薰人，是以善养人也；皆与人为善之事也。然徒与人则我之善有限，故又贵取诸人以为善。人有善，则取以益我，我有善，则予以益人。连环相生，故善端无穷，彼此挹注，故善源不竭。君相之道，莫大乎此；师儒之道，亦莫大乎此。”这段话是说孟子强调虚心采纳别人的意见，在曾国藩那里，取和予成为相互推动一件事情的两个方面。

与此同时，曾国藩把“与人为善，取人为善”确定为处理人际关系的根本原则。他在日记中这样写道：

“九弟来久谈，与之言与人为善，取人为善之道……无论为上、为下、为师、为弟、为长、为幼，彼此以善相浸灌，则日见其益而不自知矣。”

曾国藩在与人交往、处理政务的时候就坚持实践这一原则，并取得了很好的效果。1859年，曾国藩在给部下的一封信中写道：“前曾语阁下以取人为善，与人为善……以后望将取诸人者何事，与人者何事，随时开一清单见示，每月汇总账销算一次。”可见，曾国藩把处世的原则化为处理政务的方法了。

“与人为善，取人为善”是曾国藩处理人际关系的原则，使得曾国藩的事业人才聚集，逐渐兴旺发达起来。

曾国藩与人为善的事数不胜数，他的幕僚对曾国藩尊敬有加，甚至崇拜他，事事效仿他，把曾国藩当成为人处世的楷模。他们中有的学习曾国藩坚忍的性格，有的学习曾国藩勇毅的性格，有的学习曾国藩的坦诚和宽容大度。

曾国藩取人为善的事例也很多，如接受别人的谏言、采纳僚属的意见、婉辞皇帝的圣旨，等等。大事如此，一件小事如免“进场饭”也能说明曾国藩的取人为善。

曾国藩遵循父亲的教诲，天不亮就起床，随后即用早餐。在东流大营时，幕僚欧阳兆熊及李肃毅、程尚齐等人认为晚睡早起太辛苦了。曾国藩知道后，戏称早饭为“进场饭”。在湘军克复安庆后，欧阳兆熊置酒为饯，在席间欧阳兆熊婉言提出自己的想法：“早晨起得太早，也太辛苦了，不如‘进场饭’就免了吧。”曾国藩笑着答应之，其实曾国藩早就意识到大家都对“进场饭”有意见了。免“进场饭”这件事虽小，但由此可见曾国藩善于接受别人谏言的胸怀。

6. 严于自省，和气待人

在人际交往中，由于每个人的性格不同，品德修养有高有低，利益有得有失，因此难免产生摩擦冲突，在这样的情形下，如何处理矛盾就成为衡量一个人高下的标准了。在与人交往中要做到成功，一定要和气待人，更不能抓住人的过错不放，到处宣扬，笑人不是，以示自己正确。

曾国藩一生和气待人，不言人过，并时刻要求自己要有包纳百川的气量。他时常警醒自己，并告诫子弟。

曾国藩不仅认识到要与人为善，不言人过，而且也身体力行。曾国藩最重“人和”，曾说：“行军之道，贵在人和而不争权势，贵求实效而不尚虚名。”举人事者不计小节，要善于发现别人的长处，发扬别人的优点。

同治元年，湘军处在极其危难的时刻。当时曾国藩部七万人，每月需粮三四百万斤。而皖南、鄂东、赣东一带人少地荒，军队粮饷难以征集。就在此时雪上加霜，江西巡抚沈葆桢为确保江西本省的军队粮饷，截留了供应曾国藩雨花台大营的五万两。曾国藩“以江西诸事掣肘，闷损不堪”，尽管如此，他写信给沈葆桢时还是极尽委婉商量的语气：“幸俄顷来数较丰，为今年所未有，差强人意。若能如此，月之人款，即全停江西漕折犹可支持，特恐不可为常。且待万过不去之时，再行缄商尊处通融办理。”在日记中曾国藩还自我检讨，在这样大乱之时，沈这样的举动算不上傲慢无礼，自己不该记恨，还是要以“和”为上。曾国藩还说：“军事危急之际，同寅患难相恤，有无相济，情也。”看重的也还是个“和”字。

曾国藩通过自身省察，总结出为人之道有四知，天道有三恶。四知包括《论语》末章的知命、知礼、知言，曾国藩又加上一条“知仁”。他解释说：仁的意思是宽恕。自己要自立得让别人也能自立；自己想显贵让别人也能显贵。立的事物应该是自己完全有能力立的。孔子所说：“己所不欲，勿施于人。”孟子所说：“取人之长，教人向善。”这都是宽恕的意思，也就是仁。有了仁，就能有广博的见识，宏大的度量，否则便闭目塞听，孤陋寡闻了。三恶是指天道忌讳弄巧作假，忌讳骄傲自满，忌讳有二心于人。二的意思是多疑，不忠诚，没有耐心。

曾国藩主张不应拒绝与怨恨自己的人相处。因为怨恨自己的人，往往是对自己的缺点或过错最敏感的人，是对自己的缺点能给予无情抨击的人。当然，接受他人的批评是需要勇气和胸襟的，尤其是接受那些与自己有矛盾的人的批评。因为人性的弱点总是怀疑他人的批评怀有敌意。不管正确或错误一概拒绝，这无异于失去了一次完善自己的机会。

曾国藩与左宗棠在最初时极为不合，左宗棠曾多次批评曾，言辞激烈，毫不留情面。曾国藩以真挚的态度与左宗棠来往，毫无掩饰之情，并不因左批评过自己而有所记恨，使左宗棠很是感动。

不言人过，代表着一种成熟和宽容，有了这种涵养的人能体贴人性的不完善，明白“金无足赤，人无完人”。每个人都难免会有缺点，背后议论他人的短处，这不但不是光明磊落的君子行为，更会加深人与人之间的猜疑、排挤和诽谤。自己能以和气待人，日久天长，人也会受到同化，与人为善了。和气待人，坦然相对，不背后说人坏话，才能以德服众，共成大事。

要和气待人，培养自己的浩然之气、容人之量，保持自己的高远志向；必须要抑制急躁的脾气。曾国藩说：“善忍者，全是养气克制功夫。”他常常以“忍”字告诫兄弟子侄：“兄在外年余，唯有‘忍气’二字日月长进”；“直而能忍，庆流子孙”等。

愤激的进一步发展就是暴躁，愤激仅是言语伤人，情绪窒人，但暴躁不仅伤人，还伤害自己的身体。曾国藩说，暴躁最易伤脾、伤肝，对身体最有妨碍。所以，他把“暴”称为治身的“阳刚之恶”。一次有下属来见，因该人办事能力弱，曾国藩勃然大怒。训斥完后，当天夜晚曾国藩在日记中说自己“近来事有不如意，方寸郁塞殊甚”，常发脾气，足见“自己器量不容，治心之不深也”。

曾国荃一生心高气傲，难以容人，因此时常发怒、呵斥他人。俗话说“气大伤身”，所以曾国荃身体不是很好，曾国藩时常写信劝导，留下的有：

"弟须多方劝慰诸将无过忧郁。凡子弟生徒，平日懒惰，场文荒廖而不信者，则当督责之；至平日劳苦，场文极佳而售者，则当然尉之。弟所统诸将，皆劳苦佳文之生徒也。余中厅悬八本堂匾，跋云：养生少恼怒为本，事亲以得欢心为本。弟久劳之躯，当极求少悸怒。"

他还说：

"七情所偏，唯怒为甚。怒如救焚，制之在忍。非徒害人忤物，抑且愤事伤生。凡居官者，逞怒于刑，则酷而冤；发怒于事，则混而乱；迁怒于人，则怒而叛。须要涵养其气质，广大其心胸，非理之触，心思明哲能容；无故之加，必虑祸机所伏。先事常思，情恕理遣。如此风恬浪静，非唯无患，且可养生。"

曾国藩进而认为，一个人常以和气悦人悦己是吉祥福分的征兆，而如果常有暴戾之气，就会使家庭不和、兄弟反目、招致祸端。他曾多次为自己在家守丧期间的愤怒脾气而检讨，说因此才有曾国华之死。曾国藩平生自负甚高，正当国家多事之秋，他想大干一番一展胸中抱负时，清廷却令他在家为父守丧。这使曾国藩心里很不是滋味，常常因为小事迁怒诸弟，一年之中和曾国荃、曾国华、曾国荷都有过口角。在三河镇战役中，曾国华遭遇不幸，这使曾国藩陷入深深自责。在其后的家信中，他屡次检讨自己在家期间的所作所为。如在咸丰八年十一月的家信中写道：

"去年在家，因小事而生嫌衅，实吾度量不宏，辞气不平，有以致之，实有愧于为长兄之道。千愧万悔，夫复何去年在家，以小事急竟，所言皆锱铢细故。洎今思之，不值一笑。负我温弟，既愧对我祖我父，悔恨何极！当竭力作文数首，以赎余愆，求沅弟写石刻碑……亦足少抒我心中抑郁悔恨之怀。"

佛家教人不可含嗔发怒，道家教人清静中和，儒家教人宽恕待人。曾国藩一生致学于儒，并喜好老庄，自然深知养生之道，因此才能如此严于自责，立志戒怒。不但自己身体力行，同时也在家教中特别注意教导子弟"制怒"，使之养成一种温和谦谨的性格。而他在给曾国荃的信中，更是引用佛家语“降龙伏虎”来喻制怒。信中说：

“肝气来时，不仅不能心和气平，而且丝毫无所畏惧，确有这种情况。别说你处于盛年这样，就是我逐渐衰老，也有时常发怒，不可遏制的时候。但应强迫自己抑制。制住怒气，也就是佛家所讲的降龙伏虎。龙就是心火，虎就是肝气。多少英雄豪杰不能过此两关，也不仅是你我兄弟这样。关键要抑制，不让火气过于炽烈。降龙养心，伏虎养肝。古圣贤所讲的去欲，就是降龙；所讲的戒怒，就是伏虎。儒家、佛家理论不同，然而在节制血气方面没有什么不同，总不让我们的欲生戕害我们的身体、性命罢了。”

曾国藩一生立功、立德、立言不误，言传身教，得人益处多多。思量起来，和气待人，抑制急躁，也曾为他减少了许多麻烦，争取了许多帮助。

第三章

小心谨慎，得意而不忘形

在人与人的交往中，由于每个人的思想、观念不同，产生各种矛盾和冲突是不可避免的。如何使自己在这些冲突和矛盾之中处于不败之地需要每个人仔细思考，但有一点是明确的，那就是必须小心谨慎，得意而不忘形。

1. 谨小慎微，安度危机

1861年，慈禧太后和奕䜣联合发动了政变，打败了以肃顺为首的八大臣，曾国藩虽然早就和肃顺等人相结好，但却没有被卷入这场清朝内部的政治斗争中，最后还是安然度过危机，这不能不说是曾国藩官场经验丰富、老于世故的缘故。

咸丰十年（1860）三四月间，当江南大营彻底崩溃，苏南正在瓦解的消息传到北京时，人们感到问题十分严重，议论纷纷。由于肃顺鼎力相荐，四月，清廷宣布任命曾国藩署理两江总督。曾国藩曾为湘军创建者，也是咸丰帝最不信任的人。他能否出任督抚，兼掌军政两权，就成了湘军集团与满族贵族的关系能否进入新阶段的关键。这就是说，满族贵族终于抛弃旧的方针，而采用新的方针，即由使用、限制，改为全面依靠。事实也证明了这一转变。六月，不仅实授曾为两江总督，且加以钦差大臣重任。此后，对曾国藩的下属又多有任命。这显然是向曾国藩伸出了结交之手，所给予湘军集团的实权利益也是前所未有的。尽管曾国藩对此早已垂涎而求之不得，但曾国藩有湖南人特有的机警，对肃顺的重用没有任何表示，始终不动声色，而只是心照不宣地依靠名士、朋友间接往来，以致慈禧、奕䜣发动政变、查抄肃顺家产时，发现了许多朝野文武大臣与肃顺交往的信件，但没有发现曾国藩写给肃顺的一字一言，以至于慈禧发出“曾国藩乃忠臣”的赞叹。

政变十八天后，奕䜣请两宫皇太后正式委任两江总督曾国藩节制江南四省军务。将江南军务委之于曾国藩，这是咸丰十年就决定了的事。现在奕䜣明确委江南四省军务于曾国藩，是要表示新政权对于曾氏的信任，比之肃顺时代将有过之而无不及。人称肃顺推重“湘贤”，此事不假。但肃顺当政时，同时也设江南、江北大营以与湘军分功。奕䜣当政后，不再重建江南、江北大营，而令曾国藩节制四省军务，这说明他承认正规的八旗、绿营军已不堪大用，看到了汉族地主武装中蕴藏着的巨大潜力，决心将它发掘出来。

之所以令曾国藩节制江南四省军务，还在于奕䜣认识到中南战场的严重性。在那里，太平军占据着江北重镇庐州，并与捻军张乐行部、苗沛霖部协同作战。在江南，太平军正谋求向财赋之区的苏浙发展，早已占领苏州、常州；并新克名城严州、绍兴、宁波和杭州，上海附近的吴淞口和松江等地也警报频传。因此，尽管于咸丰帝大丧期间湘军占领了长江中游的安庆，但形势仍不能掉以轻心，前敌各军必须统筹兼顾，改变以往不相统属、互不救援的积习。令曾国藩节制四省军务，就是授以前敌指挥大权。

同治初的另一重要变化是，朝廷放手让湘军将帅出任地方长官的同时，给曾国藩等人极大的军事便宜处置权。过去将帅有所行动要连日奏报，听从朝旨。同治元年正月十二日（1862年2月10日），则向前敌将帅表达两宫皇太后及皇帝的关注，寄谕说，两宫皇太后“日与议政王军机大臣筹商军务，一切规划，辄深嘉许，言听计从”，要求各将帅要及时将有裨军务的“胜算老谋”奏报朝廷。以此表示新政权密切关注着前方战场的动向，并给将帅们以必要的信赖感。

但是这期间，曾国藩却连篇累牍地请求收回节制四省军务的成命，说“权位太重，恐开争权竞势之风，并防他日外重内轻之渐”。曾国藩是理学家，又熟谙清代掌故，他知道爱新觉罗皇帝对汉族官员一直是限制使用的，以往汉官虽可任巡抚，可任总督，但身兼四省军务者还没有过。“权重足以贾祸”，他对此不但深刻理解，而且有过切肤之痛。

但奕䜣特地请两宫皇太后钤发上谕慰勉说：“若非曾国藩之悃忱真挚，亦岂能轻假事权？”“望以军务为重，力图征剿，以拯生民于水火”，不许曾国藩再辞。曾国藩这才“勉强”接受了四省兵权，但同时赶紧表示，今后要更加努力尽忠报国，每隔十日以奏折汇报一次，以免“朝廷廑念”，“诚惶减恐”之态溢于言表。

2. 以缓济急，稳中求成

曾国藩认为，缓可以纠急躁之弊，办事时给自己留有充分余地，使得考虑更周全，计划更严密，保证万无一失，所以说，“事缓乃圆”，即做事缓一些才会将事办得圆满无缺。另外一层意思是，要把一件事做好，不能心急，应脚踏实地，逐渐积累，水到渠成。

曾国藩本来是一个生性倔强、天不怕地不怕的人，也是个急脾气。后来他发现，心急最易坏事，才渐渐改变。

由于对官吏腐败、民不聊生、盗贼四起的社会现状的深深忧虑，曾国藩急于求治。咸丰帝上台不久，一年间，他连上四道奏章，从吏治、银价、民生、军队四个方面揭露了国家面临的空前危机，请咸丰励精图治。由于咸丰帝充耳不闻，他又上折直接针对皇帝展开了尖锐批评，指责咸丰拘于小节而疏于大计，追求虚浮而忽略实际，刚愎自用而拒绝纳谏。为这一冒失之举，他差点有性命之忧。此事虽与他性格倔强有关，但也反映了他求治心切。倘若是后来，再急他也不会这样做。

他领兵之后，因为急于想扭转局面，也有些操之过急。结果得罪了许多官吏，引起了很大矛盾。他刚出山时几次兵败，与其急于求胜、轻易出击有必然的联系。经过这番仕途和战场的挫折后，曾国藩认识到，办事和治学一样，也要逐步进行，丝毫急躁不得。所以，他从整顿军队、重建湘军开始，逐渐扩大、完善自己的武装力量和指挥系统，湘军越战越强，终于取代绿营成了晚清的统治支柱。

可以说，“缓”字是曾国藩经历无数波折后总结出来的处世秘诀，是他在学问、仕途、用兵上成熟的标志。虽然一味讲“缓”也有弊病，但在曾国藩的办事过程中，确实发挥了重要作用。这一点李鸿章当时并未认识到，因为他还年轻，气太盛。随着在官场上混迹时间越长，阅历越多，他的办事风格也由急趋缓，不能不说是受了他老师曾国藩的影响和熏陶。

曾国藩办事不求速成，治兵也不愿速进，虽然名将用奇兵速兵制胜者不胜枚举，但因稳取胜的也大有人在，诸葛亮就是显例。曾国藩办事缓，用兵缓，却能收到意想不到的效果。

咸丰十年（1860）三月，李秀成用围魏救赵之计，奇袭浙江诱江南大营清兵来救，半路上击溃清军张玉良部，接着集中数路大军，合击江南大营，清军全军溃散，张国梁投水自尽，和春兵退常州。李秀成又紧追不舍攻占常州，和春兵败自尽。四月，太平军攻克苏州，江苏巡抚徐有壬自尽。

江浙一带是清廷财富之源，丢失不得。清廷严令曾国藩率师东下，解江浙之围，接连发了几道谕令。此时曾国藩正全力围攻安庆，安庆是天京门户，一旦攻克，天京就无险可凭，因此是关键所在。为此，曾国藩不愿东下。此外，还有其他考虑。曾国藩用兵讲主客之道，不愿反主为客，被太平军牵着鼻子走，陷入被动，张国梁、和春之败，即由于此。同时，浙江巡抚王有龄与曾国藩是政敌，在饷源上争夺激烈，曾国藩也想借机除掉这个异己分子。即使做不到，也可打击他一下。于是曾国藩借口拖延。清廷无奈，用厚奖诱其出兵，给他加兵部尚书衔，署两江总督。又发下第五道谕旨，令其驰援杭州。即便如此，曾国藩仍按兵不动，上了一个《苏常无锡失陷，遵旨统筹全局，并办理大概情形折》，说明不能东下的理由。不久，杭州失守，王有龄被杀，朝廷也就不再催促了。

此次曾国藩以“缓字决”处理，可谓一举数得。一、推延不救张国梁、和春，使清廷依赖的最后一支绿营劲旅全军溃散，两员主将身死，不得不全力依赖湘军。此前朝廷迟迟不封曾国藩，就连胡林翼都升为巡抚，曾国藩仍无实职，此后不久，就授为代理两江总督。二、借机除掉异己，王有龄败死后，曾国藩保奏的四省巡抚全部是湘军一系，如左宗棠、李鸿章、沈葆桢、李续宜，牢牢控制了江南军政大权。三、稳住自己阵脚，缓缓图进避免陷于被动。倘若曾国藩急急东下，正中李秀成之计。李秀成攻打苏浙，并不仅为夺取财富之区，还在于调动湘军东下，远离两湖根据地。同时，在湘军长途奔袭中以逸待劳、聚而歼之，则可解安庆之围，打垮湘军主力。安庆守军一万余人亦可乘机出击，西上攻打湖北，占据湘军老巢。如果此计成功，清朝恐大势已去。曾国藩不为所动，以缓济急，以静制动，终立于不败之地。

曾国藩办事主张从长远考虑，稳中求成，这是他高明之处。因为考虑长远，就不可不慎，办起事来更应有计划，按部就班地去做。如果贪图迅速，个别地方可能有利，对大局而言可能造成不利影响。"欲速则不达"这句古语诠释了这个深刻的道理。

3. 如履薄冰，处处谨慎

谨慎是成大事必备的素质。谨慎方可办大事，可以说是古代贤哲经历无数磨难后总结出来的硬道理。为人如此，自修如此，做官更须如此。因此，为官三箴（清、慎、勤）中，"慎"字被列为第二，仅次于"清"字，比"勤"字还重要一些。

《诗经》中说，做事应当"惴惴小心，如临于谷；战战兢兢，如履薄冰"。《管子》中说，"其所谨者小，则其所立亦小，其所谨者大，则其所立亦大"，认为一个人成就事业的大小与其谨慎程度成正比。"诸葛一生惟谨慎，吕端大事不糊涂”。朱熹说，古今大英雄豪杰，做事必有临深履薄的感受才能成大事，他在给陈亮的书信中说：“真正大英雄人，却从战战兢兢、临探履薄处，做将出来。若是血气粗豪，却一点使不着也。”明代大儒薛碹也说：“圣贤成大事业者，从战战兢兢中来。”

吕坤的《呻吟语》、洪应明的《菜根谭》和石成金的《传家宝》是明清处世三大奇书，也都把谨慎作为待人办事的秘方。吕坤说：“慎一分者得一分，忽一分者失一分，全慎全得，全忽全失。小事多忽，忽小则失大；易事多忽，忽易则失难。”洪应明说：“思立掀天揭地的事功，须从薄冰上履过。”意思是，要想办惊天动地的事业，就要像在薄冰上行走一样谨慎才行。

曾国藩生性就很谨慎，不是那种粗心鲁莽毫无顾忌的人。但他一生之中，有多次变化，性格也有很大改变。刚进入仕途他还以“敢”字标榜，以“强”字自励。随着深入官场，他体会到仕途险恶，性情更加谨慎，甚至如他自己所云，已由慎生葸。葸者，畏惧之意也。朱之瑜说过，“慎者，美德也，而过用之，则流于葸。”如果由慎而惧，胆子越来越小，恐怕就什么事也办不成。左宗棠性情刚烈，李鸿章则远为圆通，二人都批评过曾国藩胆小。同治二年（1863）九月，曾国藩给李鸿章的信中说：

“国藩败挫多年，慎极生葸，常恐一处失利，全局瓦解，心所谓危，不敢不告也。”

可见，他之所以如此谨慎，是因经历太多失败之故。曾国藩一生经历过许多败仗，其中关系全局的大败，他自己总结有四次。第一次为湘军初次出兵，遭遇靖港之败，全军溃败，曾国藩险些自尽；第二次为湖口之败，为石达开所困，水师失利，他的坐船也成为太平军的战利品，又险些投水自杀；第三次为三河镇李续宾全军覆没，曾国华身死，湘军百战精锐丧失殆尽；第四次为祁门之围，为李秀成数十万人所困，侥幸逃生。此外，其他败仗不胜枚举。因兵败而亡的湘军大将，从塔齐布、罗泽南、刘腾鸿三兄弟，到李续宾、张运兰，前后有数十员。如果这些败仗还让他谨慎不起来，那才是怪事。

军事上的谨慎固然重要，但对曾国藩而言，太平军不可怕，打败仗不可怕，最可怕的是官场风云。在他官卑位微时，尚未悟出其中奥妙，随着他官大权大，在官场混迹越久，陷入越深时，越感到可怕。在同治帝继位以后，慈禧当政，这个女人心狠手辣，更令曾国藩生畏，从而也更加谨慎。

中国古代讲究以文治国，如魏文帝曹丕所言，“文章乃经国之大事”，科举制度考的就是一个人的文章。文章表现一个人的品德，所以有“文如其人”之说，文章表现一个人的见识，也表现一个人的才能。对于臣子而言，要想表达自己的立场、观点，为君主所用，文章好坏是关键。对朝臣尚且如此，对地方官更不用说了，当时交通落后，主要信息只能靠邮寄书信传达。一般官员，至少三五年方能入京进见，奏牍就成了与君主沟通最便利的载体。所以曾国藩认为，奏议是臣子最重要的事，要谨慎对待，下一番功夫才行。

曾国藩对奏牍的重视，不仅体现在他往往亲自动手，言辞谨慎，大多经反复思虑才定，即使是幕僚代笔，他也都要亲自改过才发，此外，还体现在他慎选幕僚上。他手下的幕僚，包括各方面的人才，但最重要的则是草拟奏稿的人。李鸿章在他幕下，就主要充当草写奏稿的任务。曾国藩称赞他的文章得“辣字诀”。薛福成所以受其赏识，即因其文笔独到，善写奏章，后不离曾左右。曾门四大弟子，人人都是奏牍高手。

当时能向皇帝奏事是一种特权，表明这个人已得到皇帝的重视。如何利用好这样的机会，就要在奏章上下功夫。曾国藩频频教导手下，在奏牍上一定要谨慎行事。同治元年（1862）正月，曾国藩读了洪亮吉的《上成亲王书》，此人就因为上了这一奏疏，被发配新疆。曾国藩读后说，其实也没有什么犯忌讳的地方，饶是如此，尚且遭此大祸，可见奏疏不可不慎呀。

曾国藩是写文章高手，他以理学为积淀，宗法桐城派文风，风格雄健刚劲，自成一家。他对于政治的敏感也是常人所难以企及的。咸丰十一年（1861）十一月，慈禧太后勾结恭亲王奕䜣，发动宫廷政变，囚禁了肃顺、端华等顾命八大臣。不久，端华等被处死，曾国藩闻讯大惊，在日记中写道："骇悉赞襄政务怡亲王等俱已正法，不知是何日事，又不知犯何罪戾，罹此大戮也！"其心中惊惧之情由此可见。

肃顺是清朝中较为开明的大臣，就是他鼎力推荐曾国藩，营救左宗棠的，他幕中的王苧运、郭嵩焘都与湘军有极密切的关系，因此肃顺一党被灭，曾国藩一则为慈禧的狠辣震慑住，二则也预感到事情不妙。此际，胡林翼、左宗棠等心腹建议他自立，以免受人所制。

但慈禧也不傻，她知道如果对曾国藩不好，肯定会激起事变，此时清廷内忧外患，无法顶住太平军、湘军的双重打击，亡国是指日可待的事。为笼络曾国藩，她下令嘉奖，实授曾国藩为两江总督，统领四省军政，全权指挥平定太平天国大计，并加授协办大学士。曾国藩成为清代封疆大吏兼大学士衔之第一人。在此厚待之下，曾国藩明白慈禧还是明白人，自己不会有性命之忧，这才心安。但他由此也知此人不易对付。当接到任命封赏谕旨时，他不喜反忧。他在日记中写道：

"余近浪得虚名，亦不知其所以然，便获美誉。古之得虚名而值时限者，往往不克保其终。见此，不胜大惧。将具奏折，辞谢大权，不敢节制四省。"

针对如何上奏，他与幕僚们计议多日。后来奏请撤销总领四省军政的权力，朝廷不允，曾国藩也只好从命。曾国藩不久再次上奏朝廷称颂慈禧"英断"，为"自古帝王所仅见"，其实也只是为了保住慈禧对自己的信任。曾国藩在仕途上总是谨小慎微，但仕途风波总是伴随着他。攻破天京后，太平天国灭亡，又到了兔死狗烹的时候，此时有几位御史开始制造舆论，攻击曾国荃纵兵抢掠，谎报战功，甚至牵涉到曾国藩。一时朝野鼎沸。曾国藩知道这是慈禧的手腕，为了保全自己，他不得不以退为进，劝曾国荃退隐，裁撤湘军，这才使形势稳定下来。

曾国藩还善于从历史上的经验中学习处世之道，在总结历代权臣结果时他发现，权位往往是致祸之源，尤其是兵权。秦朝的白起，西汉的韩信、彭越，明代的蓝玉，都是因兵权过重、声望过高而被杀的。曾国藩手握十几万重兵，足以推翻清政府，更为朝廷所忌。

所以灭太平军后，曾国藩首先想到的是裁湘军，但同时却保留了淮军，仍具有实力。这就是所谓的曾僵李代之计。

不能太有权，但亦不可无权。无权则任意受人宰割，悔则晚矣。有人劝曾国藩急流勇退，曾国藩不听，也是同样的考虑。也正亏了他这种谨慎态度，才得以善终。倘若追寻其居高位奥秘所在，不过一“慎”字而已。但道理人人能知，真正做到的，古今又有几人?

4. 藏锋圆通，含而不露

俗语有“雁过留声，人过留名”，无非是表明人们对名声的重视。大多数人都有功名之心，也正是因为功名之心，人们才会拼搏奋斗，为取得功名做出了巨大的牺牲，甚至失去了生命。

但是，在求功名的过程中，人们的表现方式各异。有人认为要想取得功名，就得向外人证明自己有才。于是，他们会在众人面前展示自己，标榜自己的实力。没有赏识者的时候，他们仍然会表现自己的与众不同。这类人为了证明自己不是庸才，便选择了炫耀自己。结果为此遭到的反感、忌恨远远超过了自己需要的赏识。

曾国藩遍读古书，深谙锋芒毕露招祸患的道理。他常以古人为鉴，检点自身，生怕自己因为露出锋芒而遭忌受挫。

所以有人说，曾国藩能够成功的最大原因，是其深谙藏锋的道理。

曾国藩自己也说："自以秉质愚柔，舍困勉二字，别无他处。"一个人的成就有大小，小者或可从困勉铢积寸累得来，若成就大业，只靠辛苦强学还是不行，尤必有超人的领悟天才，才能相济为用。曾国藩说："器有洪纤，因材而就，次者学成，大者天授。"

关于才德，曾国藩有自己的看法，他写过这样一段文字：

"司马温公曰：'才德全尽，谓之圣人；才德兼亡，谓之愚人。德胜才，谓之君子；才胜德，谓之小人。'余谓德与才不可偏重。譬之于水，德在润下，才即其载物溉田之用；譬之于木，德在曲直，才即其舟楫栋梁之用。德若水之源，才即其波澜；德若木之根，才即其枝叶。德而无才以辅之，则近于愚人；才而无德以主之，则近于小人……二者既不可兼，与其无德而近于小人，毋宁无才而近于愚人。自修之方，观人之术，皆以此为衡可矣。"

曾国藩的见解颇为独到，洞察了德与才的相互关系。他认为，有才无德，便会恃才傲物，目中无人，最终会自食恶果。

曾国藩之所以有这样的见解，正是因为吃了很多苦头后才体味出来的。

曾国藩的前半生，处处锋芒太露，因此处处遭人忌妒，受人暗算，连咸丰皇帝也不信任他。1857年2月，他的父亲曾麟书病逝，清朝廷给了他三个月的假，令他假满后回江西带兵作战。但三个月后曾国藩伸手要权，遭到了皇帝的拒绝。同时，各方面的舆论认为此次曾国藩离军奔丧已属不忠，此后又以复出作为要求实权的砝码，这与他平日所标榜的理学家面孔大相径庭，对他发出种种指责与非议。

在内外交困的情况下，曾国藩忧心忡忡，遂导致失眠。在经历了一段时期的自省自悟以后，曾国藩在自我修身方面有了很大的改变。及至复出，为人处世不再锋芒毕露，日益变得圆融、通达。

平定太平军之后，曾国荃在攻陷天京后的所作所为，一时间成为众矢之的。此外，清政府对曾国藩也最为担心，唯恐他登高一呼，从者云集，所以既想让他早离军营而又不让其赴浙江任巡抚。无奈，曾国藩称曾国荃病情严重，开浙江巡抚缺，回乡调理。很快清政府便批准了曾国藩所奏，并赏给曾国荃人参六两，以示慰藉。而曾国荃却大惑不解，愤愤不平溢于言表，甚而在众人面前大放厥词以发泄其不平，致使曾国藩十分难堪。曾国藩回忆说：

“三年秋，吾进此城行署之日，会弟甫解浙抚任，不平见于辞色。时会者盈庭，吾直无地置面目。”

所以，曾国藩只好劝慰他，以开其心窍：

“弟何必郁郁！从古有大劳者，不过本身一爵耳，吾弟于国事家事，可谓有志必成，有谋必就，何郁郁之有？”

“隐”是为了在暗处出击，或者保身护体，等待时机。急于求成的人最难以克服的弱点就是不管时间、地点、场合的表现自我、自高自大，不懂得龙蛇伸屈之道。

曾国藩藏锋的典型事例很多。同治三年（1864）天京攻破，红旗报捷，他让官文列于捷疏之首，即有谦让之意，尤其是裁撤湘军，留存淮军，意义极为明显。不裁湘军，恐权高震主，危及身家。如裁淮军，手中不操锋刃，则任人宰割，因此他叫李鸿章按淮军不动，从自己处开刀。

曾国藩藏锋的“龙蛇伸屈之道”，是一种自我保护的生存之道。实际上藏锋露拙与锋芒毕露，是两种截然相反的处世方式。锋芒引申为人显露在外表的才干。有才干本是好事，是事业成功的基础，在恰当的场合显露出来是十分必要的。但是带刺的玫瑰最容易伤人，也会刺伤自己，露才一定要适时、适地。时时处处才华毕现只会招致嫉恨和打击，导致做人及事业的失败，不是智者的所作所为。有志于做大事业的人，可能自认为才分很高，但切记要含而不露，该装傻的时候一定要装得彻底。有了这把保护伞，何愁事业不成功？

“人不知而不愠，不亦君子乎！”可见人不知我，心里老大不高兴，这是人之常情。于是有些人便言语露锋芒，行动也露锋芒，以此引起大家的注意。但更有一些深藏不露的人，好像他们都是庸才，都胸无大志，实际上只是他们不肯在言语和行动上露锋芒而已。因为他们有所顾忌，言语露锋芒，便要得罪旁人，得罪旁人，旁人便会成为阻力，成为破坏者；行动露锋芒，便要惹旁人的妒忌，旁人妒忌，也会成为阻力，成为破坏者。表现本领的机会，不怕没有，只怕把握不牢，只怕做的成绩，不能使人特别满意。额上生角，必触伤别人，不磨平触角，别人必将力折，角被折断，其伤必多。锋芒就是额上的角，既害人，也伤己！

古今多少人，他们目光短浅，急于求成。他们不愿意放过任何可以表现的机会，一旦表现，则力求做到淋漓尽致，恨不得将心掏出来给别人看。殊不知，他们犯了激进的毛病，这样做的结果只能让自己陷入被动。如果自己有才，不一定能够得到别人的赏识，有时候还会让掌权者产生妒忌，如曹操妒杨修之才，炀帝妒薛道衡之才。如果自己无才，却在大庭广众之下极力自我表现，无异于班门弄斧，拙笨之处暴露无遗，给别人留下可乘之机。

处世中，有人锋芒毕露，有人藏锋露拙。曾国藩则属于后者，他虽有才干，却不轻易外露。毕竟，才华横溢会遭人忌恨和打击，最终导致事业上的失败。

古语云：木秀于林，风必摧之；堆出于岸，流必湍之；行高于人，众必非之。锋芒毕露必将处处碰壁，不露锋芒则能保全自身。君子爱物，取之有道，欲得功名，也该如此。

5. 不慌不忙，稳重当头

曾国藩一方面执着追求功名富贵，另一方面又力求从“名利两淡”的“淡”字上下功夫，讲求谦让退却之术，为人也极为稳重。在曾国藩的日记、书信中，曾多次谈及“重”，无论是在为官之道，军事战略，还是取才标准上，都极看重一个“重”字。

曾国藩常说：“稳重行事，有胜无败。”稳重行事，就要谨慎，计划详密，戒除鲁莽，这样才能冷眼旁观、抓住关键，一击便中要害，问题也就迎刃而解了。

心静之后，才能头脑冷静，厘清脉络、胸有成竹。表现在外，即是沉稳威严、不急不躁、不愠不火。曾国藩对“静”字认识极深，内心自然克制一些浮躁，因而才有他谨言慎行、不苟言笑的威严容仪。

曾国藩的形象，他的门生故吏都有过描述，共同的一点是都强调他“行步极厚重，言语迟缓”。“重”字是他最突出的仪表特征。

曾国藩容止持重，一则由于家风，其祖父的“仪表绝人，全在一‘重’字”，而曾国藩一直将祖父当作心中楷模，行动言语无不仿效。二则由于理学，理学主张修身，在仪容上有一番特殊的要求。曾国藩师从儒学大师唐鉴后，唐鉴告诫他，读书以《朱子全书》为宗，为学只有三门：义理，考核、文章；修身要内外齐抓，要“整齐严肃”。唐鉴所说的“整齐严肃”即是“重字诀”的根本内容，曾国藩原来说话较快，且喜多说，这正是“重”字大敌，于是他从“谨言”开始，重新打造自我，其容止风范也由此大变。

曾国藩行为举止的过人之处在于其行止重厚，稳如铜鼎，神态威严，震慑人心。这表明他志向高远，毅力坚卓，因此能遇难而进，扫荡天下，统驭万众。

曾国藩将“重”字提高到非常高的境界。咸丰十年（1860）四月，他给李续宜写信说：“大约勤字、诚字、公字、厚字，皆吾辈之根本。刻不可忘。”此处之“厚”，即“重”字之意。把“重”视为人生根本的，恐怕只有曾国藩一人而已。

与“重”字相反，曾国藩认为“轻薄”是最应戒除的。咸丰十年五月，他又写信给李续宜，说：“大抵激之而变薄者，吾辈之通病。此后请默自试验，若激之而不薄，则进境也。”他还说：“由厚趋薄易，由薄反醇难。”读书人毅力不坚，一旦遭受重大挫折，便往往趋于偏激、轻薄，曾国藩所以谆谆告诫，正是要他们坚定不移，不要因为世变而走上邪路。

曾纪泽与其父相反。他说话太急，行动太急，曾国藩认为这是“轻”字之病，定要痛加纠正。在家书中，关于此方面的就有十封左右，不厌其烦，屡屡告诫。

咸丰九年（1859）十月十四日，曾国藩引祖父和自己为例，教诲曾纪泽继承祖父之风，以重纠轻：

“余尝细观星冈公仪表绝人，全在一“重”字。余行路容止亦颇重厚，盖取法于星冈公。尔之容止甚轻，是一大弊病，以后宜时时留心。无论行坐，均须重厚，早起也，有恒也，重也，三者皆尔最要之务。早起是先人之家法，无恒是吾身之大耻，不重是尔身之短处，故特谆谆戒之。”

此后，几乎每年，曾国藩都会训诫一两次。

曾国藩的“重”字还表现在其军事方略上。

曾国藩是中国近代杰出的军事家，也是一个功罪鲜明，成就极广的人物。曾国藩的发家，主要靠湘军；他的功和罪，也大多和湘军有关。他所组建的湘军“别树一帜，改弦更张”，先后镇压了太平天国和捻军起义，既为维护封建统治建立了不朽功勋，又为中国走向近代、走向世界起了巨大的作用，其功之大，是难以有人匹敌的。

曾国藩用兵，极其稳健。他对曾国荃说：“余前年所以废弛，亦以焦躁故尔。总宜平心静气，稳稳办去。”这种战略战术在他的日记与往来书信中多次出现，我们也可以从其作战过程中明显地看出来这一点。

曾国荃在围攻江西重镇吉安时，曾国藩为他写下了一副对联，上联是“打仗不慌不忙，先求稳当，次求变化”。后来这一副对联成为曾国藩和太平军作战的指导原则。不但在战略思考上，如他认为“迪安（李续宾）善战，其得诀在‘不轻进不轻退’六字”，同时在具体战术（扎营修垒）上，无一不体现这一原则。

太平天国起义后，势力很快就遍及长江流域，军力发展到五六十万人，占领了长江流域的许多重要城镇，而湘军编练成军后，兵力最初不过十七万人，发展到最后也不过十二万人，相差甚为悬殊，太平军往往是湘军的几倍，或几十倍。面对强大的太平军，湘军不得不采取防御，先求立于不败之地，然后乘隙致人而不致于人。

为了能首先使自己立于不败之地，达到围困太平军的目的，曾国藩对扎营修垒做了严格的规定。湘军每进攻到一座城下，统领首先根据利于作战的原则，选择地势险要的地方，要求湘军“每到一处安营，无论风雨寒暑，队伍一到，立即修挖墙壕，未成之先，不许休息，亦不许与敌搦战。墙子须八尺高、一丈厚，内有子墙，为人站立之地。壕沟须一丈五尺深，愈深愈好，上宽下窄。”此后湘军都依照这个规定扎营修垒，筑墙挖壕。正如曾国藩所指出的那样：“惟当酌择险要，固垒深沟，先立于不败之地。”曾国藩对部下李元度说：

“扎营宜深沟高垒，虽仅一宿，亦须为坚不可拔之计，但使能守我营垒，安如泰山，纵不能进攻，亦无损于大局。”中国近代名将蔡锷高度评价湘军的这个筑营措施：“防御之紧严，立意之稳健，为近世兵家所不及道者也。”

湘军不但扎营以求自固，进攻敌人的坚垒、名城，也用扎营战术来围困敌人以收功。咸丰六年（1856），湘军围武昌，挖前壕来防武昌城内的太平军出击和突围，挖后壕以拒太平军的救兵。一般人虑不及远，笑挖后壕为“拙”，后来太平天国翼王石达开率领援军接近武昌，于是湘军的后壕变为前壕，以抗拒石达开，人又叹其“巧”。咸丰十一年（1861），胡林翼指示进攻安庆集贤关的湘军将领鲍超“莫攻贼垒，而于距贼垒二里外，以兵力分前后左右围之。每一面只须三营，遥遥相制，邀截樵汲，静待十日，贼必无水、无米、无薪，自行奔溃。”鲍超遵照胡林翼的命令，不到二十天，就把守集贤关的太平军四个坚垒全部攻克。这样关系重大的战果，只是从运用扎营战术中轻易得来的。

此后的湘军战役中，夺取九江、安庆乃至天京，都是运用扎营战术来围困坚城而夺取的。

湘军作战，极重地势。由于作战的方略，随山地与平原地势的不同而迥异，所以在作战前，湘军的统帅、大将，必审地势的险易。如湘军攻武昌，曾国藩先乘小舟赶汉口相度地势。左宗棠攻杭州，先轻骑赴余杭察看地势。他们都在看明地形以后，才定进攻的方略。不独统帅，将领以亲看地势为第一义，其下营官、哨官以至哨长、队长，人人都以看地势为行军的要务，人人都知道审择地势。

从中，我们不难体会曾国藩“打仗不慌不忙，先求稳当”的原则，而扎营看地则成为这一战术的关键。湘军用兵战术，稳步前进，步步为营，不慌不忙，以孙子兵法“善战者致人而不致于人”，逐渐争取主动为原则。故湘军用兵很少陷于危地，常据险要之地以制敌命，出奇而制胜。曾国藩用兵，重视“主客”的说法，以守者为主，攻者为客，主逸而客劳，主胜而客败。归结起来，其军事战略的主旨主要在于四个方面：一是扎营垒以自固，二是慎拔营以防敌袭，三是看地势以争险要，四是明主客以操胜算。

不仅曾国藩自己“稳扎稳打”，他还时常告诫带兵将领勿求速度，“步步把稳”，“稳扎稳打，机动则发”，“不必慌忙，稳扎稳守”。

曾国藩一直认为如果对所办的事情没有周详的思虑，往往会导致功亏一篑。李续宾和曾国华在三河镇全军覆没，就是思虑不周所致。曾国藩怕文官不勇敢，怕武官不稳重，他总是反复叮嘱，自己办事也力图考查详备。比如怎样办好盐务，曾国藩有两句话：“太平盛世，出处防偷漏，售处防侵占；乱离之世，暗贩抽散厘，明贩收总税。”这就把不同时期、不同地点、不同方式、不同策略考察得清清楚楚，交代得详细周全。

总之，“稳”才能坚定，“重”才能谨慎。稳重行事，勿急勿躁勿轻薄，才能纵览全局，胜券在握，良机不失；才能修身养性，洒脱自如，得人生之道。

6. 言多必失，适可而止

人在现实中要想生存，就必须和人交往，那言语自然是避免不了的，但如果不加注意，则容易祸从口出。因此，慎言是必要的。而慎言的最好方法是不多言，力求简洁明了。滔滔不绝的人说错话的可能性是很大的，他们会招来意想不到的麻烦。正所谓“言多必失”，所以必须“适可而止”。

曾国藩的为官之道是渐渐摸索出来的，他的谨慎为人也是在不断体会中磨炼出来的。

《周易》曰：“吉人之辞寡，躁人之辞多。”它的意思是，有修养的人，言简意赅，不会胡乱地空发议论，而性格浮躁、缺乏修养的人却总爱夸夸其谈，大话连篇。

曾国藩的性格变化是很大的，做大官前后，他好像脱胎换骨了一般。

30岁前的曾国藩总爱说话，并且他的言语中总是有一股尖酸刻薄的味道。虽然自身很有才华，但是别人还是不愿意与他交往，对他敬而远之。因为，无论在酒桌上，还是在日常生活中，他不经意的讥讽话语总能够让同僚或关系普通的朋友们难堪。时间久了，他的恶名也就传得较远。后来，翰林院的同僚们渐渐孤立了他。

曾国藩如果不知悔改，他的仕途应该不会长远。然而，曾国藩还有一个突出的优点，这个优点会将他诸多的缺点弥补，并不断完善自身。这个优点便是他能够反省、检点自身。

尝到了苦头之后，他不能够再容忍自己多嘴多舌的毛病，于是决定悔改。但是江山易改，本性难移。要想改掉这根深蒂固的恶习，必须得付出艰辛努力。

以后的日子里，他还是不能将恶习彻底戒除，多多少少又因为多嘴多舌得罪了一些人。不过，经自己不断反省，他多言的毛病果真改掉了。

“常傲、多言二弊，历观前世卿大夫兴衰及近日官场所以致祸福之由，未尝不视此二者为枢机。”这句话是曾国藩做官的体会。他认为，桀骜不驯定会招致别人的敌视，以致众人群起攻之；多嘴多舌同样要不得，它也会让自己陷入被动。

曾国藩在修行上要求自己“静坐净心”，认为急躁、轻浮是做人、立道、求学的大忌。而身临高位，功高盖世，如言语太多、锋芒太露，就会引来朝廷的猜疑，认为自己有不叵之心。况且在封建社会中，君权高于一切，不懂得韬光养晦，一味激进，更会招致皇帝不悦，那样，便会有生命之忧了。对下，如果讲话太多，难免有失误，则会让手下人嘲笑，认为自己无德无力，不能服众，久而久之，威德并失，便不能操纵手下了。

曾国藩早年就写下了“谨言箴”。他认为用花言巧语取悦于人，最终只能给自身带来灾祸；闲言碎语，也会搅乱你的心神。理解的人不夸耀，夸耀的人不理解。那些道听途说的东西，让智者笑话，让患者惊骇。笑诂你的人会鄙视你，即使你很直率也会怀疑你。惊骇的人弄清原委以后，会说你欺骗他。

他对慎言的重视，影响到了他的整个人生观。曾国藩说，凡是有才能的人总希望表现自己，希望被别人承认他高明，就像孔雀一样，遇见围观的人多了，就开屏展示自己的美丽，其实这很容易招来众怒。同时，胸中有是非、有判断、有取舍，但又佯装不知，这是很难做到的。

曾国藩在现实生活中得到了经验教训，力劝自己不可多言，要小心谨慎，以免强出头引来祸端。故而，他专门写了《英雄诫子弟》书，借以教导自家子弟：

“我要你们听到人家的过失，如同听到父母的名字，耳朵可以听，但嘴上不能说。喜好议论人家长短，妄评政事法令的是非，这是我最厌恶的，宁死也不愿子孙有这类行为！”

他认为，人在独处的时候，一般没有什么话要说，虽然不乏有自言自语的人。和家人相处的时候，因为天天相处，不管自己有优点还是缺点，家人一概接纳，不会过多探讨，偶尔提示一下便可，也没有多少话要说。但和朋友在一起可就不一样了，这时候，他会一改在家里的沉默寡言，绞尽脑汁也要将话说得令众人吃惊，或为了表达语言所不能表达的意思，便以动作配合。

这便是人们的表现欲在作祟的缘故，为了表现自己的才华、风度、智慧、幽默等，难免夸夸其谈，殊不知在这无休止的表演中，却将自己的缺点一点点地暴露出来。

曾国藩不仅自己慎言，还经常劝诫弟弟和部下不要多言。

曾国华和曾国荃是曾国藩的两个弟弟，二人都与青年时的曾国藩性格相似，要么说话刻薄，要么多嘴多舌。曾国藩不想弟弟再走自己的老路，为了使弟弟不走自己的老路，曾国藩对此二人屡屡劝导。为了让性格刚烈、言语刻薄的曾国华处理好人际关系，曾国藩送给他“温甫”作为他的字号，意思是让他待人要温和一些，克制自己，不要伤害他人的自尊心。曾国华明白哥哥的心思，在日后的待人接物上，都显出温和的一面。

曾国荃后来也被朝廷加封，开始在官场立身。他的为人比曾国华还要恶劣，曾国藩对其格外担忧，因为，官场中最忌讳的就是多嘴多舌。历史上官吏因出言不慎而被贬、被惩者多如牛毛，噤若寒蝉便被视为官场法宝。可曾国荃初入官场，根本不懂仕途险恶，仍然像往常一样肆无忌惮，夸夸其谈。曾国藩总是写信给他，向他传授为官保身之道，曾国荃从中得益不少。

对部下，曾国藩同样如此要求教导。他告诫部下发言一定要谨慎，千万不可胡乱地说话。

言多必失，应适可而止。有智慧的人懂生存之道，知道何时“沉默是金”。

7. 以“浑”入世，难得糊涂

有大智慧的人，能够将“浑”利用得恰到好处。由糊涂变聪明易，以聪明装糊涂难。正因为难，有人无法掩饰自己的聪明，才有了聪明反被聪明误情况的发生。以“浑”字入世是一门大学问，需常常领悟才能有所收效。

人生在世，难得糊涂。曾国藩的“浑”字诀就阐明了这个道理。

曾国藩是一个聪明人，但对有些事情，他却睁一只眼闭一只眼，不加理会。

曾国藩读了很多书，再加上自己才华出众，自然是个聪明人。也正是由于他的聪明，才导致了他在官场中四处碰壁，屡次遇到险阻。他处处显得精明，却不能在官场中安然无恙，不得不令他反思。“浑”字就是在他的反思过程中总结出来的。

“惟忘机可以消众讥，惟懵懂可以祓不祥。”这句话在曾国藩写给胡林翼的信中可以看到，曾国藩经过一番磨难才有此领悟，并以此来劝诫挚友。

初办湘军的时候，曾国藩与王鑫不和。王鑫拜在罗泽南门下，非常善于用兵。他手下有几千士卒，与其他部队相比，实力相当雄厚。俗话说，一山不容二虎。王鑫与曾国藩之间摩擦甚多，当时没有多少人替曾国藩说话，曾国藩压力很大。

王鑫后来在作战过程中因为骄傲吃了败仗，为挽回名声，谎报军情，曾国藩对他的做法非常反感，认为他的做法为君子所不齿。曾国藩此时虽然知道王鑫有大罪，但不愿意乘机报复。

在给几位弟弟的信中，曾国藩提到了此事，并分析认为，乱世之中，黑白本来就很难做到分明，强欲区分，反致混淆，希望诸弟能够吸取教训，学会糊涂处世。

官场中事事难料，颠倒是非、黑白不分的事情常有发生，以糊涂应对，再好不过。

曾国藩对其弟曾国荃说过：

“弟体一不甚旺，总宜好好静养。莫买田产，莫管公事。吾所嘱者，二语而已。盛时常作衰时想，上场当念下场时，富贵人家，不可不牢记二语也。”

糊涂的人可以通过刻苦的学习，逐渐开阔视野，增长知识，所谓水滴石穿，功到自然成便是如此。聪明的人要想掩饰自己的那股精明，尽管日日克制，还是难以奏效。因为精明的人能够看透很多东西，能够看得深、看得远，就会在不知不觉中表现得高人一等。

但有时候又会出现聪明反被聪明误的现象。装糊涂是成事保身之法，因为会装糊涂的人，不会计较自己吃了小亏，在别人面前表现得憨厚老实，人们会认为他是单纯的人，从而愿意和他交往。与单纯的人交往，会让人的心里感到踏实、轻松。单纯的人没有坏心眼，跟这种人交往，可以放松警惕。与精明的人交往却是另一番情景，他会让人的神经绷紧，生怕被他欺骗，被他愚弄。

“浑”便是一种大智若愚的处世为官方法，“浑”并不是说对什么都不能看透，对什么都想不明白，而是将精明藏在深处，集中心思去做一些对个人发展有益的事情，同时对那些无关紧要的事情或与自己没有关系的事情视而不见。

8. 防危虑败，明哲保身

所谓物盛则衰，月盈则亏，一件事情到了一定程度就会向相反方向转化。在社会动荡时，湘军的影响和作用是受到清政府皇室的赞许和支持的，但社会安定后，湘军则成了一支威胁力量。在这种情况下，曾国藩能够看到长远，分析前景，不求功德圆满，而宁愿抱残守缺。

1868年5月，曾国藩被授予武英殿大学士。其后，由于筹办剿捻后路军有功，又被封云骑尉世职。一年数迁，曾国藩可谓荣耀之至，这表示清政府对他很是倚重。可是时过不久，一大批湘军官员纷纷被开缺回籍，如陕甘总督杨岳斌、陕西巡抚刘蓉、广东巡抚郭嵩焘、湖北巡抚曾国荃、直隶总督刘长佑。这不由得使曾国藩警醒起来，他在给郭嵩焘的信中提道："官相（官文）刚才有署直隶之信，不知印渠何故开缺？近日厚（杨岳斌）、霞（刘蓉）、筠（郭嵩焘）、沅（曾国荃）次第去位，而印（刘长佑）复继之，吾乡极盛困难久耶，思之悚惕。"

党徒的被排挤不能不使曾国藩为自己的末路忧心，而且他日益感到朝廷对自己的冷淡和疏远。

这一切都是为什么呢？曾国藩明显感到，有一个阴影一直围绕着他并与他为难，这就是曾国荃弹劾官文一事。

官文是旗人，在汉官密布的长江中下游地区，深得清政府的器重，授以湖广总督之职。胡林翼任湖北巡抚时，知其不可撼动，遂处处推美让功，以笼络官文，使得湘军在诸事上均比较顺利。胡林翼死后，官文与湘军关系维持着表面的和气，但实际上已变得十分疏远。后来，曾国荃接任湖北巡抚，与官文同城，骤然间双方的关系紧张起来。

因为湖北按察司唐际盛与曾国荃的挚友黄南坡仇隙很深，于是唐际盛便怂恿官文，奏请曾国荃帮办军务，以使其离开武昌，免于督抚同城。由此曾国荃便与官文结怨，并伺机进行报复。

曾国荃先是奏参唐际盛，接着就弹劾官文。由于曾国荃营中无文员，奏折草拟后无人商量，只有曾纪泽在营中，但又不知参劾官文后的政治利害，因此奏折语句多不中肯，且文句冗长，首尾不相顾。

曾国荃怕曾国藩知道后，阻挠其弹劾官文，因此故意背着他。外间知道曾国荃参劾官文后，不仅湖北的士绅持反对态度，就是曾国藩的门生故吏也认为此事大为不妥。曾国藩闻讯后十分担忧，惟恐由此开罪了满洲贵族，于以后不利。因此，曾国藩在事先和事后均表示出忧虑之情，不太赞同此举。在1865年9月《致沅弟》的书信中，他嘱咐曾国荃说："顺斋排行一节，亦请暂置缓图。"原因是，"此等事幸而获胜，而众人眈眈环伺，必欲寻隙一泄其忿。彼不能报复，而众人若皆思代彼报者。"总之，"弟谋为此举，则人指为恃武功，恃圣眷，恃门第，而巍巍招风之象见矣，请缓图之。"随后，曾国藩又在给曾国荃的书信中说："顺斋一案，接余函后能否中辍？悬系之至。此等大事，人人皆疑为兄弟熟商而行，不关乎会晤与否。"十天后，曾国藩已得知奏参官文的事已发，反复叮嘱曾国荃："吾辈在自修处求强则可，在胜人处求强则不可。"一再告诫："福益外家若专在胜人处求强，其能强到底与否尚未可知。即使终身强横安稳，亦君子所不屑道也。"

曾国荃奏折中具体列举了官文七条罪状。事情发生后，经反复筹思，曾国藩便"密折保官（官文），请勿深究"。可是，曾国藩此举，却引起了外间的纷言，一时间曾国藩"劾老九"之语，纷纷扬扬，使得曾国藩无言以对，只有"麻木不仁处之"，以静观其变。

慈禧太后那拉氏心里清楚，此次参劾纯属湘系与满洲权贵之间的权力之争，而捻军正盛，还需要利用湘淮两军出力。因此，她开去官文的湖广总督职，留大学士衔，回京后又令其掌管刑部，兼正白旗都统。表面上顺从了湘军所奏，实际上对官文也没有什么损害。

这件事对曾国藩触动很大，官场本来就危机四伏，必须谨慎小心，如何还敢得罪巨室，为自己树敌呢？

曾国藩向以思虑深远闻名，他不可能不为自己和诸弟长久打算。既然自知有功高震主之嫌，如何防危虑败，未雨绸缪，求一个好的下场，就是一桩学问。这其中体现的就是“花未全开月未圆”的处世经。

曾国藩在诸弟为官之后，屡屡教诫他们正确对待富贵与权位。尤其是对那位贪财自傲的沅弟（国荃），他反复开导，叮嘱再三。同治元年五月，湘军既得安庆，正包围金陵，他警告两个弟弟说：“若一面建功立业，外享大名，一面求田问舍，内图厚实，二者皆有盈满之象，全无谦退之意，则断不能久，此余所深信，而弟宜默默体验者也。”金陵即将攻破之时，他又告诫两个弟弟说：“古来成大功名者，除千载一郭汾阳（子仪）外，没有多少风波，多少灾难，谈何容易！愿与吾弟兢兢业业，各怀临深履薄之惧，以冀免于大戾。”他害怕功败垂成，勉励弟弟须有极强的警惕性和忧患意识，又怕成大功大名时，飞来无名横祸，故勉励弟弟须有临深履薄的畏惧之情。及至金陵攻克，兄弟封侯封伯之后，他又多次写信给颇有抑郁之气的九弟，劝他“功成身退，愈急愈好”。

在曾国藩防危虑败、明哲保身的方案中，裁军自抑、自削羽翼是最重要的步骤。

9. 远离虚妄，慎独反思

慎独是许多成大事者不可多得的品质，有许多功高业大者因为缺少慎独这一品质而走上不归路，不能不说是一种惨痛的教训。慎独能够时时反省自己，杜绝一些虚妄的想法，从而不会违背自己的做事原则，也不会犯下大错误。

大凡人在初创崛起之时，不可无勇，不可以求平、求稳，而在成功得势的时候则要求淡、求平、求退。这也是人生进退的一种成功哲学。

曾国藩熟读儒家经典，是晚清有名的理学家。他坚拒纵横家王闿运劝其称帝的事，尤能反映曾国藩的品格特征及处世风格。

王闿运是湖南湘潭人，他满腹经纶，欲报效国家，将自己的一套经世安邦之策付诸实现。

王闿运的这种抱负因太平军起义的爆发而更趋强烈了。起义军入湘后，曾国藩奉清廷之命帮办湖南团练，组织湘军与起义军为敌，王闿运曾多次上书言事，得到了曾的重视。虽因身系独子，未能从军，但从此与湘军将帅保持了密切的关系。在太平天国存在期间，他曾三度至曾国藩驻地探视，并参与谋划。

王闿运为人慷慨激昂，向以霸才自居。他在1855年劝曾国藩自立不成，1860年再入曾府，仍喋喋而谈，其意也是“彼可取而代之”的意思。但曾国藩却正襟危坐，以食指蘸杯中茶汁，在几上点点画画。不多时，曾起立更衣，王闿运便站起窃视几上，只见上面依稀有个“妄”字。

一晃几年过去了，王闿运再次拜望曾国藩。此时的曾国藩正准备北上“剿捻”。一见王闿运到来，极为高兴，只是因有了前两次“劝进”，曾国藩自然有所警惕。

但王闿运这次却好像换了一个人似的，只是与曾国藩讨论学问。他对曾国藩说：

“公之文，从韩愈以追西汉，逆而难，若自诸葛、魏武帝以入东汉，则顺而易。”

曾国藩起初听得津津有味，并频频点头。的确，学习辞章从唐代韩愈，上溯西汉，逆而难，如果自曹操入东汉，就较容易，也顺理成章。但到后来，曾国藩还是听出了王闿运的弦外之音。原来还是让他做曹操！但曾国藩这次倒也平静，故作不知。王闿运自知他的帝王之术再无实现的机会，颇为沮丧，只得悻悻而归。

曾国藩之所以能够远离痴心妄想，与他的慎独精神是分不开的。他严于律己，日日不忘反省。在反省的过程中，他明白了什么事情该做，什么事情不该做。不该做的事情，他想都不会去想。

曾国藩写过这样一段话，从中不难看出他对为人处世的思考：

“尝谓独也者，君子与小人共焉者也。小人以其为独而生一念之妄，积妄生肆，而欺人之事成。君子懔其为独而生一念之诚，积诚为慎，而自慊之功密，其间离合几微之端，可得而论。”

“盖《大学》自格致以后，前言往行，既资其扩充；日用细故，亦深其阅历。心之际乎事者，已能剖析乎公私，心之丽乎理者，又足精研其得失。则夫善之当为，不善之宜去，早画然其灼见矣。而彼小人者，乃不能实有所见，而行其所知。于是一善当前，幸人在英或察也，则趋焉而不决。一不善当前，幸人之莫成伺也，则去之而不力。幽独之中，情伪斯出，所谓欺也。惟夫君子者，惧一善之不力，别冥冥者有堕行；一不善之不去，则涓涓者无已时……”

这段话的意思大体是这样的：

小人和君子都会有独处的时候，但在独处的时候，他们的思想是不同的。小人在独处的时候，会产生一些邪恶狂妄的念头，慢慢地，这种坏念头越来越强烈，到最后，小人便会被这些坏念头控制，做出一些违反道义、欺负别人的事情。君子在独处的时候往往会检点自身，以诚实的态度来反省自己，生怕自己做了坏事。在检点自己的过程中，越来越谨慎，犯错误的可能性也就越来越小。

经过对《大学》的探究后，《大学》里的东西被人们所理解，古人的言行和日常生活中的小事情可以让人丰富知识和增加阅历。人们在分析事情的时候，能够公私分明；在阐明道理的时候，又能够辨明得失。好的东西应该保留，不好的东西应该抛弃，这是正确的见解。小人没有这样的见解，也不会按照这样的见解去做事。做好事的时候，他生怕没人看见，做了不会得到什么好处，于是在不断思索做还是不做。做坏事的时候，又怕被别人看见了，想改正，却不会彻底改正。独处的时候，那些经过矫饰的感情真实地呈现出来，这个过程就是欺骗。只有君子才会担心因为办好事不彻底使自己变得堕落，而不好的东西如果继续保留，就会长久影响自己……

10. 谦虚谨慎，力戒傲气

天下古今之庸人，皆以一“惰”字致败，天下古今之奇人，皆以一“傲”字致败。

人可有傲骨，但不可有傲气。人因傲而凌于人，必然会招来祸患。无论在什么场合、什么时期，都应该时时戒傲。

人生有许多因素可导致失败，傲为其一。不理解此学问，永远是一个可怜的失败者。曾国藩即深知其理。

曾国藩十分谦虚，他认为自己享有大名，是因祖宗积德所致，且总觉名望太大，因此教育家人不可倚势骄人。他认为傲气是致败的原因之一，并指出傲气的表现形式在言语、神气、面色三个方面。他谆谆告诫弟弟们要谦虚，对于没有经历过艰苦的后辈子弟，他更担心，怕他们不知不觉地染上骄傲的习气。“谦”是曾氏家教的一个重要内容。

道光年间，他在京做官，年轻气盛，时有傲气，“好与诸有大名大位者为仇”；咸丰初年，他在长沙办团练，也动辄指摘别人，与巡抚等人结怨甚深；咸丰五六年间，在江西战场上，又与地方官员有隔阂；咸丰七八年在家守制，经过一年多的反省，他开始认识到自己办事常不顺手的原因。他自述道：“近岁在外，恶（憎恶）人以白眼蔑视京官，又因本性倔强，渐进于愎，不知不觉做出许多不恕之事，说出许多不恕之话，至今愧耻无已。”又反省自己“生平颇病执拗，德之傲也”。

他进一步悟出了一些为官之道：“长傲、多言二弊，历观前世卿大夫兴衰及近日官场所以致祸之由，未尝不视此二者为枢机。”因此，他自勉“只宜抑然自下”。在官场的磨砺之下，曾国藩日趋老成，到了晚年，他的“谦”守功夫实在了得。他不只对同僚下属相当谦让，就是对手中的权势，也常常辞让。

“天道忌盈”，是曾国藩颇欣赏的一句古话，他认为“有福不可享尽，有势不可使尽”。他“势不多使”的内容是“多管闲事，少断是非，无感者也无怕者，自然悠久矣”。他也很喜欢古人“花未全开月未圆”七个字，认为“惜福之道，保泰之法莫精于此”。他主张“总须将权位二字推让少许，减去几成”，则“晚节渐渐可以收场”。

曾国藩于道光二十五年（1845）给弟弟们的信中教诲说：

“常存敬畏，勿谓家有人做官，而遂敢于侮人；勿谓已有文学，而遂敢于恃才傲人。”

不仅对军事而言如此，且“凡事皆然”。

自从咸丰十一年（1861）实授两江总督、钦差大臣之后，曾位高名重，却多次上疏奏请减少自己的职权，或请求朝廷另派大臣来江南协助他。他的谦让是出于真心，特别是后来身体状况日趋恶化，他更认为“居官不能视事，实属有玷此官”，多次恳请朝廷削减他的官职，使自己肩负的责任小些，以图保全晚节。

曾国藩认为“傲为凶德，惰为衰气，二者皆败家之道……戒傲莫如多走路，少坐轿”。他不仅自律甚严，对自己的兄弟子侄也严戒其傲。

曾国藩告诫子弟，千万要做到富不忘贫，贵不忘贱。既已做了仕宦之家，子弟便应力戒沾染官气，他说：“吾家子侄半耕半读，以守先人之旧，慎无存半点官气。不许坐轿，不许唤人取水添茶等事。其拾柴、收粪等事须一一为之；插田、莳禾等事，亦时时学之。”他对家人坐轿一事都严加规范，指出四抬大轿“纪泽断不可坐，澄弟只可偶一坐之”，这种大轿不可入湘乡县城，衡阳府城，更不可入省城，并嘱咐澄弟对轿夫、挑夫要“有减无增”，随时留心此事。

他力戒子弟不要递条子、走后门。儿子曾纪鸿中秀才后，数次到府城参加岁考科考，都不顺利。同治七年（1865），已是大学士的曾国藩，特地写信告诫纪鸿：“场前不可与州县来往，不可送条子。进身之始，务知自重。”纪鸿没有中举，曾国藩就把儿子接到金陵衙署中亲自教学，始终未去走后门。

同治三年（1864），纪鸿由长沙前往金陵，曾国藩要他沿途不可惊动地方长官，能避开的尽量避开，并叮嘱船上的“大帅”旗“余未在船，不可误挂”。事无巨细，均考虑到一个“谦”字，可谓用心良苦。

千古以来，文人相轻，已成为一种老毛病。曾氏对此有清醒的认识，力倡以“戒傲”医文人之短。

道光二十四年（1844）他给家中的四位弟弟写信告诫他们为学最要虚心，不要恃才傲物，不见人家一点是处。傲气一旦增长，则终生难有进步。在信中他又以自己的求学经历劝勉弟弟们。

曾国藩还用其他人因傲气而不能有所成就或被人哂笑的例子来告诫弟弟们，他写道：

“三房十四叔非不勤读，只为傲气太盛，自满自足，遂不能有所成。京城之中，亦多有自满之人。识者见之，发一冷笑而已。又有当名士者，鄙科名为粪土，或好作诗文，或好讲考据，或好谈理学，嚣嚣然自以为压倒一切矣，自识者观之，彼其所追，曾无几何，亦足发一冷笑而已。”

为此他总结道：

“吾人用功，力除傲气，力戒自满，毋为人所冷笑，乃有进步也。”

曾国藩深知“谦受益，满招损”之理，在他所有的事业中，戒傲是第一要义，也是他人生的不败之法。

第四章
刚柔相济，能屈能伸

在面临挫折和挑战时，有的人不知所措，一味意气用事，结果碰得头破血流；而聪明的人则懂得刚柔相济，能屈能伸，使事情向着有利于自己的方向发展，这是我们所乐于见到的。

1. 利益为重，能屈能伸

在与人相交中，若是碰到自己所不愿做的事情，不能一时意气予以拒绝，而应以大局为重，只要对自己有利，忍受一点煎熬也是必要的。在处理与骆秉章之间的关系时，曾国藩就是如此。

骆秉章是湖南巡抚，权势很大，当曾国藩编练湘军和率军出征的时候，他几次薄待曾国藩。而面对自己得罪不起的人，曾国藩曾多次屈求。

咸丰三年（1853）九月，驻扎在长沙的绿营兵与曾国藩的部下发生严重斗殴，绿营兵鸣号列队，准备大肆攻击曾国藩的湘勇营部队。曾国藩闻讯后，非常生气，他想诛杀一两个绿营兵，压压他们的气焰，便给绿营提督鲍起豹发去一份咨文，指名索捕闹事的绿营兵。这一下可惹怒了鲍提督。他也不是善者，来了个火上浇油，故意大造声势，公开将肇事者捆送至曾国藩的公馆，看他这个团练大臣怎么办。绿营兵见此情景，一个个气势汹汹，冲进曾的公馆，击伤他的卫士好几人，并差点将曾国藩本人打死。

曾国藩狼狈不堪，只得向巡抚骆秉章求救。骆秉章其实早就知道曾公馆所发生的事情，当时他也正对曾国藩在办团练过程中表现出来的非官非绅却又自以为是的态度十分不满，想借此教训一下曾国藩，所以一直在旁边看热闹。直到曾国藩来向他求情，他才出面，但并不安慰曾国藩，反而给肇事者松了绑，向他们赔不是，让绿营兵各自回到自己的驻地。事后，骆秉章也不对此事进行查究，准备不了了之。可长沙城内，却浮言四起，说由于曾国藩干预官府的兵权，才闹出事来，他是咎由自取。

后来，曾国藩的部下王芧离开的时候，骆秉章却乘机拉拢王芧，这简直是拆台了。但曾国藩逆来顺受，不与之计较，并且一遇困难，还去屈求。

人在无奈之时，做别人不愿做的事情，尚觉容易，而做自己不愿做的事情，则十分困难。曾国藩为了达到目的，不惜忍受心灵的煎熬，做自己违心的事情。那就是为贪官之家写奏折申请入乡贤祠。

乡贤祠，顾名思义，是封建时代统治阶级给所谓乡里的贤人——有道德的慈善之家建立的祠堂。

曾国藩一生多次为一些贤德或有功之人奏请封赏或代写一些碑、铭类的表扬文章，而这一次他为其奏请入乡贤祠的则是一个贪官杨键。曾国藩一生廉洁自律，对贪官如同寇仇，但这次却是曾国藩一生中少有的一次例外。为什么曾国藩要做违心的事情呢？事情还得从曾国藩治军之初的为难之处谈起。

曾国藩办湘军最大的难题莫过于军饷了，数万人马，天天都要吃饭，常言道“兵马未动，粮草先行”，可是湘军却得不到国家的正当供饷，况且曾国藩规定的军饷标准还很高。

当时，武汉形势吃紧，朝廷连番下旨让他自湖南出兵武汉，他迟迟未动。其中原因主要是皇帝命他率兵千里迢迢，援救湖北，而且一路征战，竟未提军饷自何而出。没有军饷如何出征？他让人各处求助，恳求商绅捐资，犹如泥牛入海，毫无消息。

恰在此时，有个在籍户部候补员外郎杨江要求捐助。曾国藩闻讯自然高兴，但杨江提出个条件，让曾国藩代他上奏皇帝，准许为其祖父在原籍衡阳建乡贤祠。

而曾国藩是了解杨家的为人和杨江要求建乡贤祠的原委的。杨江的祖父杨键是湖北巡抚，道光二十五年（1845）病死。死后其家属便活动地方官上奏道光，请求建乡贤祠。而有人上奏说，杨键官声很坏，有严重的贪污、受贿行为。道光帝闻奏，不仅未允其入祠，且把上奏请入祠的地方官臭骂了一顿。这件事闹得轰动京城，曾国藩当时任职詹事府，自然熟知此事。

如今，为了军饷问题，要亲自出面为一个贪官申请入乡贤祠，一是不符合儒家的道德风范，二是要冒风险，弄不好自己要下台。可是，被军饷所逼，曾国藩只好同意为杨键写奏折。

奏折封送之后，杨江当即捐助两万两白银，还说等皇帝批复后再捐五万两。杨江带头捐款，其他官绅也不能袖手旁观，一下子捐了十万余两。这点钱虽不多，但总算解了燃眉之急。

谁知湘军初战不利，在“东征”的途中吃了败仗，退回长沙。吃败仗是个打击，长沙官绅齐骂曾国藩无用，使他抬不起头，而雪上加霜的是，咸丰帝看了曾国藩请杨键入乡贤祠的奏折，下旨申斥他，还降了他两级官衔。但曾国藩还是觉得此事值得，因为他终于用十万两白银让他的湘军度过了劫难。

曾国藩以自己的屈求，换得了他必需的资金，为他后来发展湘军打下了良好的基础，试想若不如此，只怕也没有后来的曾国藩了。

2. 忍得一时，伸得一世

曾国藩教育李鸿章说为官“第一要忍辱耐烦，次则贵得人和”。人只有学会忍气，才能静心，才会有大出息。

张良少年时某天游历于下邳的桥上，有个老翁在那儿掉了只鞋，却喝令张良给他捡回来并让他给穿上。张良有些气恼，但还是忍住照做了。老翁走了，张良觉得怪异，一直跟在后面。老翁回头说：“孺子可教也，五天后一早还在那桥头相会。”五天后，张良去了，老翁嫌他去晚了，没礼貌。一连几天都是这样。最后张良半夜就去桥头等，这回老人很满意，说“娃娃求教，就应该这样”，于是传给张良《太公兵法》。张良由此熟知兵法，运筹帷幄，后来协助刘邦打下天下。张良面对老翁的一再“刁难”，总能以“忍”字为要，取得信任，为后来的功业奠定了基础；同样“忍”也助他后来保身平安。

历史上的许多事例都证明了，能不能忍，是能否成大事的关键条件。所以陶觉说：“大凡是英雄豪杰，必然有很大的气度”。

曾国藩刚出道时在为人处事上固执己见，自命不凡，一味蛮干，对官场的逢迎腐败十分厌恶，不愿为伍，处处落落寡合，常招人非议排挤。后来经过日积月累的经验，宦海沉浮的教训，终于学会用“忍”去适应既定的社会规则。

咸丰帝刚登基，就遇上太平天国起义，于是下令征言求治。曾国藩当时血气方刚，上疏陈奏裁兵、节饷、加强训练，被置之不理。他不甘心自己的好意被束之高阁，再次上疏，锋芒直指咸丰帝本人，以求更新政治。他批评咸丰帝苛于小节，疏于大计，徒尚文饰，不求实际，刚愎自用，饰非拒谏。这些都是事实，但如此直言，非遇明君则必遭不测之灾。果然，咸丰帝看了一半就怒火冲天，把折子扔在地上并立即召见军机大臣要查办曾国藩。只是由于祁隽藻、季芝昌的求情，曾国藩侥幸逃过一劫。这次碰壁之后，曾国藩学会谨慎，自此锋芒顿减，将“忍”字作为自处之道，再不敢在奏折中批评皇帝。曾国藩说：“大凡才人之人，每不甘岑寂，恃才自傲，言多遭忌，行多遭恨的事常有发生。”

曾国藩熟知历史，且清代的满汉之别更增添他的疑惧，时刻警惕“功高震主”，而以“忍”字当先。“平日兢兢，恐蹈古来权臣刚愎之咎，但思委曲求全，不敢气陵同列也。”攻破天京前后是曾国藩思想上最紧张的时期，除了殚精竭虑力争战事获胜之外，还必须考虑大功告成之后如何收场的问题。他在给李鸿章等人信中说：“长江三千里几无一船不张鄙人之旗帜，外间疑敝处兵权过重，利权过大”，“自古握兵柄而兼窃利权者，无一不凶于国而害于家，弟虽至愚，岂不知远权避谤之道？”“总须设法将‘权位’二字推让少许，减去几成，则晚节渐渐可以收场耳。”

曾国藩以“忍”保全，成就一代“圣贤”名声，为官场“楷模”。他对儿子曾纪泽说：“吾服官多年，亦常在‘耐劳忍气’四字上做功夫。”对人之忍与恕字不同。恕是指设身处地从他人角度着想，本着理解同情的态度。忍是指即使他人有不是的地方，甚至故意刁难，也要忍耐自己，不要与之争锋，以谋求最大利益。曾国藩所说的“委曲求全”、“忍耐”，多指这种情况。这在湘军将领中，也颇为突出。

胡林翼为湘军集团的利益刻意结交湖广总督官文。官文有个宠妾过生日，却以正房夫人的名义散帖，准备等来贺的人聚齐后才坦白。这本是官文想给宠妾邀体面的小伎俩。不料一个藩司得知内情，怒不可遏，说：“夫人寿辰，吾齐庆祝，礼也，今乃若此，我朝廷大僚岂能屈膝于贱妾？”当时的封建名分是很重的，夫人可以夫贵妻荣获得朝廷诰命，而妾的地位总不登大雅之堂。该藩司发怒也是本分，他收回了贺帖。胡林翼在旁听了，大力称赞他做得对。可刚说完，他自己却若无其事地传“年家眷晚生胡林翼顿首拜”的帖子祝拜官文的宠妾。这时刚刚随同那藩司要回贺帖的人又随胡林翼拜觐。一场尴尬的局面化解了，官文的宠妾自然对胡林翼感恩戴德。等官文宠妾拜望胡林翼母亲时，胡林翼又吩咐以夫人的规格接待，此后胡母认其为干女。胡林翼曲意交结官文，就在“忍”字，以忍而得情。官文受枕边风的吹拂，对胡林翼自是格外善待。官、胡二人的和契为整个湘军集团的成功铺平了后路。这是胡林翼“忍”的妙处所在。

曾国藩在剿捻中制定的“静以制动，设防长围”的方略，也是以“忍”字当头，围而不战，缩小捻军的生存空间。这一方略后被李鸿章继承并取得最后的成功。传说曾国藩曾改“屡战屡败”为“屡败屡战”，可见其坚忍。

3. 忍无可忍，无须再忍

有些时候，忍可以平息纷争；但有些时候，忍会让对方以为你懦弱，从而更加狂妄，得寸进尺。这个时候，就应该为维护自己的利益还以颜色。曾国藩的忍也是有一定限度的，在大是大非面前，他不仅不会因为忍而变得麻木、软弱，反而会给挑衅者强有力的还击。

曾国藩在兴办团练、组建湘军时遇到过一些麻烦。

由于提督鲍起豹没有才能，驻扎在长沙的绿营兵的训练任务就落到了曾国藩的肩上，曾国藩令属下抚标中军参将塔齐布统一训练绿营兵和湘勇。

曾国藩练兵标准很高，要求很严。不管天气多么恶劣，每天训练不懈。但那些绿营兵却无法忍受曾国藩的严格训练。因此，绿营兵和湘勇之间不可避免地产生了矛盾，且有愈演愈烈之势。

一天，团练的湘勇正在训练，试枪时误伤了绿营军中的一个小头目。绿营军小题大做，他们吹起号角，举起旌旗，准备对曾国藩属下的湘勇发动进攻。曾国藩忍住内心愤怒，鞭打了试枪的湘勇，缓和了充满火药味的紧张气氛。

绿营兵与湘勇发生了多次械斗，曾国藩只是责罚湘勇，没有与绿营兵论理，想息事宁人。然而，绿营兵越来越猖狂，胆子也越来越大。

曾国藩深深感受到了“君子愈让，小人愈妄”这样的情形，他意识到忍让不能灭掉绿营兵的嚣张气焰。咸丰三年（1853）五月，曾国藩写好保举塔齐布的折子；六月，撰写《特参长沙协副将清德折》，将清德所犯大清律法一一列举，望清廷能够严肃处理此人。

清廷采纳了曾国藩的建议，将长沙协副将清德革职查办，塔齐布补缺。后来，曾国藩将湘勇带出长沙，并将根据地设在衡阳，欲以此处为立足点，发展湘军。

咸丰四年（1854）十二月，为保江西安稳，湘军主力移驻江西。

作战期间，如果没有军饷，部队将无法生存。湘军保卫江西，军饷由江西提供，合情合理。然而，江西巡抚陈启迈拒不合作，反对提供军饷给驻扎本省的湘军。

当时，曾国藩仅以兵部侍郎的身份领兵作战，并不能干预江西行政，军饷成了一个亟待解决的问题。此时，湘军在湖北、湖南、江西三省驻守，防范太平军，可见湘军在当时对清政府有着举足轻重的作用，俨然成了清廷支柱。如果曾国藩此时向清廷提出要求，只要不过分，清廷岂有回绝之理？曾国藩本想与陈启迈商议，尽快解决军饷问题，可谁知陈启迈不识大体，竟公然与曾国藩唱起了对台戏。

这时，发生了另一个冲突。举人彭寿颐在江西办团练，与知县李告产生了矛盾。经查证，彭寿颐并无过错，他颇有才华，为人耿直，一心一意办团练，而李告却有受贿、弃城而逃等罪。然而，陈启迈却不以事实为根据，颠倒黑白，欲治彭寿颐的罪。为化解冲突，曾国藩与陈启迈商量，想将彭寿颐调到自己的军营。陈启迈并不理睬，反而认为曾国藩干涉了他的军务。于是派人将彭寿颐逮捕，速将其屈打成招。

曾国藩已屡屡让步，而目前形势又如此紧张，不由愤慨。他立即撰写一折，向清廷陈述陈启迈罪状，请清廷惩之。清政府为了安抚曾国藩，对陈启迈及其心腹进行了严厉的处置。

4. 静观时势，屈伸有度

在自己没有考虑周全且前景不明的情况下，如果一味地前进，有可能会造成欲速则不达的后果。有时候，屈是为了更好地伸，退是为了更好地进。俗话说，磨刀不误砍柴工。在朝着既定的目标前进时，不妨静下心来，分析一下局势。然后根据眼前的形势，思考对策，找到能够顺利前进的方法。

曾国藩初次出兵就遭遇大败。湘军出师不利，曾国藩被革职，依旨降二级调用。后虽攻克武汉，但清廷却出尔反尔不予封赏。在后来几场战争中，战况总是不佳，舆论纷飞，更是令曾国藩身心憔悴。

咸丰七年（1857）二月，曾国藩以父亲病逝为由回家服丧。他虽在家守制，然而心却从未离开战场。

假期已过，曾国藩没有动身回营，仍在家中守制。咸丰皇帝催他领兵作战，曾国藩却上疏道："自问本非有为之才，所处又非得为之地。欲守制，则无以报九重之鸿恩；欲夺情，则无以谢万节之清议。"不仅如此，曾国藩还乘机表示自己要在家终身守制，故意向朝廷请求辞去兵部侍郎，并提出"非位任巡抚，有察吏之权"。咸丰皇帝自然洞悉曾国藩的要权之意，让曾国藩没有想到的是，咸丰皇帝果真削了曾国藩兵部侍郎的职位，收了他的兵权，并朱批道："江西军务渐有起色，即楚南亦变肃清，汝可暂守礼庐，仍应候旨。"可见，形势的好转是造成曾国藩要权不成功的原因之一。

曾国藩无奈，继续在家守制。他终日反思，决定以大局为重，不再要权，只要能够重返战场就可以。

在守制期间，曾国藩看似无所作为，其实不然。曾国藩毕竟是湘军的创建人，湘军中的各方首领都是他悉心栽培起来的。尽管曾国藩远离战场，但他与湘军将领之间仍然保持着联系。一些湘军将领不断向朝廷上奏，希望曾国藩能够重返战场。但是，因为当时各路湘军纷纷传来捷报，使得咸丰皇帝认为没有曾国藩也可，终究没有同意起用他。

咸丰八年（1858），石达开率领的太平军攻打江浙一带，并将常山等地攻克。胡林翼趁机上奏，咸丰皇帝不得不下旨令曾国藩出山。曾国藩当即受旨，火速赶往军营。

曾国藩以龙蛇来阐明屈伸之道，并将自己的理论用到了实践中，这就是他的高明之处。

咸丰十一年（1862），咸丰帝逃往热河。途中，他命令曾国藩派鲍超前去支援。曾国藩召来了文武官员以及幕僚，集思广益。曾国藩经过分析后，采用了李鸿章的看法，他立即上疏，其中有"鲍超人地生疏，断不能至，请于胡、曾二人酌派一人进京护卫根本"等语句，但实际上却迟迟按兵不动，静观形势变化。

后来，事情与李鸿章预料的大致相同。英法联军同意和清廷和解，而河南、陕西等省的巡抚接到谕旨后，不加考虑便匆忙带兵前去支援，结果带着一身疲惫无功返回。

当初，鲍超听说曾国藩不让他带兵入卫，很是生气，故意流露出不满之情。曾国藩知道后，让胡林翼开导他。

在这件事情上，曾国藩屈伸并用。咸丰帝传来谕旨，曾国藩广纳众议，再具体分析，最终提出抗旨；而对待自己的良将鲍超时，却让胡林翼苦口婆心地开导他。曾国藩的屈伸之道又可见一斑。

咸丰十年（1860）至咸丰十一年（1861），湘军经过近两年的持久战，最终将安庆攻陷，这对太平天国运动的平定有着决定性的意义。安庆之所以能够最终被攻克，与曾国藩的决策是分不开的。

江北大营和江南大营被太平军攻破后，此时的清朝统治阶层充满了恐惧和惊慌，八旗军已经不能成为保卫他们的屏障，只能依靠曾国藩的湘军。当时的局势对湘军极为有利。可以说，太平军帮了湘军的大忙，为湘军以后的独立和强大清除了障碍。

危急之中，清政府不得不重用曾国藩。李秀成刚开始进攻杭州时，曾国藩已经接到清政府前去支援的命令。此时，曾国藩正在攻打安徽，他拒不调兵东下。清政府以为曾国藩又乘机要权，便任命曾国藩为兵部尚书，并出任两江总督。然而，曾国藩仍然没有调兵。

其实，曾国藩这次抗旨是另有打算的。他认为，苏、常之地的地理位置远没有安庆重要。如果按照清政府的命令，暂缓对安徽的进攻，转而调兵支援苏、常等地，无异于丢帅保车，到最后又会重蹈前几次失败的覆辙，造成“赔了夫人又折兵”的后果。

因此，曾国藩丝毫没有动摇自己的作战方略，尽管派出了部分兵力东下支援，但仍将攻打安徽作为重中之重。

在曾国藩攻打安徽、围攻安庆的过程中，时势发生过一些变化，曾国藩总是灵活应付，死死盯住安庆不放，最终取得了主动权，迫使安庆城内的太平军与湘军决战，从而将其打垮。

5. 刚柔相济，自立自强

在做人处世的过程中，过“刚”就会变得固执己见，过“柔”就会变得懦弱无能。只有“刚”和“柔”结合得恰到好处，才能无往不利，成就一番事业。

曾国藩曾这样说：

“从古帝王将相，无人不由自立自强做出，即为圣贤者，亦各有自立自强之道，故能独立不惧，确乎不拔。昔余往年在京，好与诸有大名大位者为仇，亦未始无挺然特立不畏强御之意。近来见得天地之道，刚柔互用，不可偏废，太柔则靡，太刚则折。刚非暴虐之谓也，强矫而已；柔非卑弱之谓也，谦退而已。趋事赴公，则当强矫，争名逐利，则当谦退。开创家业，则当强矫，守成安乐，则当谦退。出与人物应接，则当强矫，入与妻孥享受，则当谦退。”

意思是：自古以来，所有的帝王将相，没有一个人不是从自立自强做起的，就是作为圣贤，他们也各有自立自强的方法，所以才能够独立不惧，坚韧不拔。过去我在京城，喜欢与名气大、位置高的人为敌，也就是有挺然独立、不畏强暴的意思。近来醒悟出天地之间的道理，要刚柔互用，不可偏废，太柔了会导致萎靡不振，太刚了则容易折断。刚并不是指暴虐而说的，而是指强矫罢了；柔并不是指卑弱而说的，而是指谦逊退让罢了。做事情办公差，就应该强矫，争名夺利，就应该谦退；开创家业，就应该强矫，享受安乐，就应该谦退；外出与人应酬，就应该强矫，在家与妻儿享受，就应该谦退。

曾国藩认为，纵观历史上诸多圣王贤相、功臣名将、圣贤哲人，他们之所以获得成功，就是因为身上不乏刚毅挺拔之气，这是一种超凡脱俗的气概，一种势不可当的力量，一种坚不可摧的自信。这就是人们常说的“刚”。刚是一个人的骨架，靠着这副骨架，人才能站立于世，才能克服大量的困难险阻，才能超越常人，战胜恐惧、悲观、消极和畏难苟安的心理天敌，才能使人体生命之潜能无限地释放出来。人若无刚则无以自立，若不能自立则无以自强。“刚”，是人类生命运动中最大的源泉，否则，生命则变得无动力、无价值、无意义。

由于自幼便受到祖父“做人以‘懦弱无刚’四字为大耻”的训导，曾国藩认为“倔强”二字不可少，功业文章都必须有这两个字贯穿其中，否则会一事无成。他早年在京城做官时，敢于与那些名气大、地位高的人争斗，就显示了他挺然特立不畏强御的精神，他也因此而处处受排挤，经常成为舆论讽喻的中心，遭遇了诸多曲折磨难。他在实践中逐渐认识到，过刚则易折，易折则无以达到自强之目的。他在秉承祖训的基础上，又根据自己的亲身体会，总结出一条真理：只有刚柔相济，才能达到自立自强之目的。

曾国藩生性刚强倔强，他刚出山的时候之所以处处碰壁，主要是因为太过刚硬，不懂得柔能制刚的道理。再次出山后，他认识到，应当变刚为柔，寓刚于柔，这样才能化解危机，顺利办事。

人不能只具备“骨架”，还要具备“血肉”，只有如此才能成为一个充满活力的人，才会具有光彩照人的生命旅程。“柔”，就是一个人的“血肉”，是最富生命力且使人挺立长久的东西。庄子在《山木》篇中讲到了东海有一只名叫“意怠”的鸟，这种鸟非常柔弱，总是挤在鸟群中苟生，飞行时它既不敢飞行在鸟队的前边，也不敢飞到鸟队的后边；吃食的时候也不争先，只拣其他鸟吃剩的残食。所以，它既不受鸟群以外的伤害，也不引起鸟群以内的排斥，终日优哉游哉，远离祸患。

从这则故事可以看出，柔，并不是卑弱和不刚，而是一种处世的方法。古往今来，有多少功臣名将由于过“刚”而遭遇不幸。关龙逄、比干由于刚直不阿，直言进谏，而惨遭夏桀和商纣的杀戮，海瑞由于秉性耿直乏柔而一生坎坷不受重用。在曾国藩看来，刚柔互用不可偏废。柔是手段，刚是目的，以柔克刚，以退为进，才能实现真正的自立自强。

历史上勾践灭吴就是一则外柔内刚，以求自强的故事。春秋时候，越王勾践被吴王夫差打败后，采取了与吴国讲和的方略，向夫差称臣做奴，并献上了越国的珍财异宝和美女西施。夫差每次乘车，勾践总是恭顺地请夫差踩其背上车，并在车前为夫差牵马，甚至在夫差生病时口尝夫差粪便，以表忠心。即使遭人唾骂，他也不在乎，总是一副低眉顺眼的面孔，深讨夫差之欢心。

久而久之，夫差便放松了对勾践的戒备，放勾践回到了越国。勾践一面卧薪尝胆，苦心劳力，爱抚群臣，教养百姓，发展生产；一面经常派人到夫差面前问安献宝迷惑夫差。经过数年坚持不懈的努力，勾践终于打败了吴国而称霸诸侯。勾践以匿刚显柔的手段，终于达到了灭吴称霸的目的。

“柔弱胜刚强”是老子的一个著名论断，他说：天下没有比水更柔弱的东西了，但是水可以冲击任何坚硬强大的东西，没有胜过它的，因为没有什么东西能够替代它。以柔制刚，以柔克刚，运用在自立自强上，往往会产生特殊的效果。

一次，宋太祖赵匡胤正手持弹弓在后苑打鸟，忽传报一位大臣有急事求见。赵匡胤一听说有急事，不敢稍有怠慢，立即召见大臣听奏，然而听奏后却认为事情不大，便斥责奏臣说：“这算什么急事！”奏臣对皇上的态度不满，随口说道：“这总比打鸟的事急吧！”赵匡胤恼羞成怒拿起斧柄向这位大臣的嘴上抡去，大臣的牙齿当即被打掉两颗，他不卑不亢地拣起被打落的牙齿。赵匡胤更火了：“难道你还想保存这两颗牙齿找我算后账吗？”大臣说：“我怎敢与您论是非呢？这事史官自然会记的。”赵匡胤听了猛惊，连忙笑容满面地好言安慰，还送给这位大臣许多金帛。该大臣在权势和地位上是弱者，无以与至高无上的皇权抗衡，但他采用了柔弱的态度，却寓之以道理上、人格上的刚强，征服了至高无上的皇权，达到了自己在人格上不畏强暴、据理而争、自立自强的目的。

退步宽平，清淡衡久。曾国藩是一个善于从古代先哲那里汲取智慧的人，也是一个善于把所学知识与人生经验联系起来思考的人；他从中汲取人生的信条与经验，总结出在什么样的情势下该争，在什么样的情势下该退，在什么样的情势下要根据客观情况审时度势、刚柔并用。

片面地依靠“刚”而忽略“柔”，或片面地依靠“柔”而忽略“刚”都将导致失败。在大是大非面前，在天下兴亡的大义面前，不争待何？在人生难行的地段、在名利场中、在富贵之乡、在人际的是非面前退让一下，有何不好？所以说，为人处世，善用刚柔，才能长久挺立，自立自强。

第五章
持之以恒，奋发进取

无论是干什么，希望一蹴而就是不可取的，希望没有一点困难也是不现实的，这就需要持之以恒，奋发进取。只有这样才能树立起积极的心态和坚强的意志，才能取得事业的成功。

1. 立志高远，求成大事

“有志者，事竟成”，这是流传千古的至理名言，是中华民族共同的信念。

远大、坚定的志向，是人的行为的内在的精神动力。远大志向能不断激励人们奋发向上，有所作为。一流的人才不一定能干出一流的事业，但能干出一流事业的人必定是一流的人物。立志是一个人成事之根本。任何欲成就大事业者，就必须要先立志。正如曾国藩在《五箴》中的《立志箴》里所说：

“煌煌先哲，彼不犹人？藐焉小子，亦父母之身。聪明福禄，予我者厚哉！弃天而佚，是及凶灾。积悔累千，其终也已！一息尚存，永矢弗谖！”

曾国藩的志愿，是和他的治学目的论紧密相关的。曾国藩刚到京师时，未免六神无主，导致心神不静，他认为自己心神不静是因为没有志向，后来他发奋立志，自称“欲行仁义于天下”，改名为国藩，决心为国家之藩篱。为了实现志向，曾国藩没有怨天尤人，埋怨时不我予，而是发愤苦学。曾国藩为了激励自己树立远大志向，在湖南涟滨书院时改号为涤生，取涤其旧染之习，焕然新生之意，可以看出曾国藩希图长进的志向和决心。他主张治学的目的应在于“修身、齐家、治国、平天下”，或叫作进德与修业。

在给诸弟的信中曾国藩说：“吾辈读书，只有两事：一者进德之事，讲求乎诚正修齐之道，以图无忝所生；一者修业之事，操习乎记诵词章之述，以图自卫其身。”

由此可见，曾国藩进德修业的目的，在于自淑和淑世，也可以说是成己成物。由此我们可以看到，曾国藩认为读书对于国家，对于自身都是有益的，大可以报国为民，所谓“有民胞物兴之理”；小可以修身养性，卫身谋食立足社会。两者相辅相成，并不矛盾。

曾国藩继承先秦孔子、孟子、墨子的观点，认为读书是为了提高品德情操，增长知识才干，使自己成为“贤士”、“君子”以至“圣人”，主张读书要“明天理”。从孔子到朱熹，都反对为个人消遣和利禄名誉读书。曾国藩又不囿于朱熹的“性命”、“道德”空谈，而继宋朝陈亮“经世致用”及北朝颜之推“谋生”之说，认为读书大可报国为民，小可修业谋生，以自卫其身。因此，可以说在为什么读书的问题上，曾国藩是在继承古代各种观点的合理因素的基础上，提出了较为客观切合实际的新的读书观。首先曾国藩明白自己读书不是为荣辱得失，而是“但愿为读书明理之君子”。卫身谋食是人最起码的生理需要，它与追求功名利禄有着本质的不同。曾国藩是反对为一体之屈伸、一家之饥饱而读书的，因此他认为读书又以报国为民为最终目的：“明德新民止于至善，皆我分内事也。若读书不能体贴到身上去，谓此三项，与我身毫不相涉，则读书何用？”然而时至今日，也还不乏读书为混文凭之人，读书为混官做之人，读书为时髦、为装饰之人，总之是为一体之屈伸。

为一体之屈伸而读书者，虽有所成，但只会小；为报国为民而读书者，虽路途远，但必将成其大、立其功。

曾国藩将有志视为取得成功的首要品质，说：“盖士人读书，第一要有志，第二要有识，第三要有恒。有志则断不甘为下流，有识则知学问无尽，不敢以一得自足，如河伯之观海，如井蛙之窥天，皆无识者也，有恒则断无不成之事。此三者缺一不可。”

曾国藩在读书时为自己立下一条座右铭；“不为圣贤，便为禽兽；不问收获，只问耕耘。”他相信自己终有一天，会像云中层翊翱翔的风一样不鸣则已，一鸣惊人，引起九州震动；如同深山中的巨木一样，有朝一日会成为国家的栋梁。

曾国藩认为汲汲于文章学问，不是真正的豪杰，要立志高远，在诗文中他写道："黄鹄一举何其高！纷纷燕雀非吾曹。"但他的志向不仅限于领兵治军，他要的是文武兼通，出将入相，要以书出征，治国平天下，不学穷兵黩武的武夫，要做平定大乱，再造中兴的功臣，既能作诗解文，又能经理乱世。当时天下还算安定，曾国藩即有如此大志，当太平天国起义爆发时，他振臂一呼，为统治阶级效命。倘若没有原来所定的这番大志宏愿作为心理准备，他是没有这股冲劲和狠劲的。

2. 谦恭礼让，永不自满

谦恭礼让是儒家在人际交往中的处世原则。曾国藩崛起于清朝乱世之中，仅仅不到十年的时间，便从一个默默无闻的守节闲官，飞跃至名高位重的封疆大吏。其发迹的原因是时势造英雄，但最主要的是靠他的智谋和修身之法。究其根源，可以用他自己说过的一句话来概括："谦以自持，严以驭下，则名位悠久矣。"

在手下大将鲍超因功晋职时，曾国藩告诫说："阁下当威望极隆之际，沐朝廷稠叠之恩，务当小心谨慎，谦而又谦，方是载福之道。前次曾以'花未全开月未圆'七字相劝，务望牢记在心。"他也经常以"谦虚"二字教导鲍超，他曾说："观古今以来成大功享全名者，非必才盖一世。大抵能下人，斯能上人；能忍人，斯能胜人。若径情一往，则所向动成荆棘，何能有济于事？来示所谓尽心竭力，做得一分算一分，此是安心妙法。"又说："勤而不自言其劳，廉而不觉其介，谦而出之以真朴之气，乃不犯人之忌，亦即保身之道”；“臬署专以刑幕为重，公事烦琐，不如专心论兵。阅历较实，名望亦隆。文移体制，外任与京秩不同，自宜以谦。”

从以上曾国藩的谈话中可以看出，尽管他的目的不离“名”、“位”，但其劝人以谦为本的主题却是不容有疑的。

在论学方面，曾国藩认为，“吾人为学最要虚心”，不管什么人，不管学问有多深，都要放下架子，虚心好学。他以切身体验告诫弟子：“读书穷理，不办得极虚心，则先自窒矣。”又说：“余平生科名极为顺遂，惟小考七次始售。然每次不进，未尝敢出一怒言，但深愧自己试场之诗文太丑而已。至今思之，如芒在背……盖场屋之中，只有文丑而侥幸者，断无文佳而埋没者，此一定之理也。”试想，以孔子这样的大贤圣人，况且有“三字之师”的美德，所以一般的凡夫俗子还有什么值得自满的呢？

在治军方面，曾国藩看到八旗与绿营的腐败后，觉得非建立一支纪律严明的部队不可。于是，在他受命组建湘军之后，便“痛心疾首深自刻责”，“诚恐有师心自用之处”，于是“惟有敬谨省察，不敢师心，而务要虚心，以收集思广益之效”。这种想法，一直伴随着他，即使在升任两江总督兼节制四省军务之后，仍没有丢弃。这一点，可以从他的日记中看出：“古之得虚名而值时艰者，往往不克保其终，思此不胜大惧。将具奏折，辞谢大权，不敢节制四省，恐蹈覆辙之咎也。”

在仕途中，曾国藩年少时比较轻狂，一度遭到某些官僚的反对。吃一堑，长一智，经历过挫折之后才会痛改前非，奋发图强，这种变化在他刚率湘军入长沙时体现得较为明显。在这里，他与长沙城绿营将领发生冲突，在个别人的挑唆下，绿营兵大闹他当时下榻的团练大臣府，他差一点连性命都丢掉。从此以后，他总结了经验教训，主动谦虚地与当地官员交好，并在绿营中扶植力量。当地官员与绿营将领看到曾国藩的转变后，自然也是“借坡下驴”，顺着台阶就过去了。这一条经验，就是曾国藩在官场中得到的。

骄傲自大的人，只看到自己的优点和长处，看不到自己的缺点和短处，觉得自己什么都比别人强；只看到别人的缺点和短处，看不到别人的优点和长处，任何人在他眼中都不值一哂。这种人在人际交往中神气十足，盛气凌人，不尊敬他人，盲目自大，当然无法得到别人的尊敬和亲近。不真正地关心人爱护人，便无法建立和谐的人际关系。

骄傲自满是人生的大敌，盛气凌人是人际交往中的败德。

谦逊就是对自己的短处和不足有高度的自觉，永远以自己的短处和他人的长处相比较，虚心向他人学习，以不断充实和完善自己。孔子强调“不耻下问”，以能问于不能，以多问于寡。每个人都有自己的优长和不足，因而也都有值得他人尊重和学习的地方。吕坤说：“今且不须择人，只于市井稠人中，聚百人而各取其所长。人必有一善，集百人之善，可以为贤人；人必有一见，集百人之见，可以决大计。”

自满自足的人总是只见自己的长处和他人的短处，总觉得自己什么都好，而别人一无是处，自高自大，瞧不起任何人。只有谦逊的人才能发现他人的优点，虚心向他人学习，集众人之长，补己之短。谦逊作为一种美德，既表现了对自己的严格要求和积极的进取精神，同时，它又体现了在人际交往中对他人的尊重；它既能促进主体自身的充实与完善，又有利于建立和谐的人际关系。

曾国藩将“谦”字视为立身之本，同时视为保家安身之道。其首要功能，就是戒除骄气。因为他认为骄是败征，古今名臣大家，无不败于“骄”字。所以他谆谆告诫子弟部下，不可骄傲。

曾国藩既害怕功败垂成，勉励弟弟须有极强的敬业精神；又怕成大功大名时，飞来无名横祸，勉励弟弟须有临深履薄的畏惧之感。攻克天京，兄弟封侯封伯之后，他又多次写信给颇有抑郁之气的曾国荃，劝他“功成身退，愈急愈好”。

谦虚是要尊重他人，而最终目的是要使自己也获得他人的尊重。因此，自尊是谦虚的基本前提。如果太过谦虚，甚至于卑躬屈膝，不会获得别人的尊重，反而令人轻贱自己，那就适得其反了。自尊是每个人都有的，但谦虚表现得太过，会引起别人的误会，所以，一定要注意分寸。

谦虚要以事实为依据，不能过于贬低自己。本来自己做得不错，非要说成一塌糊涂；本来水平很高，却说得十分不堪，这些都是过谦，因此也就是“伪”。这会造成两个结果，不明真相的人以为你真的很差劲，因此不会理你，或者在交往中提出更苛刻的要求。而明白的人则认为你不实在，太虚伪，进一步交往时，会保持戒心。这两种情况都不是什么好事。

3. 玉汝于成，坚忍不拔

成功的因素多种多样，在大致相同的情况或条件下，意志力的作用决定结局的成败，因为坚强的意志可以坚定必胜之心，将自己的资质潜力发挥得淋漓尽致。曾国藩苦撑大局终获成功，这得益于他坚忍不拔的意志力。

孟子曾说：“天将降大任于斯人也，必先苦其心志，劳其筋骨，饿其体肤，空乏其身，所以动心忍性，增益其所不能。”

曾国藩也说：“吾生平长进，皆在危难之际”；“处心积虑，正是磨炼英雄，玉汝于成。”

曾国藩以一个儒生而带兵打仗，失败真是一个连着一个。他把幕僚所写奏折上的“屡战屡败”改成“屡败屡战”，实在也是羞愤难当之下，情不得已。尤其是他曾经四次自杀未遂，其所遭受的挫折和失败，哪里是一般人所能想象的？但是他终于还是能够战胜自我，调整情绪，蓄气长志，“屡败屡战”，这种精神就更难为一般人所理解了。

曾国藩能够战胜失败，走向成功，关键在于“打脱牙，和血吞”，

"一味忍耐，徐求自强"。

咸丰四年四月初二月（1854年4月27日）凌晨，曾国藩指挥湘军水陆，沿湘江北上，浩浩荡荡向靖港进发。顺流疾进，刚至中午，湘军水师和陆师都到了靖港镇外。

陆师过了浮桥，曾国藩即下了进攻的号令。然而，一进靖港镇，只听一声炮响，埋伏在港外的太平军一齐杀出。湘军初战受挫，这次又遭遇伏兵，一下子乱了阵脚，纷纷后退。

太平军大队冲入湘军队伍中，一片砍杀之声，湘军完全失败了。卫兵一把拉过曾国藩，护入座船，仓皇向长沙败逃。

曾国藩呆坐舱内，五内俱焚。衡州出师后，与太平军交锋，两仗两败，落了个狼奔豕突的结局，自己惨淡经营，苦练了将近一年的湘军，竟是如此无用。他想如此下去，原先的豪言壮语将全部落空。再回长沙，官绅们的冷眼将不堪入目。何况，这次是否能逃得回长沙，也很难说。耳畔，响起一片败兵的嚷叫，一片"活捉曾妖头"的怒吼！他左思右想，决定不如趁早一死，免得自讨其辱。这时，幕僚陈士杰、李元度看到曾国藩神情有异，命令章寿麟驾一舢板，随护座船左右。

岂料座船随员稍未注意，曾国藩猛然起身，推开舱门，纵身跃入江心。"曾大人跳水了！"章寿鳞一面大叫，一面由舢板跳入江中，很快救出曾国藩，扶进船舱中。大家七手八脚为他换衣、推腹，好在他并未呛水，尚无大碍，大家一路劝解，狼狈退回长沙。

曾国藩大败之后，再埋头募兵练兵，原来的老湘军只剩下了四千人，他陆续增至水陆两师二万多人，修造舟师，配备炮械。咸丰四年（1854）六月中旬，曾国藩再次指挥水陆二师北上，发动湘军的第二次攻势。

七月一日，湘军水师"总统"褚汝航克复岳州，太平军骁将曾天养反攻，大败。六月十四日再反攻，又败。曾国藩沾沾自喜，得意扬扬，七月十五日他又亲自出阵，率李孟群、陈辉龙两支粤桂水师，自长沙到达岳州，次日在南风大作中出阵攻打白螺矶。

曾天养带几艘小船来诱敌，陈辉龙拼命地往前追，大船搁浅，动弹不得，于是陷入包围，曾天养埋伏的战船齐出，陈辉龙阵亡，水师“总统”褚汝航，同知夏銮，千总何若澧急驶救援，结果这三员大将全部受伤落水而死，陈辉龙全营覆没，褚妆航等也损失了二十多条战船，官兵阵亡好几百人。人家打得好好的，曾国藩一上来便损兵折将，而且空前惨重，他使褚汝航送了命，把他克服岳州，三次大挫曾天养的汗马功劳一笔勾销。

在与石达开在湖口的首战之中，湘军水师一百多号战船烧得精光。曾国藩在罗泽南的营里，目睹水师覆灭，船沉勇溃，他实在是看不下去了，愤不欲生，又一次赴水求死，幸为罗泽南、刘蓉竭力拉住。曾国藩自杀不死，黯然逃到南昌，受尽天下人的热嘲冷讽，奚落讪笑，他说，这一次惨败，是他的平生四大惭之一。

一次又一次的惨败，也曾使曾国藩灰心丧气，悲观到极点，乃至蓬头垢足，不饮不食，跑到山上去写遗嘱。但是，他的自杀行为，并非悲观失望，事情并不这样简单。一次次失败，完全是由于自己指挥不当，这种羞愤也足以让人以死相谢了。更重要的，他从小受儒家文化的教育和熏陶，为国捐躯、尽忠报国、舍生取义之类的思想，早已把他的灵魂浸透了。“愿死疆场，不愿死牖下”，是曾国藩的素质，他早已经写了“死在沙场是善终”这样的诗句。事实上，在他从戎那一天起，就已经做好了为国捐躯的准备。作为一个文人而勉为其难来带兵，如果难以期望大成，那么但求自己一死，不也难能可贵吗？

梁启超就说过：凡古来能成大事的人，其自制力、忍耐力必定是很强的。曾国藩就是这样一个人。他还以忍耐教导他的幕僚、弟弟。同治五年（1866）曾国荃抵湖北任巡抚，因与总督官文不和，遂上书劾之。清廷令他剿捻，但屡次失败。为此，曾国荃心情抑郁，经常发牢骚。曾国藩请他的心腹幕僚赵烈文去信“慰之”。但曾国藩仍不放心，以自己的坚忍成功进行现身说法，十二月十八日，曾国藩给他九弟曾国荃的信中说：

“困心横虑，正是磨炼英雄玉汝于成，李申夫曾说我怄气从不说出，一味忍耐，徐求自强，因而引用谚语说‘好汉打脱牙和血吞’。这两句话是我生平咬牙立志的口诀，不料被申夫看破。我在庚戌、辛亥年间被京师权贵所唾骂，乙卯、丙辰被江西所唾骂，以及岳州之败、靖江之败、湖口之败，三县之失，也颇有打脱门牙的迹象。来信每怪运气不好，便不似好汉声口。只有一字不说，咬定牙根，徐图自强为妥。”

曾国藩就是这样一个人，面对别人的不理解、不支持或是讥讽、嘲笑，轻蔑甚至侮辱，他不是怨天尤人，而是好汉打脱牙和血吞，咬牙立志，徐图自强。

1854年，曾国藩在决计会战湘潭时，太平天国的声势已颇盛，以南京为中心，武汉、镇江、扬州等重镇，都掌握在太平军的手里，清朝政府在这一地区内几乎没有任何力量组织反抗了，而东征太平军的曾国藩也接连失利。决战湘潭对于交战双方来说，都攸关大局。曾国藩认为：“湘潭与靖港之贼互为首尾，倘不及早扑灭，不独省城孤立难以图存，衡、永、郴、桂及两粤匪党，闻风响应，东南大局不堪设想。”

湘潭之战，太平军遭到前所未有的惨败，清廷特别强调这一胜利的影响：“自粤逆称乱以来，未受大创，湘潭一役，始经兵勇痛加剿洗，人人有杀贼之志矣。”

湘潭之战的胜利，改变了曾国藩黑云压境的形势。然而曾国藩未被胜利冲昏头脑，当另一部湘军在靖港大败后，遭来咸丰帝一顿数落与指责，嬉笑怒骂，无所不至！并将曾国藩革去了礼部侍郎之职，“责成其戴罪剿贼”。

在这种艰难的境遇下，曾国藩回到长沙以后，咬牙立志徐图自强，他认真总结了岳州、靖港两次战役失败的惨痛教训，努力克服自己的弱点，为湘军日后出外作战积累了经验。

经过长沙整军以后，湘军能战能守，这与曾国藩努力改正自己的弱点有着极为密切的联系。

曾国藩的一生就是靠坚忍成就了他的事业。青少年时代靠坚忍的苦读博取了功名，取得了进身之阶，到中年以后更是靠坚忍战胜了磨难。

曾国藩在江西带兵的时候，当时虽是督师，实居客寄的地位，筹兵筹饷，一无实权，二无实力，州县官都不听他的话，各省督抚又常常为难他，只有胡林翼是诚心帮他的忙。湘军将士虽也拥戴他，可是他们的官阶有的比他还高，他好像只是一个道义上的统帅，当然是经不起败仗的。这时，曾国藩要靠什么才可以在无奈的环境中生存？靠的就是坚忍。他在父亲去世，弃军回籍奔丧，甚至急流勇退的情势下，耐心地听取了朋友的规劝，并且深深地做了自我反省。

自率湘军东征以来，曾国藩有胜有败，曾四处碰壁，究其原因，固然是由于没有得到清政府的充分信任而未授予地方实权所致。同时，曾国藩也感悟到自己在修养方面也有很多弱点，如在为人处世方面固执己见，自命不凡，一味蛮干。后来，他在写给弟弟的信中，谈到由于改变了处世方法所带来的收获，无非是“坚”中多了一些“忍”，结合时势把“坚忍”二者的关系处理得更为妥帖了。

靠这种坚忍，曾国藩终于走出了那种阴霾笼罩的心境，度过了那段痛苦的日子。

有失败才有成功，这是历史上许多成功者所证明了的真理。一般而言，经过艰苦的磨炼或一系列的挫折，才更易使人具备成功的品质。因而，有许多追求大成功之人甚至不是先企求成功，而是先企求苦难。这里最主要的奥妙就是在于失败和逆境的土壤会创造出更多的成功品质。而具备了成功的品质，才能成功，这是再简单不过的道理了。

有利的情况和主动的恢复，产生于再坚持一下的努力之中，这句话说得很好，问题恰好在于，也仅仅在于能否“再坚持一下”：能，就胜利、成功；不能，就失败、崩溃。能与不能，有时相差只不过微乎其微，而成败就由此决定。

4. 把握机会，发展实力

曾国藩对于扩充实力、手下另谋发展的态度是：局面小时，坚决维护手下队伍的团结统一，对另立门户者坚决予以打击，因为在这时自立门户，无异于分裂队伍，瓦解自己；但是当自己的发展具备了一定规模，是自立于世的时候，一定要让手下另谋发展。这不仅是所谓的“利己利人”、“达己达人’之道，更是自己事业的扩大，因为另谋发展以后，总还是自己的属下，可以为自己节制；即使完全独立，也总还是可以互相有所照应。

任何一个团体在发展中都会遇到有人“自立门户”，从团体中剥离的事情，这也是一个很棘手的难题。一般而言，当一个团体没有成气候时，如果不能正确确立内部分配机制，优秀的人才最易跳槽另立门户。如果属于一般人员“出走”，当然不会对事业乃至团体构成危害，但如果属于决策层、核心层，其隐患就不能掉以轻心。尊重、服从上级领导同谋求自身的独立发展，这在各种不同的社会制度下都是不易妥善处理的重大问题，在专制制度下，情况更为棘手。曾国藩高出同时代人的卓识之一，是在局面做大时公开鼓励下属谋求独立发展。曾国藩力倡“自立门户”，“自辟乾坤”，把传统文化中尊重个人的因素发挥尽致。为此，他甚至主张宁用“好逞才能，好出新样”而能“遇事体察”者，不用“好讲资格，好问样子，办事无惊世骇俗之象”的官气十足之辈。

由于曾国藩在属下自立门户的问题上政策开明，适时加以鼓励，湘军的力量发展很快，成为一个庞大的集团势力，而且始终保持着相对的统一性，至少也以曾国藩为其共同的精神领袖。这使曾国藩的事业规模迅速扩大，到十年后，湘军集团中督抚大帅，与曾国藩地位相当者就有二十余人。这些军队与督抚协调行动，互相配合照应，更使曾国藩的声望如日中天。

曾国藩有建树的原因不仅在于他具有博大的胸怀，还在于他具有宏毅的个性。道光、咸丰时期，国内一直和平稳定，许多臣子幕僚都认为平安无事，因而拘谨于文书法令，在那儿老老实实按部就班地混日子。突然有太平军举事造反，结果没人能制止得住。那些身居高位的大官，事到临头只会趴倒在地，互相对望而毫无办法。曾国藩当时只是以卿的名义奉旨治丧在家，接到命令马上组织乡兵出去，打破旧的规章的束缚，自己创立军队编制，和太平军孤身奋战。当时，太平军像决堤的河水，又像草原上的大火，势头凶猛，人们都束手无策，只有曾国藩奋起抵抗，四处战斗。结果孤立无援，进退两难。但即便如此，曾国藩仍然坚守节操，丝毫不受困难的影响，信心没有一点受挫，默默忍受着艰苦，从容指挥，不论文武将相名贤，凡是有才能的都举荐任命，委以重任，直到最后收复失地、平定太平军，社会得以安定，事业由此中兴。

攻占南京，平定太平天国前后，是曾国藩"台面"的极盛之时。这期间湘军集团头目纷纷出任督抚。自1864年以来（至攻下天京为止），四年多的时间共有二十一个湘军集团头目，先后出任督抚。如再加上与之关系密切的晏端书（两广总督）、黄赞汤（广东巡抚），那就多达二十三人。其中毛鸿宾、左宗棠、严树森两次，曾国藩、刘长佑、李续宜、田兴恕三次被委任，曾、田和李续宜（未到职）还被委任为钦差大臣。

这二十三个人中有十三个湖南人。他们均为湘军将领或幕僚，这二十三个人，主要分布在长江中、下游的四川、贵州及其以东各省，其次是珠江流域，广东完全由湘军所控制，广西巡抚虽为非湘军人员，但湘军为省内主力部队，且受制于两广总督，其布政使刘坤一又为湘军大将，因而事实上广西也为湘军集团所控制。相形之下，湘军集团在黄河流域则大为逊色，只控制陕西、河南、山东、直隶四省，且控制的深度和广度也远不及长江中、下游各省。

与此同时，湘军集团的督抚，又利用掌握的地方政权，大肆搜刮税收，筹集军饷，扩充部队，从而使湘军实力急剧增长。

位至督抚的湘军集团头目，也深知战争时期，身在战区，或靠近战区，军事上不能自立，不仅不能保位，甚至身家性命也危险，因而也热衷于招募新营，成立新军。

由于有曾国藩这一位“统帅”，湘军出身的地方封疆大吏能够互相照应，“一方有难，八方支援”。他们编结成一个特殊的关系网，痛痒相关，呼吸相从。以至整个晚清时期，地方督抚重要的职位都由湘、淮军将领出任。朝廷有大的兴革，动作前定要征求他们的意见，这也是约定俗成的惯例。如果朝廷治罪一人，则很可能掀起大波澜，曾国藩的“局”做得太大，以至他自己也说：长江三千里江面，船只都得张挂他的旗帜，否则就不能放行。

除了多年旧部可以联盟互助以外，曾国藩还用联姻的方法，巩固和扩大自己的势力。

传统中国最讲究裙带关系，这是文明不发达的表现。曾国藩虽然处于从传统向近代的转化时期，但他通过联姻来扩张、巩固自己的阵地，仍不失为有效的手段。早年同曾国藩换过帖子的至交好友，像刘蓉、罗泽南等人，后来都结为亲家。

曾国藩与李鸿章两家，也有姻缘。李鸿章和他的弟弟李鹤章同入曾国藩幕府。曾与李的父亲李文安是“同年”，加之李瀚章、李鸿章均正式拜曾国藩为师，属于曾的得意门生，所以李鹤章与曾纪泽后来成为儿女亲家，李的第四子娶曾纪泽的长女为妻，使曾、李两家“亲上加亲”，联为一家。由于有众多部下联手互助，又有如此之多的贤亲家帮助，曾国藩如虎添翼，在成就大事中多了几分力量。

5. 自强不息，坚强不屈

那些表现坚强勇毅的人，一定有志气，“自强不息”是人们共同追求的一种理想人格。

曾国藩是一位封建官僚，历来被称为顽固、反动的封建地主阶级代表。然而正是因为他受过纯正的传统文化洗礼，所以在他身上，确实体现了中国文化的某些精神。有人称他是中国传统文化的集大成者，是很有道理的。

有人认为从儒学义理上看，曾国藩的成就远不能与孔圣人和朱子相比，但从实践传统文化成就的业绩看，则远较孔、朱二人为胜。

在文化人格的造就上，曾国藩基本实现了圣人人格与豪杰人格的统一，所以时人誉为“圣相”。在此一点上，恐怕只有明代王阳明一人可与其比高量下。与传统的士人不同的是，曾国藩以书生身份成为名将，由文而武，亦文亦武，所谓“出将入相”，正是封建时代知识分子的最高目标。要问曾国藩何以能成此殊勋，“强”字就是秘诀。

“强”字是豪杰人格的基本精神。

儒家理想中的人格，主要以“温、良、恭、俭、让”为特征，塑造出来的人物，是“文质彬彬”的君子，尽管它包含了一些积极的因素，但总的来说，缺少一种豪迈激越的劲头。于是，儒家又提出了第二个层次的人格模式作为补充，即豪杰人格。

所谓豪杰，是一种杰出、俊伟的人格形象，是大智大勇之人。力勇过人谓之豪，德智非凡谓之杰。如果说，君子集中反映了恭谦守礼的人格形象，那么，豪杰便表现出胆识超人、直道而行的英雄气概。这种人以天下为己任，敢做敢为，带有雄壮、伟岸的色彩。

曾国藩虽然是一个文弱书生，却没有把自己造就成一个懦弱不堪的书呆子，他没有把自己混同为封建官场中奴颜媚骨、左右逢源的掮客。这一切，都取决于他的人生取向和人格设计。他选择了内外双修的成功路径，从自身修养出发，端正人生态度，持身以正，处世以方，由正己而正人，由治国而治天下。因此在他身上，同时体现了圣人人格和英雄人格两种特征。二者互相补充，臻于完美。

“强”字精义，首先在于刚强。刚强并不是表现在待人接物的那种执拗、固守原则，而是指克服人性的弱点，使自己能够自立起来。因此古人说，“强”字乃立身之本。人性的弱点，指的正是软弱、贪婪、虚荣、犹豫等足以阻止一个人积极进取的障碍。能做到这一点，谓之自胜。《易经》中说：“天行健，君子以自强不息。”《老子》中说“自胜者强”，即指此意。吕坤在《呻吟语》中所说的“所贵乎刚者，贵其能胜己也，非以其能胜人也”，道出了“刚强”二字的真正内涵。唯有自胜，才能超凡脱俗，不随波逐流，甘于沉默；唯有自胜，才能立志高远，坚定信念，争取成功。由此推之，“强”字乃成就大事的第一关。曾国藩用总结性的口吻说道：“古来英杰，非有一种刚强之气，万不能成大事也。”从其语气中就可读出，刚强是成大事的关键所在和必备条件，不可缺少。

曾国藩的刚强体现在他一生的行事处世上。他严于律己，以圣人为目标，以豪杰为榜样，不甘颓废自弃，克服了许多人性的弱点。豪杰人格的四个特征，在他身上都得到了突出体现。他不仅以“强”字自律，也一直谆谆告诫兄弟子女。

“强”字体现在曾国藩的性格上，就是倔强。他在给郭嵩焘的诗中说：“至情宜倔强，吾道有篱藩。”在另一首中说：“丈夫守身要倔强，只有艰厄无愁猜。”在《九诗》中说：“丈夫贵倔强。”这里所说的倔强与那种固执己见的牛脾气完全不同，它又称为“强毅”。曾国藩对此进行了细致的解释，他说：不辞劳苦，不畏艰难，“而强之勤劳不倦，即强也”，不惯有恒，“而强之贞恒，即毅也”。换句话说，就是强制自己事事勤劳，敢于迎难而上，持之以恒，就是“强毅”，也即“刚强”。

曾国藩之所以能在各方面都取得重大成就，其主要因素之一就是他主张男儿一定要有“倔强”的素质和“强毅”的精神。人生的道路是极其艰苦、坎坷不平的，要想成就一番事业，一定会遇到各种各样的障碍。如果一味柔懦，必会知难而退，这样定然一事无成。要冲破这些障碍，就要靠一股敢于排除万难的精神。曾国藩所处的时代，正是中国历史上千年未遇的大转折时代，要达到自己救国安民，实现天下大治的目的，困难更大，需要牺牲的东西也更多。因此曾国藩总结历史经验，深化自己的体会，总结出了这样的道理：古往今来，大抵圣贤豪杰能完成宏图大志，都是“力排万难”、“独任艰巨”才达到目的的，因为“圣贤之所以为圣，佛家之所以成佛，所争皆在大难磨折之日”。

一个人要“大有立于世间”，一定要具有“阳刚之气”。为什么呢？曾国藩分析道：“盖人禀阳刚之气最厚者，其达于事理必有不可掩之伟论，其见于仪度必有不可犯之英风。”因此，“未有无阳刚之气而能大有立于世者”。

6. 息事宁人，苦撑大局

在某些情况下，当大局面临困难的时候，为了支撑大局可以采取息事宁人的方式避免矛盾的激化，使事情逐渐改观。

曾国藩在与太平军斗争的过程中深刻感受到面临的最大困难不是太平军，恰恰是清政府在政治、军事与财政各方面的矛盾和弱点，阻碍了与太平军作战。其次就是湘军缺少战斗经验。在湘军组建最初的六七年中曾国藩仅仅为自己建立了一点声望，但遭到的来自各方面的挫辱和打击也是常人难以忍受的。在这种境遇下，曾国藩能够立足并逐渐壮大，就是他奉行了“息事宁人，以大局为重”的处世哲学的结果。

1858年6月，曾国藩在家乡休整后再度出山，于江西领导湘军作战。湘军在江西虽然作战勇敢，然与各地乡团不和睦，常常被乡团截杀，有时甚至数十数百地被消灭。更为不利的是，军中时逢疫病流行，军士纷纷患病。曾国藩来江西深感诸多问题难以解决。9月间，安徽的败讯传来，湘军的精锐力量李续宾、曾国华在三河镇被陈玉成击败，几乎全军覆没，官兵阵亡达到六千余人。景德镇一带的湘军也遭到了连连的失利。幸亏左宗棠等人大力挽救才基本稳定了大局。

这时的曾国藩忽而奉命援浙，忽而改令赴闽，时过不久接到援助安徽的命令。在石达开率太平军由湖南进入四川的时候，朝廷又命曾国藩赴四川夔州扼守，但同时又命曾国藩分兵协防湖南、安徽。可谓朝令夕改，这使得曾国藩感到无所适从。但曾国藩知道自己没有固定的地盘，只好委曲求全，精神上感到极大的痛苦。可见，息事宁人的处世哲学虽有其益处，但也要付出极大代价。

1861年8月，曾国荃率兵攻下安徽的军事重镇安庆，千里长江一带已完全在湘军的掌握之中。曾国藩准备分兵三路，占领江浙地区，给日渐衰微的太平军致命一击。

然而，曾国藩所面临的困难同样很多。和他亲密合作的湖北巡抚胡林翼因积劳成疾病死，这使得曾国藩失去了一个最有力的合作伙伴。曾国藩异常悲痛，为之彻夜不眠。

在三路东向的大军中，只有曾国荃一军始终听命于曾国藩。李鸿章与左宗棠两路都时时表现出不合作的态度，有时不听调遣，使曾国藩大伤脑筋。曾国藩依然是采取息事宁人的处世原则，没有激化矛盾。

前线的战况也不利，曾国荃围攻金陵的军队开始出现军心涣散的情况，再加上军饷时有拖欠，曾国藩终日忧心忡忡，寝食难安。

在同治二三年间，金陵城外的湘军，由于缺乏军饷，甚至到了每天喝稀饭度日的程度。几个月不发饷更使士兵怨声载道，曾国荃也感到那些家乡子弟兵难以约束。个别的士兵把营官捆绑起来索要军饷，抢掠平民、奸淫妇女的事件不断出现。由于拿不出粮饷来满足士兵的要求，曾国荃也感到十分为难，对上述情况只好听之任之。消息传到曾国藩处，曾国藩一方面担心弟弟的病情加重，无法约束随时都有叛变可能的湘军；另一方面清廷的猜疑和言官的谤劾纷至沓来。

当时湘军缺饷的情况在各大部队中都十分严重。曾国藩的身体本来就比较虚弱，面对这样的混乱情况，病情更加严重，不时出现呕吐、牙痛和头脑晕眩、手脚抽筋的症状，只好奏请回家调养。

曾国藩曾说："困心恒虑，正好磨练英雄，玉汝于成。李申夫尝谓余叹气从不说出，一味忍耐，徐图自强。"这句话切实体现了曾国藩在内忧外患的艰难境况下的一种息事宁人的处世观，为了苦撑大局，曾国藩只得如此了。

7. 随世求变，审时度势

审时度势，就是说人们要根据自己的实际地位和客观条件，对不同的问题采取不同的方略，明智地作出自己的决策，以求利国、利民、利天下。

要做到审时度势需要有远见。有远见就要在平时能多结识一批有智慧的朋友或四处游历、广览群书以增长学识。

初入仕途，曾国藩认识到了八旗绿营军的腐败无能，提出创建湘军。曾国藩认为绿营军有三大弊病，已不能再完成保家卫国、安内攘外的重任。因此，曾国藩改革军制。将军队改为由将领直接控制，具有严格的军法制度的武装。此为其审时度势之一举。

曾国藩的另一举在于他提出学习西方科技，开办洋务。曾国藩非常明白要随世变求变的道理，这一点体现在他开启洋务运动的序幕上。自从鸦片战争中国失败以来，有识之士已经认识到中国各方面都需要彻底改革，否则难以图存。

在曾国藩的主持下，我国开始自行研制造船。但万事开头难，最初的几次造船试验都失败了。这一连串的失败，并没有磨灭曾国藩力图振作的意志。相反，从失败中他更看清了中国自造轮船军火的重要性。唯有中国自身具有能力，才能摆脱外国的挟制，达到自立自强。因此，他一方面派遣容闳采购机器，另一方面也在寻找其他机会。

曾国藩又采纳容闳的建议：在制造局之下，附设一兵工学堂，招收中国青年入学，学习机械工程的理论与实践，培养各种工程师人才。局中另设“翻译学馆”，专译有关制造机械船炮的西书。译成的书交局中印刷所大量刊印，应各方需索，广为散布。

曾国藩与容闳等乃酌定留学章程十二条，说列招募学生、施教步骤、管理及经费等事项。这一留学计划，后来由于守旧势力的阻挠破坏未能完全贯彻实行。不过就在这已经学成归来的一百二十名留学生当中，已颇造就了一批人才。例如，唐绍仪、詹天佑、容揆、梁如浩、梁敦彦等，都是其中的佼佼者。

而最重要的是留学风气的开创，为落后闭塞的旧中国社会开拓了一条道路，由这里可以通往世界的新领域。从那以后，中国士子出洋留学为数日众，中国人的眼光见识也为之日广。追本溯源，曾国藩的功劳是不可埋没的。

总之，曾国藩在同治年间审时度势顺时而行。凡制造轮船枪炮、翻译西书、派遣留学生赴美，每一项工作都凭借着他的周密筹划、大力支持或指导擘画才得以顺利推动。

第六章

修身养性，完善自我

修身养性是成就事业的第一步，没有良好的修养就不能不断地完善自我，不能提高自身的素质，也不能使自己的人生有所成就与作为。要想做到这一点，需要下一番苦功夫。

1. 居敬处世，内专外齐

孟子说："有礼者敬人。"敬人，是一种修养，也是对待别人的一种态度。《左传》中说："敬，身之基也"，"敬，礼之舆也，不敬则礼不行。"

敬，作为对人对事的一种道德要求，首先，要自敬，用严肃认真的态度对待自己，不断提高自己的修养。自敬，在外表上要严肃、整洁，干净利落，在内心则要有恭敬之态度。其次，对别人要尊敬，无论对方官大官小，无论对方贫与富、长与幼，都应该恭敬有礼，不可轻慢。

为了求得治学之道，曾国藩向多个在京的名人求教。其中，唐鉴告诉他要以朱子之书为宗，把它当作一门课程，认真研修。后来，倭仁告诉他，"研几工夫最要紧"，从此，曾国藩就严格按照二位前辈的要求，悉心研究理学，同时把理学贯彻到自己平时的行动中，个人修养、待人接物都以此为据。

曾国藩一方面仔细研究理学家们所探讨的"敬"字的深刻含义，另一方面又做出了自己的解释。道光二十二年（1842），曾国藩在一篇日记中这样记载："从本年十月立志自新，专门立下课程，从'敬'字开始做起。"并为"敬"字做出自己的解释："敬，整齐严肃，无时不惧。无事时心在腔子里，应事时专一不杂，如日之升。静坐，每日不拘何时，静坐半时，体验来复之仁心，正位凝命，如鼎之镇。"

后来，曾国藩又做出了具体的描述：

"内而专修纯一，外而整齐严肃，"敬"之工夫也；出门如见大宾，使民如承大祭，“敬”之气象也；修己以安百姓，笃恭而平天下，“敬”之效验也。程子谓上下一于恭敬，则天地自位，万物自育，气无不和，四灵毕至，聪明睿智，皆由此出。”

在这里，对内强调心无杂念，谨慎小心，对外强调严肃整齐，庄重有礼，干事情则兢兢业业，毫不轻率，做到了这一切，就可以达到物顾人和，天下太平之气象，也是人们孜孜以求的理想世界。

修身是一个人要做的最基本的事情，宋儒把修身工夫发展成了一个完备的理论体系。从外表、待人接物，以至内心世界的克制，都有详细的要求。曾国藩认为，“居敬”，对个人来说，有两方面的要求，可以达到两方面的效果。对内则求专静统一，以养大体；对外则整齐严肃，以养小体，如此下去，才会日渐强健。

曾国藩一生官至要职，加上军旅生涯，政务、军务缠身，为此常常感到筋疲力尽，在日记和给朋友的书信中也常表达这种无奈心态。曾国藩常常把这种状况，归于自己在“居敬”上面的修养不够。天天忙于俗务，名利时时缠身，要想修身养性，怎么可能呢？道光二十三年（1843）正月，曾国藩在日记中说：

“是日请客，至亥正方散。倦甚，勉强支持，仅乃了事。向使以重大之任见属，何以胜任？《记》云：‘君子庄敬日强。’我日日安肆，日日衰尔，欲其强，得乎？譬诸树木，志之不立，本则拔矣。是知千方万语，莫先于立志也。”

同年二月，曾国藩再次在日记中谈到自己疲倦无力的状况，并再次强调“居敬”对一个人身心修养、精神面貌的重要性，论述颇为详细：

“倦甚，不能看书，眼蒙如老人。盖安肆日偷，积偷之至，腠理都极懈弛，不复足以固肌肤、束筋骸。于是，风寒易侵，日见疲软，此不能居敬者之不能养小体也。又心不专一，则杂而无主。积之既久，必且忮求迭至，忿欲纷来。其究也，则摇摇如悬旌，皇皇如有所失。总之，日无主而已。而乃酿为心病，此不能居敬者之不能养大体也。”

在曾国藩这样的理学家眼里，读书跟做学问、做人是一致的、相通的，书中讲的道理就要在自己做人的实践中去体验。因此，曾国藩在这里说，读书要在“敬”、“恒”二字上下功夫。

尽管曾国藩以理学家的标准严格要求自己，做人、做学问、做事，无不遵循“敬”字，但他对自己仍不满意，他曾对一位朋友说：“国藩平生‘不敬’、‘无恒’二事，行年五十，百无一成，深自愧恨……仆待人处事，向多失之慢；今老矣，始改前失，望足下及早勉之。”这种不满意显示出他不断追求更高境界的进取之心。他的一生，就是在这样的“不自足”的驱使下，不断更上一层楼的。

不但在外做官要敬，在家中也要常常存敬之心。家是一个人生命、事业的出发点，能否在家中获得一个好的成长环境、好的基础教育，将决定一个人一生的前途。曾国藩在家教中非常注意“敬”的培养。

他在家书中说：

“家中兄弟子侄，总宜以‘勤敬’二字为法。一家能勤能敬，虽乱世亦有兴旺气象；一身能勤能敬，虽愚人亦有贤智风味。吾生平于此二字少工夫，今谆谆以训吾昆弟子侄，务宜刻刻遵守。至要至要！家中若送信来，子侄辈亦可写禀来岳，并将此二字细细领会，层层写出，使我放心也。”

曾国藩很清楚，自己的这一家族之所以出现兴旺之象，是上代祖先们不断努力进取的结果，作为后辈，只有将这一传统流传下去，才能使家业保持兴旺。同时，敬重长辈，也是晚辈对长辈为家族振兴作出贡献的一种认可，一种景仰，从报答父母的养育之恩来说，更是自然而然的事情。在家学会敬养父母，走上社会才会知道尊重他人，才能处理好人际关系。另外，一家之中有了“勤、敬”的门风，也才会赢得族人乃至邻人的敬重，这关系到一家之声誉。无论从个人发展、家族声望来说，“敬”都是不可或缺的家教内容。

除了不断提醒自己的几个弟弟在“勤、敬”上做好表率，督促子侄们认真践行之外，曾国藩对自己的儿子更是严格要求，一点也不马虎，并时时以自己为例加以警示：

“吾有志学为圣贤，少时欠居敬工夫，至今犹不免偶有戏言戏动，尔宜举止端庄，言不妄发，则入德之基也。”

这里，曾国藩告诫儿子曾纪泽要举止端庄、说话谨慎，不要整天嘻嘻哈哈，自己首先要严格要求，有让人值得尊敬的根本，别人才会尊敬。

对于亲友中出现的不肖之徒，曾国藩就写信给儿子，让他不要学人不好的一面，要谨小慎微，心中有知耻敬畏之心，然后说话、行事才会知道什么不该做、什么可以做。否则，由于自己的不慎，别人久之已经习惯，对你的所作所为根本不在乎，不尊重你，那你的成长既没有了动力，也没有了压力，就会归于堕落。

除了谆谆教导自己的兄弟、子侄们以敬持家，以敬修身之外，曾国藩也非常注重自己的表率作用，言传不如身教，自己不正，怎么能正人呢？对于自己表现出来的不敬的行为、言语，曾国藩常常在日记中表达出警省、自责之意，意在提醒自己。

2. 静以修身，勤于早起

《易经》中说：“寂然不动，感而遂通天下之故。”《乐记》中说：“人生而静，天之性也；感于物而动，性之欲也。”老子说：“致虚静，守静笃。”孔子说：“仁者静。”

“静”不单纯是哲学概念，还是助益人立身处世的智慧术语。“静”之一字，蕴含着奥妙无穷的人生真谛和成功谋略。

对“静”的妙用体悟最早的是诸葛亮，他在诫子书中谆谆告诫儿子，无论修身、立志、治学，都要以“静”为本：

“夫君子之行，静以修身，俭以养德，非淡泊无以明志，非宁静无以致远。夫学欲静也，才欲学也，非学无以广才，非静无以成学。”

在这段话中，诸葛亮提出了“静以修身”的概念。北宋理学家周敦颐更进一步提出了“主静”说。曾国藩的“静”字功夫，就是从“主静”来的。

刚考中进士之时，和许多幸登金榜的士子们一样，曾国藩也踌躇满志，得意非凡。但他一旦为官，由于治国平天下的志气一时无法伸展，也由于初入仕途缺乏为官经验，更由于耐不住翰林的清苦和孤寂，这时的曾国藩脾气极其暴躁，动辄就申斥仆人。曾国荃被接到京城随他学习，也因无法忍受他的脾气愤而归乡。正是在这个时候，他拜了唐鉴和倭仁为师，精研理学。唐鉴首先就告诉他：“静”字功夫最为重要。曾国藩也由此得到了修身要诀。

唐鉴针对曾国藩“忿狠”的缺点提出了“主静”的建议。曾国藩听了他的教诲，也觉得“静”字功夫正是他所缺乏的。倭仁指教说：“心静则体察精，克治亦省力。若一向东驰西骛，有溺焉而不知，知而无如何者矣。”也是让他从“静”字下手。

曾国藩悉心听从两位师友的教导，一是遵照唐鉴指示精熟《朱子全书》；二是以倭仁为榜样，订立十二日课，使自己每天做事有章可循，有据可依，三是每天反省自我，详记日记，检讨自己的过失。但是对于好动不好静而性情又刚狠的曾国藩来说，“静”字功夫也不是那么容易练成的。在动与静之间，恕与忿之间，他忍受着巨大的煎熬。

为了遵守十二“常课”，他专门找人刻印了一些簿子，上面列出详细的表格，每天他都要在表格中填写“常课”的内容。此外，他坚持写日记，练习书法文章。以致这些成了他一生的习惯，从来没有放弃，直到去世。

周敦颐认为，天地诞生之前的“无极”本来就是静的，因此人的本性也是静的，只是由于后天染上了“欲”，才破坏了“静”的状态。只有通过“无欲”的功夫，才能实现“静”的状态。“静以修身”的要点就是制欲窒忿。曾国藩也确实是这样做的。他极力控制自己的奢欲、权欲、色欲，以俭朴为信条，以淡泊为依归，戒除淫思，甚至与朋友开玩笑都被他认为是可耻之事而痛加自责。

曾国藩效法倭仁把静坐看作克己的不二法门，他在给自己规定每日必做的功课中就有静坐：“每日不拘何时，静坐半时，体念来复之仁心，正位凝命，如卵之镇。”起初却苦不堪言，但曾国藩仍坚持了下来，不过“静坐”的内涵已经发生了变化，与倭仁的静思己过已经有着根本性的不同了。从此以后，曾国藩依旧坚持静坐，每当心思烦乱之际、疾病加身之时，坚持静坐，则可调和血气，缓和情绪。后来，曾国藩又补读了《老子》和《庄子》二书，深受道家虚静无为思想影响，“静坐”便由修身之法转变为养生之术了。

“静坐”是一种积极的休息方式，有利于调整人的情绪和机能，养精蓄锐，恢复和增强自身的抗病能力。

曾国藩深受“静坐”之益后，便将之视为养生金方。他一生遵守家法，不信医，不吃药，更不愿吃补药。即使生病，也多靠自身调解得法。他认为，静坐一次，就等于吃一剂汤药。

曾国藩认为静坐可以治肝病、眼病、气喘病，他还向亲友推荐传授静坐之法，直到去世前不久，仍坚持静坐。

早起具有重要的作用，首先，能锻炼一个人的意志；其次，早起焕发精神，吃早饭营养充足，白天做事效率较高；最后，早起能够充分考虑好一天要干的事情，对所要做的事情根据轻重缓急予以合理安排，从容应对，所以俗话说“一日之计在于晨”。如果一个群体、军队，都能早起，则显出一番振作有为的气象。

曾国藩恪守曾氏家风，也正如《朱子治家格言》里所说的黎明即起，洒扫庭除。在湘军中也是如此。要整顿湘军时，也以早起为重要要求。他在军中，每天凌晨即起，然后召集幕僚将领，一同吃饭。许多人没有早起的习惯，颇以为苦，李鸿章初到曾国藩幕下，因为晚起而受曾国藩责备，实则不愿早起的并非只有他一人。

李鸿章当时以早起为苦，若干年后，他才感到受用无穷。曾国藩去世后，李鸿章对曾国藩的女婿吴永说："我老师实在厉害，从前我在他大营中，从他办事，他每天一早起来，六点就吃早饭，我贪睡总赶不上。他偏要等我一同上桌。我没办法，只得勉强赶起，胡乱盥洗，朦胧前去过卯，真受不了。迨日久勉强习惯了，习以为常，也渐觉不甚吃苦。所以我后来办事，亦能起早，才知道受益不尽。这都是我老师造就出来的。"

曾国藩总结为人、用兵、治家、居官的失败规律，都离不开一个"惰"字。因此必须加以克服。他还说过"百种弊病皆从懒生"，认为懒惰是恶行、疾病的根源。"勤者，逸之反也"，"动，所以儆惰也"，克服懒惰，要靠"勤"字。

同治九年（1870）十一月，曾国藩在一篇"习劳而神钦"的伟论中谈到了"勤则寿，逸则夭"的养身之法，认为勤不但可以兴家办事，还可养生。

曾国藩根据自己的亲身体验，认为懒惰不仅是败事之兆，还是致病之源。"劳则善心生，佚则淫心生"，"天下百病，生于懒也"，"百种弊病皆从懒生"，这些都是他亲身体验的结果。这些病既包括为人办事的毛病，也包括身心的问题。

一个人勤劳，不但锻炼了意志、毅力，在劳作的时候集中精力乐在其中，反而觉得很愉快，所以曾国藩称"勤"是生动之气，而惰则是衰退之气。如果贪图安逸，说明此人没有远大理想，没有为实现理想而努力奋斗的意志，实则百无聊赖，心灵空虚，并无快乐可言。为了填补空虚，他可能要采取一些不好的行动，养成更坏的习惯，由此走向末路。

曾国藩自己戒掉了烟瘾，也与勤奋有关。他认为，吸烟使人志气颓靡，百事俱废，当然无法勤以治事。他说，"绿营兵弁大半吸食洋烟，正是‘勤’字反面。”除吸烟外，其他不良嗜好也是“勤”的反面。何璟升任山西巡抚，曾国藩就告诫他：“激励之法，则以‘勤’字为先，又以远声色、屏嗜好为‘励’字之本。”勤劳之人，不良习惯必少，亦因此之故。

即使是早起，也有增益身心的作用，如果行之有常，“其功实能长精神却疾病。”他对曾纪泽说：“起早尤千金妙方，长寿金丹也。”

勤是成功的重要因素，曾国藩因勤而胜，好在他能松能暇，为官治军中，时常以文章、书法自娱，有所调整，因此能耐得劳苦，成就大功。

3. 发现弱点，战胜自我

人非圣贤，孰能无过？关键是面对自己的错误时，怀着何种心态。能够勇于改正自己缺点的人，就是明智的人，克服了缺点，就相当于战胜了自己，这样才可以不断完善自己，也可以在险恶复杂的环境中，求得生存与发展的机会。

曾国藩就是这样一个典型的代表。曾国藩提出了“悔缺”之道，即通过反省自己的缺点过错，坚决彻底地加以改正。

早年的曾国藩多言健谈，爱出风头，喜于交往。他自己也深知“言多尖刻，惹人厌烦”，也为此下定决心，减少往来，但就是难以改过。

有一天，好友窦兰泉来拜访曾国藩，两位学人商讨理学，然而曾国藩并未真正理解窦兰泉所说的意思，即开始妄自发表见解，“词气虚娇”。“与人谈理”本来是一件增益学业的事情，但是他这一行为却使人十分尴尬，结果适得其反，事后曾国藩指责自己：不仅自欺，而且欺人，没有比这更厉害的了。由于不诚实，因此说话时语气虚伪强辩，谈文说理，往往文饰浅陋，以表示自己学理精湛，这是一种虚荣心的表现。

曾国藩意识到了自己的毛病，表示一定要悔改，可又身不由己，控制不了自己的情绪。几日后，朱廉甫前辈与邵蕙西来访，这二人都是孔子所说的正直、见闻广博的人，尤其是朱廉甫前辈屈尊来访，确实难能可贵，但是曾国藩故伎重演，说了许多大言不惭、沽名钓誉的话，过后他非常后悔，可是说出去的话如覆水难收。

1842年11月的一天，曾国藩先是到岱云家为其母拜寿，本是喜庆之事，曾国藩却出言不慎，结果弄得气氛十分尴尬。随后他又到何子贞家，不久又到岱云家吃晚饭，“席前后气浮言多”，与汤鹏讨论诗文，“多夸诞语”。晚上回家，他非常后悔，他的内心经历了激烈的折磨与争斗，给自己约定法章：大凡往日游戏随和的人，态度不能马上变得孤僻严厉，只能减少往来，相见必敬，才能渐改争逐的恶习；平日夸夸其谈的人，不能很快变得聋哑，只能逐渐低卑，只有少言多听、慎思，才能力除狂妄的恶习。

当天他的《日记》中说：

“凡往日游戏随和之处，不能遽立崖岸，惟当往还渐稀，相见必敬，渐改征逐之习；平日辩论夸旋之人，不能遽变聋哑，惟当谈论渐低卑，开口必诚，力去狂妄之习。此二习痼弊于吾心已深。前日云，除谨言静坐，无下手处，今忘之耶？以后戒多言如戒吃烟。如再妄语，明神殛之！并求不弃我者，时时以此相责。”

曾国藩的父亲看到曾国藩身上的确有不少毛病，所以到湖南后便立即给儿子去信一封，曾国藩的日记谈到了来信内容：

“大人教以保身三要：曰节欲、节劳、节饮食。又言凡人交友，只见得友不是而我是，所以今日管鲍，明日秦越，谓我与小珊有隙，是尽人欢竭人忠之过，宜速改过，走小珊处，当面自认不是。又云使气亦非保身体之道；小子读之悚然。小子一喜一怒，劳逸疴痒，无刻不萦于大人之怀也。若不敬身，真禽兽矣。”

父亲的信对曾国藩触动很大，但之后曾国藩仍重蹈覆辙。道光二十三年（1843）正月十九日，湖广籍的举人同学在文昌馆举行团拜，曾国藩当时主持会馆事宜，无论于公于私都应尽力招待好昔日的同学，但他“陪客时，意不属，全无肃敬之意”。他承认“应酬有必不可已者”，他如此怠慢同学，“忧悔并生”。

曾国藩检讨自己的同时，又有走向另一极端的倾向，他有意与朋友们疏远，认为不常在一起，反增加一分敬意，他又想到吕新吾的一句名言：“淡而无味，冷而可厌，亦不足取。”这就是通常所说的“不合群”。左也不是，右也不是。吴竹如开导曾国藩说，交情虽然有天性投缘与否，也由尽没尽人力所决定。但说到底还是人能胜天，不能把一切“归之于数”，如知人之哲，友朋之投契，君臣之遇合，本有定分，然亦可以积诚而致之。

自此以后，曾国藩在处世待人方面日渐成熟，自以为是的毛病也大有改观。给人留面子这一点尤其成为以后待人交友的一个重要原则。

曾国藩早期的个人修养也并非像后来那样宠辱不惊。相反，一遇不顺就勃然大怒，脾气性格很不稳定。在他早年的日记中，这方面的事例颇多。

道光二十三年正月初三日，曾国藩的二位同年来看他，饭后，下人有不如意事，曾国藩大发脾气，忿不可遏，歇斯底里，完全忘记了自己的身份。虽经友人劝阻，仍然肆口谩骂，肆无忌惮。事后曾国藩检讨自己，又很后悔。

过了几天，曾国藩出门拜客，又因为下人不得力，屡屡动气。说自己每日间总是“忿”字、“欲”字往复，“知而不克去，总是此志颓放耳！可恨可耻”。三月十六日，他出门拜客，在友人家吃了酒饭后，等候下人，久候未至，“大怒，不可遏抑。惩忿无功，溃决至此”。

曾国藩认识到自己性格中的缺欠，开始有意识地调整。同时，他坚持写作《治心经》以惩戒不好的习气。

道光二十四年（1844）五月初一日，下人因事与曾国藩争辩，曾国藩又动气，一怒之下将两位下人一同开遣，“心不快者一日”，次日日记中又说：“尚为昨事心绪烦乱。”

曾国藩性格的完善，为人处世之圆通，还是在经历多次磨难后，尤其是咸丰八年再次出山后，他性格大变，几乎是换了一个人。这期间，曾国藩经历了成败胜负的多次考验。

曾国藩据自己的经验得出：克服心理障碍应以“广大”二字为“常用药”。而这广大，则应把自己看得渺小，他说：“静中细思古今亿万年，无有穷期，人生其间，数十寒暑，又须臾耳。大地数万里，不可穷极，人于其中，寝处游息，昼仅一室耳，夜仅下榻耳。古人书籍，近人著述，浩如烟海，人生目光之所能及者，不过九牛之一毛耳；事变万端，美名百途，人生才力之所能办者，不过太仓之一粟耳。”

曾国藩正是经常把自己摆在一个渺小的位置上来保持自己的心态平衡的。他总是感到“我不及人者多”，就是“不能与诸贤并论”的樊哙，他也认为有“不可及者二”。越是能看到自己不足而又有信心的人，就越能有所长进，就越能更多地拥有别人的长处，就会有更大的成功之可能。

曾国藩改掉缺点毛病的决心之大、意志之坚，是不多见的，对他一生性情方面的修养，起到了很大的作用。其成功的关键在于三个字：不自欺。他认为人之所以修己不利，做事无恒，无非是自欺二字作怪，自欺所以欺人。只要能做到不自欺，就任何事情都能够坚持到底并取得实效。因此，他要求自己“禁欺如火”。

为了发现和改正缺点毛病而不自欺，曾国藩采取了两个办法，一是给弟弟们去信，向朋友们打招呼，请他们时常指出自己的缺点；二是记日记，借此每天对自己的言行进行反省。

曾国藩这种严于律己的行为值得后人去学习，他的这些勇于改过的思想，实可用来救治当世之病。不人欺也不自欺，是修身的必备条件，也是处世与为官之道应该注意的环节。

4. 戒除恶习，克己修身

曾国藩留在翰林院后，“本要用功”，但“日日玩憩，不觉过了四十余天”。此后的一段时间，除了给家里写一封信商议家眷来京之事外，“余皆怠忽，因循过日，故日日无可记录”，每天都是送往迎来。所以，他早期的《日记》每天都在“检讨”，但每天都会故伎重演。显然这种品性，若不能自察自改，会无益于自己的目标，不能成就大事。

按翰林院的官员，读书养望、切磋交往是“本职工作”，本无可厚非，但每天如此打发日子，终究养不成经世的韬略。

曾国藩为了实现“澄清天下之志”，针对自己的不良习惯，他提出三戒：一戒吃烟，二戒妄语，三戒房闼不散，后来都做到了。

吸烟有害健康是今天人人皆知的常识，但吸烟对人的精神有影响，就不是人人明了的。曾国藩通过自己的切身感受告诉人们这样一个道理：曾国藩认识到，应酬过多，精神就难以集中，做起事来也会出差错。此外，吸烟也对此有很大影响。他说：“说话太多，吃烟太多，故致困乏。”

意识到危害后，他发誓从道光二十二年（1842）十月起戒烟，并作为“三戒”之一。但最初戒烟的日子很不好过。为了打发难熬的时光，他找朋友们下棋、聊天。日记中写道：

“即宜守规敬事，乃闲谈荒功，不溺情于弈。归后数时，不一振刷，读书悠忽，自弃至矣。乃以初戒吃烟，如失乳彷徨，存一番自恕底意思。此一恕，天下无可为之事矣。急宜猛省。”

曾国藩把初次戒烟喻为婴儿断乳，形象地说明了他对吸烟的溺爱及戒烟的痛苦。

曾国藩也曾想戒围棋，但没有戒成。

曾国藩早年即有弈棋之好，同年好友聚在一起，往往先要弈棋几局，随后饮酒畅谈。但下棋须精神贯注，因此很耗心血，往往几局结束，身体不能自如。曾国藩意识到此，决心把围棋也戒掉，但几次戒也戒不成，有时观看别人下棋，大声嚷叫，“几欲自代”，这颇有点侯宝林大师相声中所说的味道。

曾国藩平日也有自己的兴趣和爱好。他时不时去庆和园、天和馆听听戏，去琉璃厂逛街、购书买纸，“正业”之余也读点《绿野仙踪》《龙威秘书》之类的“野书”。不过，下棋的嗜好，还是令曾国藩伤透了脑筋。照他自己的话说，即“溺情于弈”。沉溺于围棋。不仅有碍于进德修业，而且颇耗精力，友人劝他戒棋，他也横下心戒，但终没有戒掉。至于后来，无论在军旅，还是在总督任内，围棋仍然是他日常生活的一部分，而且越下越凶，每日非一二局不可，直到去世。曾国藩作为一个有毅力的人，一向做事有恒，唯独围棋立了多少恶誓硬是戒不了，走不出“围城”，连曾国藩自己也弄不明白何至于此。实际上围棋是缓解紧张的一种精神“转移法”。

其实，凡事不必走极端，性格、习惯、食色之性都只要适度而已。当然“矫枉必须过正，不过正则不能矫枉”也是一理。或者可以这样说：曾国藩勇于改易并成功地改易了自己的品性，是其可敬处；围棋没有戒掉，还有一点嗜好在身，是其近人情处。人性是个跷跷板，既要处处在理，也要处处近情才是。

5. 张弛有节，忙里偷闲

成大事者无不珍惜时间，殚精竭虑。曾国藩说古今能胜大任者，都是身心疲劳之人。但精神高度紧张，心理压力过大，体力消耗过多，短时间或不妨事，时间一久，必致身心俱损。而没有健康的身体，会成为事业一个巨大的拖累。所以，成大事者又需要用暇心调适，以做到张弛有节。

当大任者常要冒大险、决大疑，身心所受的负荷和紧张非常人所能想象，久之则身心疲惫：闲暇正可调节舒缓紧张的节奏，使人得到休养，恢复精力。

封建士子在儒家的熏陶下讲求积极入世，求取功名。然而，在他们的心底，也往往给道家留下一块净土。他们向往一种可望而难及的逍遥自在、恬淡宁静的人生之道。这是心灵深处的“暇”，是悠闲自得的人生状态，是摆脱负累的精神自由。

有的时候，“暇”也超出了其本意，成为一种谋略。为人处世中动中取静，韬光养晦；黑云压城时故示闲暇，以布设疑阵，传说中诸葛亮的空城计就是这样取得成功的。

曾国藩的身体不好，从三十几岁起就不能多说话，神情困顿，在军中更是殚精竭虑；进退得失关系着上万人的性命，大喜大悲，千钧重负挥之难去。与太平军的交战中，他几次血本全无，一心跳水自杀。多年的紧张疲惫使他不堪重负。他在给李续宜的信中说：“鄙人心已用烂，胆已惊碎，实不堪再更大患。”

曾国藩在此压力下能肩挑重担取得成功，原因之一就是有“休暇之致”，补养得法。他曾经说：“试观古往今来能胜大任者，虽身极劳，心极忙，此心必常有休暇之致。故万汇杂役，应之绰有余裕。”

曾国藩认为“暇”不仅是一种休息，还是排除纷扰，避免张皇失措的一种方式。他说：“盖暇则静，静则明自生；休则通，通则灵机常活。明与灵，吾心所恃以酬万事者也。”

在曾国藩看来，带兵打仗，灵机稍纵即逝，而疲怠的人则可能任它滑过，只有冷静机灵的人才可能抓住它，而闲暇与休息是不可缺少的前提。诸葛亮六出祁山，军中营务，事无巨细，都亲自处理，直至呕血也不顾。司马懿说他食少事繁，岂能久乎？虽然他最终劳苦致死，但也是劳而无功，勉强维持罢了。

“暇”即给疲惫不堪的心一块安闲之所，曾国藩闲情偶寄于读诗文，尤其在心情郁闷之时，特别偏好一些闲适的诗。他认为诗文趣味有两种，一得诙谐之趣，二得闲适之趣。他特别喜欢陶渊明、陆游、白居易和苏轼的诗，因为他们诗中包含着对人生朴实无华的理解，具有闲适恬淡的风格。在写诗之外，曾国藩还喜欢写文章，他对文学有很大的爱好，在军务政务繁忙之余，他总是寄情于诗文，而且曾国藩的文章在当时也是独树一帜，具有很高的造诣。他在日记中说道：

“古文一事，平日自觉颇有心得，而握笔之时，不经冥思苦想，作成总不称意，哪比得上除去万事，香睡数日，神清气爽，然后写作文章，来抒发心中的奇趣。”

此外曾国藩还喜欢学习书法，他认为书法可以养心，他说：

“写字时心情稍定，便觉安适些，可知平日不能耐，不能静，所以致病也。”

写字可以验精力之专注否，可以养心，万事付之空寂，此心便觉安定。曾国藩还喜欢与人开玩笑，在一般人眼中，曾国藩是一个极其严肃、道貌岸然的人，实际上，他心中自有一片闲适的地方。与人开玩笑不仅可以舒解自己的压力，使自己在繁忙中自寻其乐，同时还可以拉近与他人的关系。湘军虽等级严格，但对部将，曾国藩都视为朋友，推心置腹，时不时开一两句玩笑，更拉近了双方距离，变得亲密无间，这也是极其巧妙的处世谋略。

在曾国藩的“暇”字诀中，除了道家逍遥恬淡思想的滋养外，还有儒家思想的成分，那就是暇心而不可纵心。苏东坡寄情诗文，西门庆征逐女色，高雅低俗足见他日成败。除了闲适有节外，曾国藩还说，“暇心游离于本业之外，又关系到事业兴衰，所以暇心之寄要厚植根本，积功践行。”也就是说“暇业”要有助于本业的成功，这样的暇业不能只是“闲情偶寄”，也要积累以成气候。

暇在关键时刻也是必不可少的素质，大敌当前，危急关头，人情汹汹，稍有骚动，就可能草木皆兵，引起全盘崩溃。所以，统帅或核心人物此时的一举一动都关系重大。他们如果计无所出，张皇失措，下面的人就更加疑惧，轻则消极待毙，分崩逃散，重则铤而走险，犯上作乱。所以核心人物越是身处危境越要摆脱恐惧悲观的心态，气定神闲，悠然自处，安定人心。

6. 笑对逆境，积极进取

积极进取是一种耐力与意志力的体现，一个人无论如何伟大，相对于奔腾不息的历史而言，总是渺小的。一个人不可能一生都是一帆风顺，出现逆境在所难免。对待逆境，不要逃避现实，既不要做以卵击石般的无谓牺牲，又要有坚忍不拔的意志，懂得积极进取。

一个人能否有所成就，关键在于他是否能够做到“恒久”，曾国藩认为，只要能不断努力、积极进取，就可以实现自己的目标。他曾经引用理学大师倭仁的话说：“没有间歇是最难做到的，就是圣人那么伟大纯正也从不停止进取。颜回三个月没违师命，这一点很不容易学。像日月那么至高至洁，也并非所有圣贤都能企及的。”

曾国藩出身于一个处于统治阶级下层的中小地主家庭，因此，他的救世人生哲学观非常突出，这也是他“苟能立志，何事不可为”的思想的核心。曾国藩一生以“敬德修业”四个字来不断勉励自己，督促自己去积极地思考，积极地做事，以求取每一次进步，当然，这四个字也是曾国藩不断提高自我修养的座右铭。

奸佞当道，小人得势，不会政通人和。正派而能干的人很难展示才干、发挥作用，如果直言或试图有所作为，不仅无济于事，反而会遭受陷害。大的方针政策不能变动，只好在具体工作的小地方做些补救。损失是不可避免的。但是，如果一味顺从，人成为逆境的奴隶，也就不能改善自己的处境，更谈不到有所为了。

两军对峙勇者胜，两军相持久者胜。曾国藩说，打持久战最忌讳的是“势穷力竭”。其中，力是指将士的精力，势是指大局以及整个作战计划。意思是说，只要坚持下来，就有抗衡的机会，积极进取的同时，要注意等待时机。

曾国藩从“湘军首领”到“中兴之臣”，可以说是成就了自己一生的大业，这与他不断进取有很大的关系。在曾国藩身上，特别体现出一种自我修养的力量，正如他自己所说：“遇逆境，须有志有恒，乃有成就，遇逆境，正可困心横意，大加卧薪尝胆之功，切不可固愤废学。”他把学习作为提高个人修养的基本要求，并且要求子孙后代不可抛弃积极进取的精神，要有志、有恒。

曾国藩非常注重自己的“敬德修业”，并且把“敬德修业”看作每日有所进步的必要基础，这也是一种积极进取的表现。他希望“德业并增”，这是他人生之所以进取的重要原因。他认为，要实现“敬德修业”的远大抱负，就必须付出艰辛的劳动。因此，他主张，“圣贤之所以为圣贤，所争皆在大难磨折之日”。

曾国藩认为，若想成为成功者，就要积极进取，因此，没有百折不挠，坚忍不拔的精神是难以成就一番大事业的。人生的进取，是从“学问”两字开始的，只要能够坚持下去，阅历就会逐渐广博，渐习渐熟，就可以获得成功。

积极进取是一种提升自我的动力，是人生修养中应该具备的一项基本要求，曾国藩就是在这样一种奋发进取的思想基础上，不断完善自我，所以他终生都以全力为实现这个“敬德修业”的远大抱负和人生目标而锐意奋斗。

7. 心存平淡，知足常乐

人在社会中生存，为了各自的利益需要，当然要去追求成功。不过，在追逐中要让自己看淡一些，看远一些，明白眼前的得失并不代表长远的成败。过于计较，往往让身心不得安宁、浮躁难耐，打乱既定的计划。功名利禄不过身外之物，得之我幸，失之我命，何苦计较。至于成败，所谓“谋事在人，成事在天”，虽有些消极，但这样倒也能让自己豁达一些，看开一些，何乐而不为呢?

三国时的诸葛亮在他著名的《诫子书》中写道：“淡泊以明志，宁静以致远。”意思就是说，把成败得失、功名利禄看得淡了，志向才会明朗、宏大；内心保持宁静了，眼光才会久远。

我们知道，一个人如果一切都视为至关重要，都想得到它，都要斤斤计较，那么他的心境就会自觉或不自觉地被外物所扰乱，精神就会时时受到牵累，就会影响到待人接物、处世治事的好坏成败。

因此，曾国藩主张要有平淡的心境。他说：“胸襟广大，宜从‘平、淡’二字用功。凡人我之际，须看得平，功名之际，须看得淡，庶几胸怀日阔。”并表示要“以庄子之道自怡，以荀子之道自克”，要把“世俗之功名须看得平淡些”。他认识到，一般人之所以胸襟狭窄，全是物欲之念太重，功名之念太深。更具体些说，则是私欲围扰于心，精神无安静之日，自然也就日觉有不愉快的心境。他这里所谓的宜在“平、淡”二字上用功，即是要使心中平淡，不致为私欲所扰乱，务使精神恬静，不受外物所累，使自己置身于逆来顺受，然后可以处于光明无欲的心境。

曾国藩深知贪心之害，故而曾作《知足歌》一首，劝勉自己、家人、朋友。其原文如下：

“知足天地宽，贪得宇宙隘。岂无过人资，多欲为患害。在约每思丰，困君带求泰。富求千乘车，贵求万钉带。未得求速赏，既得勿求坏。芳馨比椒兰，磐固方泰岱。求荣不知厌，志亢神愈昂，岁懊有时寒，日明有时晦，时来多善依，运去生灾怪。诸福不可期，百殃纷来会。片言动抬尤，举足便有碍……矫首生八荒，乾坤一何大，安荣无遽欣，患难无遽憨。君看十人中，八九无依赖。人穷多过我，我穷犹可耐；而况处夷涂，奚事生嗟气？于世少所求，俯仰有余快，俟命堪终古，曾不愿乎外。语云：名根未拔者，纵轻千乘甘一飘，总堕尘情；客气未融者，虽泽四海利万世，终为剩伎。”

曾国藩一生勤于修身养性，以圣贤君子为榜样要求自己，故而虽身为“中兴第一名臣”，剿农民起义，独力支撑晚清王朝，当谓富贵极致，但始终以“戒贪”、“知足”为诫，劝导自己不可松懈对自己的修养！

同治十年三月，曾国藩在他的日记中这样写道：

“近年焦虑过多，无二日游于坦荡之天，总由于名心太切，俗见太重二端。名心切，故无学问无成，德行未玄，不胜其愧馁。俗见重，故于家人之疾病、子孙及兄弟子孙之有无强弱贤否，不胜其萦绕，用是忧惭，局促如蚕自缚。”

这是曾国藩临死前一年写下的文字，实际上是他对自己一生修身经验的总结。名心切的人，必然俗见重。名心的表现形式是多种多样的，如成功、成名、成就、成仁、成礼、成全等。正是这样一种普遍的心理愿望，使人们对任何事情都有这样的一种心理期待，事事周全，样样完满，件件顺遂，这就是俗见，自然就对疾病的有无、子孙贤良与否也格外看重。没有得到，就希望得到；得到了，又害怕失去；自己得到了，害怕子孙失去；子孙没有得到，又希望他们得到。人一天到晚就处于这样的患得患失之中，何处是个尽头呢？

怎样消除这两种弊病呢？曾国藩在同一篇日记中继续写道：

“今欲去此二病，须在一‘淡’字上着意。不行富贵功名及身家之顺遂，子孙之旺否悉由天定，即学问德行之成立与否，亦大半关于天事，一概淡而忘之，庶此心稍得自在。”

争名夺利，凡人尚且难免，何况曾国藩位极人臣，权倾朝野。他能在繁忙的公务之外，保留一分平淡之心，确实难能可贵，尤其在功成之际，悄然身退，自削兵权，力求不显山、不露水，更非修养平平者所能及，这正是他能知足常乐啊！

道家为破除名利的束缚，主张无为；佛家则干脆教导人逃离红尘，斩断六欲。这两种办法都弃功名如粪土，固无拖累。但仅为一身快乐而计，非有责任感、使命感的圣贤豪杰所愿为。人生于世，苦难众多，志士仁人更应以治国安民为己任，此外又要不受名利之累，可谓难上加难！而曾国藩的“淡字”诀，不但不妨成大业、办大事，还给自己留出一片安闲自适的天地，享受人生，是两全其美之法。

为什么人在社会中不能将外在的得失看得平淡、超脱一些呢？想来不过是我们的欲望太多，索求太多。得不到的，极力去追求；得到了还要想尽办法保留。如此，惶惶不可终日，如何淡泊明志，如何宁静致远呢？“命里有时终须有，命里无时莫强求。”将得失看破，视外在功名如浮云，踏踏实实做人，勤勤恳恳工作，正如曾国藩所说：“只问耕耘，莫问收获。”自己感到没有辜负自己就足够了。

下篇

做事要学胡雪岩

第七章

造名造势——练就空手道，借力成大事

一个人再有智识才华，能力总是有限的。巨大的成功都是借力的结果，唯有会借者、善借者才能赢。借的手法不一而足，可以借人、借势、借名气……只要开动脑筋，用心挖掘，即使“空手”也能套住“白狼”。胡雪岩就是这么一位善借的高手，其借乘万物势力的功夫不由人不佩服，是我们后人学习的典范。

1. 慧眼识“金”，经营自己的靠山

在攀向事业高峰的过程中，能得到靠山的扶持，不仅能缩短成功的时间，还能加大成功的筹码。这其中的道理也是不难理解的，一个人要想取得某种成就，必须具备一定的条件，而这些条件的客观方面却往往掌握在别人手中。得到别人的支持和帮助，势必会加速一个人的成功，有时甚至决定着一个人的命运。

俗话说，没有靠山难成气候，但要想经营好自己的靠山，还要有心人费点心思，红顶商人胡雪岩就深谙这其中的利害关系。

胡雪岩（1823～1885），原名胡光墉，小名顺官，字雪岩，祖籍安徽绩溪。自幼家境贫寒，没等长大成人，父亲胡鹿泉便撒手人寰。为了养家糊口，胡雪岩不得不到杭州城的“信和”钱庄当学徒。

胡雪岩进钱庄学生意，从扫地抹桌、打水倒尿等杂役干起，由于他聪明机敏，能说会道，很受东家的赏识和信任，三年师满之后，就成了这家钱庄的伙计（营业员）。

如果这个时候的胡雪岩，安于现状，满足于此，或许几年或十多年后便会小有家产，然后娶妻生子，也可安度一生。然而，素来胸有大志的胡雪岩并不安于现状，他从小就怀有建立非凡之功的抱负，只是苦于身份卑贱，没有本钱，而无法实现远大抱负。因此，他总是瞅准时机准备干一番大事业。

胡雪岩深知，“朝里有人好做官”，尤其在晚清“官本位”的社会，做事不能没有自己的靠山，没有靠山就没有了依靠，而没有了依靠，是做

不成大事业的。

好靠山必须官大权重，但仅仅凭他一个钱庄小伙计的身份，要想与当时的官吏拉上关系是非常困难的。但胡雪岩的过人之处就在于，一般人都是眼睛向上，只盯着那些正红得发紫的官员，而他则眼光向下，找那些虽处低位但却深具潜力的小官儿，这些小官儿有前途但没钱，如果能在适当的时机帮他们一把，他们自然把胡雪岩看成伯乐，一辈子都记着他。有朝一日，等这些小官儿发达了，“滴水之恩当涌泉相报”，胡雪岩自然也会跟着有好日子过。苍天不负有心人，胡雪岩终于发现了可以实现梦想的阶梯——王有龄。

王有龄，字雪轩，出身于官宦世家，福州人，其父为浙江候补道，在杭州一住数年，没有升迁调任过，王有龄就随父寄居杭州，不久，其父病逝。

由于境况不好，而且举目无亲，王有龄整天无所事事，空怀一腔重整家道的宏愿，每天在一家名叫“梅花碑”的茶店里打发时间。

三十几岁的人，落魄潦倒，无精打采，叫人看了反感，可架子还不小，经常是目中无人，那就更没有人愿意搭理他了。只有胡雪岩例外，略通麻衣相的胡雪岩，发现王有龄是个财富大贵之相，特别是通过与王有龄的攀谈，胡雪岩了解到王有龄的身世，虽然落魄不羁，却出身官宦世家，便认定此人将来定会发达。胡雪岩敏锐地意识到，此人乃自己跻身上流社会的绝好阶梯，他绝不会轻易放弃眼前这个千载难逢的机会。

这天下午，正赶上杭州城一年一度的清明大集，原本生意冷淡的茶楼挤满了人，胡雪岩去的时候，茶客满座，店小二只好将他和王有龄“拼桌”。两人喝到太阳西下，肚内早就饿得咕咕直叫。于是胡雪岩对王有龄说：“走，我请你去摆一碗。”“摆一碗”是杭州的土语，意思是小饮几杯。

王有龄虽婉言谢绝，但招架不住胡雪岩的再三相邀，兼之饥肠辘辘，很长时间没见着荤腥儿了，也就答应出去“摆一碗”。

酒足饭饱后，王有龄开始大吐苦水：“不瞒你说，先父在世之日，曾替我捐了一个‘盐大使’之职。”

胡雪岩最是机敏，一看他的神情，就知道此话绝非虚言，赶紧笑道：“哎哟，原来是王老爷，失敬，失敬！”

但细问之下才得知，原来当年王有龄捐官只是捐了一个虚衔，如果想要补缺，必须到吏部报到，称为“投供”，然后抽签分发到某一省候补。

王有龄又说：“如果家境再宽裕一些，我也想‘改捐’一个知县。盐大使正八品，知县正七品，虽然改捐花不了多少钱，那出路可就大不一样了。”

“为什么呢？”胡雪岩不解地问道。

“盐大使只管盐场，虽说差事不错，不过却没什么意思。知县虽小，终归是一县的父母官，能杀人也能救人，可以好好做一番事业。再说，知县到底是正印官，不比盐大使，说起来总是佐杂，又是捐班的佐杂，到处做‘磕头虫’，与我的性格也不相宜。”

“对，对！”胡雪岩边听边点头，“那么，这样一来，需要多少‘本钱’才够呢？”

“总得五百两银子吧。”

五百两银子在当时不是个小数目，胡雪岩一年的工钱才不过二十两银子。但此时胡雪岩的内心却开了锅。眼下，他手上刚好收了一笔款子，而且这笔钱是吃了“倒账”的，对钱庄而言，已经认赔出账，胡雪岩能够收到，完全是笔意外之财，所以他若是将这笔款子转借给王有龄，即便王有龄不能归还，对钱庄也没有损失。因此，胡雪岩很想在王有龄虎落平阳之时，助其一臂之力。这样，一旦他能够发迹，即可成为自己的靠山。但是，钱庄这一行最忌讳的便是私挪款项，更何况胡雪岩此时仅仅是钱庄里的一个伙计。一旦胡雪岩擅作主张将这笔款项转借给王有龄，不但会坏了他的名声，而且很有可能砸了自己的饭碗。对于钱庄这行来说，由于坏了名声而被老板炒鱿鱼的伙计是很难再在这一行立足的。因此，如果胡雪岩将这笔款项转借给王有龄，就等于是拿自己一辈子的命运作赌注。对于常人，这实在是一个难以下定的决心，然而胡雪岩毕竟不同于常人，为了经营自己的官场靠山，他“知其不可为而为之，知其不可赌而赌之”，毅然决定借款给王有龄，资助他进京“投供”。

绝望之中的王有龄见胡雪岩主动提出借钱给自己，真是喜出望外，感激涕零。

第二天下午，在他们俩约定好的茶楼，胡雪岩郑重地将一叠银票塞到王有龄手上，说道：“王兄，这五百两债款乃小弟借给王兄以资‘投供’所用。”然后又从身上摸出了十多两散碎银子交给王有龄，“这是我平素私下的积蓄之财，送给王兄，权作路费，请王兄收下。今日一别，不知何时再能相见，祝王兄此去平步青云，前途无量。”

王有龄望着手里的银票和散碎银子，忍不住心头一酸，泪流满面、声音颤抖着对胡雪岩说：“光墉兄，我不过是市井一个贱民而已，何故如此待我，令我好生羞愧。日后倘若飞黄腾达，必将涌泉相报。如果不嫌弃，今后咱们就以兄弟相称，你看可好？”

“太好啦，雪轩兄！”胡雪岩马上改口称兄，心中的欢喜自是可见一斑。

但就在王有龄打点行李准备启程的时候，胡雪岩正因私自借钱之事而大受牵连，故二人未能话别，令王有龄好生遗憾。

原来胡雪岩自作主张把钱庄的银子转借给王有龄后，主动向总管店里业务的“大伙”和盘托出，消息一下子传播开来，东家指责他擅作主张，目无尊长，如若每个伙计都这样做，岂不是要把钱庄搞垮？这时，那些平时就特别嫉妒胡雪岩机敏过人、办事能力强的人，便借此机会向老板进谗言，说胡雪岩肯定是赌博输了钱，无以为计，便找借口挪用这笔款子以还赌债，一时间谣言四起。

因为当时一个人一年的生活用度也就是十来两银子，五百两银子实在不是一笔小数目，胡雪岩最终被东家扫地出门，而且再无人敢用他，他的生计一下子陷于困境。

而后来事情的发展，也正如胡雪岩之前所料。王有龄在北上进京“投供”的途中，遇上了自己多年未曾往来的“总角之交”何桂清。何桂清少年得志，仕途通达，已经官至江苏学政。靠着何桂清的关系，王有龄在京城吏部顺利地“加了捐”，返回浙江后，还是仰仗何桂清在江南一带的影响，凭何桂清写给浙江巡抚黄宗汉的亲笔信，而被提名担任“海运局”的坐办。这是一个专门负责管理江南粮米北运进京的肥缺儿，王有龄很快就“发”了起来。

喝水不忘掘井人，王有龄也算是个有良心的人，每当他闲游品茗时，就会想到胡雪岩，想到了是胡雪岩使他从杭州城一名落魄公子发迹到今天的地步，没有胡雪岩哪有自己的今天？他决意要好好报答自己的大恩人。而且王有龄还听说，胡雪岩当初为了帮他，将钱庄的差事丢了，生活没有着落，心里更觉有愧。几经周折，王有龄终于在杭州城里找到了胡雪岩。

从此之后，胡雪岩依靠王有龄这棵大树，自立门户，并且开始在官与商之间如鱼得水，游刃有余，走上了官商的通途。

如果没有胡雪岩的拼力相助，王有龄将会永无出头之日，而没有王有龄的支持，胡雪岩也不可能在商场迅速崛起。而且，胡雪岩在帮助王有龄的时候，他们之间应该说还是素不相识，胡雪岩也并不能确切地知道王有龄是否一定就有日后的发达。考察他当时的处境，这一举动无异于一场令人惊诧的人生豪赌。然而，正是因为有了最初这一“知其不可赌而赌之”，才有了后来世人瞩目的“红顶商人”。

当然，如何经营自己的靠山，是有许多学问的。例如，怎样去对待那些急需要帮助、暂时有困难的人，学问就很大。你可以置之不理，不管他死活，你也可以热情相助，以图回报。前者目光短浅，后者目光远大。假如一个处于穷困潦倒的人受到你的帮助，他在成功的时候，最容易记住和报答的就是你。胡雪岩把这种经营靠山的方法，称为“烧冷灶”。

应该说，胡雪岩“借人之力”很冒风险，因为胡雪岩事实上是挪用了东家的钱来帮助王有龄的。所以王有龄担心自己一旦用钱不当，会连累胡雪岩。而胡雪岩的回答则十分坚定：“子毋然，吾自有说。吾无家只一命，即索去无益于彼，而坐失五百金无着，彼必不为。请放心持去，得意速还，毋相忘也。”既然能做出这种打算，就可以看出胡雪岩主意已定，这个忙是非帮不可了。胡雪岩此举为他日后的成功奠定了坚实的基础。

2. 练就空手道，借钱做生意一本万利

一谈到借钱，有的人就害怕。怕什么？怕付利息，怕亏不起、还不起。那么，有这样心态的人，是永远也成不了大气候的。一个人要创业、要做大事，就要敢借钱。

美国著名的小商品经营大王格林尼说过这样一句话：“真正的商人敢于拿妻子的结婚项链去抵押。”不正是提醒人们要在经商的过程中勇于贷款吗？但是，该如何借钱呢？这就要向胡雪岩学习，练就空手道了。

所谓空手道，用通俗的说法就是：白手创业、零资本创业、以小搏大。

胡雪岩一开始就要办自己的钱庄，但至少需要五万两银子。而此时的胡雪岩真正是身无分文。当初他做信和钱庄专管外出收账的“跑街”时，擅自做主，用自己收回来的一笔五百两银子的“死账”资助王有龄进京捐官，把自己的饭碗都给砸了。同行同业虽然知道他聪明勤快，的确是一把钱庄好手，但擅自挪用钱庄的款子，在规矩极严的钱庄业是最为忌讳的，如此恶名一出，也就等于被开除此一行当，因而各家钱庄也都不敢雇用他，最后落得只能靠给人打零工糊口的地步。到他要自己开钱庄的时候，虽然王有龄已回浙江任海运局坐办，但除了让胡雪岩有了一点极其微弱的官场势力之外，银钱方面不仅没有办法帮他多少，事实上此时胡雪岩还要设法为王有龄筹措海运局漕米解运等公事运作所需的经费。

胡雪岩仍然要把自己的钱庄开起来。在他看来，眼前只要弄几千银

子，先把场面撑起来，钱庄的本钱，不成问题。

胡雪岩之所以信心十足，是因为他此时心中已有了自己的“成算”，这“成算”也就是所谓的“空手道”。就是拿了别人的银子，来做自己的生意。此时的胡雪岩想到了两种方法。

第一种方法是借用信和钱庄垫支给浙江海运局支付漕米的二十万两银子。王有龄一上任，就遇到了解运漕米的麻烦，要顺利完成这一桩公事，需要二十万两银子。胡雪岩与王有龄商议，建议让信和先垫支这二十万两银子，由自己去和信和相商。

向海运局贷款，这在信和自然是求之不得的。一来王有龄回到杭州，为胡雪岩重建了名声，信和“大伙”张胖子正巴结着胡雪岩；二来信和也正希望与海运局接上关系，这一方面是因为浙江海运局主管浙江漕米转运，是粮账公款使用的大户。清初沿袭明代旧例，南粮北运仍以京杭大运河河运为主，称为“漕运”。全漕之时，沿大运河北上的运粮船总数达四千六百余艘。到乾隆年间，运河淤积日益严重，加之漕弊也日趋严重，需要北运京城的粮食，每年都无法按期保质地完成，于是朝廷开始着手改漕运为海运。江浙漕粮改为海运，也就是将苏、松、太地区征收的漕粮交由海运局运往上海，然后由海道运往天津。由此，海运局也就接替了原来由各省粮道料理的漕运事宜。浙江每年要向京城供漕粮和专门用于二品以上官员俸禄和宫廷使用的白粳、白糯近百万石，全由海运局承运。对于信和钱庄来说，能为海运局代理公款往来，自然必有大赚。另一方面也是更重要的，海运局是官方机构，能够代理海运局公款汇划，在上海的同行中必然会被刮目相看。声誉信用就是票号钱庄的资本，某一笔生意能不能赚钱倒在其次了。有这两条，向信和商议借款，自然是一谈就成。于是胡雪岩就用这借来的二十万两白银开起了自己的钱庄。

胡雪岩“空手道”的第二种方法，则是一个更加长远的方法，那就是借助王有龄在浙江官场逐渐加强的势力，代理公库。胡雪岩料定王有龄不会长期待在浙江海运局坐办的位置上，一定会外放州县。各级政府机构之间自然有钱税征收、灾害赈济等各种名目的公款往来，比如各州县每年征收的钱粮，都必须在一定期限内解往省城即“藩库”。公款往来自然要有代理，只要胡雪岩先一步将钱庄办起来，到时候他就可以顺理成章地代理王有龄所任州县的公库。按照惯例，道库、县库公款往来不必计付利息，而款入钱庄，只要不误解送期限，自然也就可由钱庄自由支配。州县公款往来自然不会是小数，大笔的款项，汇划到账的时限之内周转那么一两次，就可以赚来大笔的利润。这等于白借公家的银子开自己的钱庄。他把自己的钱庄先开起来，虽然大体只是一个空架子，但一旦王有龄外放州县，州县公库一定由自己的钱庄来代理，那时解省公款源源而来，空的也就变成了实的。

就这样，胡雪岩先借王有龄的关系，从海运局公款中挪借了五千两银了，在与王有龄商量开钱庄事宜的第二天，就着手延揽人才，租买铺面，把自己的钱庄轰轰烈烈地开起来了。

传统观念认为，做生意要稳中求胜，如果办得到，就一定不要欠外人的钱。但是，胡雪岩的成功经验告诉我们，不要认为借债都是坏事。高明的商人总是能在没钱的情况下用别人的钱为自己做生意造富。但是，成功的经营者们也常这样说：“借债就是一把‘双刃剑’，你若小心运用会使你致富，你若不小心，会适得其反。”因此，也要谨慎对待，切不可把“投资性借贷”变成了“消费性借贷”。

3. 借别人的“鸡”，生自己的“蛋”

借钱赚钱是无本经营者普遍使用的一种方法，因为两手空空，举步维艰，所以只有靠借才能有出路。身无分文，寸步难行。胡雪岩，在其创业之初也是一无所有，但靠自己的才智，他筹集了一笔笔资金，为自己打开商路奠定了基础。

胡雪岩创业之初所用来做资本的资金，其实大多数是借来的，而不是他自己的。

第一笔生丝生意交割之后，胡雪岩立即着手要开药店、典当行，这时他其实仍然没有足够的资金。第一笔生丝生意做下来，表面上赚了十八万，但算下账来，该付的付出去之后，不仅分文不剩，其实还拉下了万把银子的亏空。在没有资金的情况下，他却又要上两个大“项目”，不能不让人惊讶，就连十分佩服他的尤五、古应春也提出疑问，认为他现有的钱庄、生丝就是两桩最占本钱的生意，哪里还有余力去开药店、典当行?

实际上，胡雪岩将生意计划得很清楚：阜康的进一步发展，有已经结成牢固的生意伙伴关系的庞二支持；做生丝生意，仍然由大家集股；药店可以打官府的主意；而典当业，他则看中了苏州潘叔雅那班富家公子。

胡雪岩看中苏州那班富家公子，也是抓住了一次借助别人的资金，开办自己事业的机会。胡雪岩销“洋庄”，为求当时派任苏州学台的何桂清的帮助去了一趟苏州，在苏州又结识了富家公子潘叔雅、吴季重、陆芝香等人。当时正是太平军大举进攻苏、浙之时，苏州地面极不平静，一方面官军打仗，保民不足却骚扰有余，另一方面太平军也步步逼近。因此，这帮富家公子都有心避难到上海。这些富家公子在苏州的房屋、田产自然是不能带到上海去的，但他们却有大量的现银。他们知道胡雪岩是钱庄老板，因而想借胡雪岩的钱庄，把这些现银带到上海。

这笔现银一共有二十多万两。

胡雪岩当场就为这些阔少将这二十多万两现银如何使用做了筹划，他建议将这些现银存入钱庄，一半做长期存款，以求生息，另一半做活期存款，用来经商。存款的钱庄以及生意的筹划，都由胡雪岩一手承办，总的原则是动息不动本，以达到细水长流的目的。

胡雪岩之所以要为这帮富家公子如此筹划，是因为他“发觉自己又遇到一个绝好的机会”。其实当初，胡雪岩并不打算接受他们的存款。他知道这些人过惯了靠着祖上留下的田产衣来伸手、饭来张口的生活。爱挥霍而不擅长理财，如果任由他们坐吃山空，要不了多久，他们就只能靠借贷生活了。胡雪岩根据经验判断，这帮全不知稼穑艰难的阔少，既不切实际又不辨好歹，和他们打交道，常常会吃力不讨好，实在是犯不着。

但是，转念一想，这些阔少急功近利，如果能够听自己的建议放远了看，对自己的生意实在也是一大帮助，有了这二十多万两可以长期动用的资金，自己什么事情不可以干！

于是，就有了胡雪岩为这帮富家公子所做的精心筹划；于是，也有了胡雪岩要利用这帮富家公子交给自己“用”出去的二十多万两开办典当的计划。按当时的情况，有五万两做本，就可以开出一家不大不小的当铺，有这二十多万两，能开几家当铺？胡雪岩的典当业，也就这样红红火火开办起来了。

西方商界有句名言：只有傻瓜才拿自己的钱去发财。

美国亿万富翁马克·哈罗德森说：“别人的钱是我成功的钥匙。把别人的钱和别人的努力结合起来，再加上你自己的梦想和一套奇特而行之有效的方法，然后，你再走上舞台，尽情地指挥你那奇妙的经济管弦乐队。其结果是，富人会认为不过是雕虫小技，或者说不过是借别人的鸡下了个蛋；然则，世人却认为你出奇制胜，大获成功。因为，人们根本没有想到，竟能用别人的钱为自己做买卖赚钱。”

事实上，大多数初出茅庐的创业者并没有多少钱，如果要拿几万，几十万去搞一点事业，并不是一件简单的事情。做任何生意、办任何实业都以最基本的本钱为起点，所以，对于现在大多数仍处于白手起家的朋友来说，头一件要紧事就是善于通过借贷来筹集创业所需的基本资金。

4. 好风凭借力，借“人”能登天

成功人生是每个人都梦寐以求的，然而却不是每个人都能轻易得到的。这是因为个人的力量相对于社会整体而言实在太弱小了，以至于单凭一己之力几乎无法实现。因此，是否善于借力就显得尤为重要。

在织满各种关系网的现实社会中，要想成功办事，就必须学会借用他人的力量，并把这种外力融入自己的人生奋斗中，这才会使自己的能力成倍增长，使自己要办的事轻而易举完成，使自己期望的梦想成为现实。

所谓“好风凭借力，送我上青云”。无论你是平民还是名人，只有善于借助他人力量的人，才是人生的大赢家。

胡雪岩在开办钱庄之初就想到让钱庄代为打理府库银两。但这只是一个想法，要真正地做到钱庄代理官银，还要过一关，那就是要打通钱谷师爷的关节。旧时的州县衙门，都聘请了钱谷师爷和刑名师爷。师爷名义上虽只是州县的幕僚，但由于他们精通朝廷的许多律例规制，所管的事务专业化较强，通常一州一县的司法、财政事务完全为师爷们牢牢地掌握着。而且这些人都师承有序，见多识广，就算是州县官们也要让他们三分。师爷向来独立办事，不受东家干涉，性格温和的还与州县老爷敷衍一下，有些态度傲慢的甚至可以对州县老爷置之不理。所以，胡雪岩的钱庄要代理湖州府库，也就必须结交拉拢钱谷师爷。

为了笼络好师爷，胡雪岩也算是下了一番功夫。王有龄署理湖州恰恰赶上端午期间，这个时间给胡雪岩提供了一个十分好的机会。他打听好已经到湖州上任的刑名、钱谷两位师爷在杭州的家庭住址，送去节下正需要的钱粮作为礼物。当然胡雪岩是以王有龄的名义送的。这两位师爷收下礼物自然要感激王有龄的好意，但等到他们上门去拜谢王有龄时，王有龄却说这原是胡雪岩的一片敬意。这样一来，师爷不仅领了胡雪岩的情分，自然也就明白了大老爷话中的用意。好事做了一件，交情却落了两处。于是，当胡雪岩找到湖州钱谷师爷杨用之，他提出要以阜康钱庄代理湖州府库和乌程县库的官银时，杨用之不仅十分痛快地满口答应："东翁关照过了，湖州府跟乌程县库都托阜康代理，一句话！"甚至连承揽代理公库的"禀帖"都为胡雪岩办好了，"我都替老兄预备好了，填上名字，敲一个保，做个样子，就行了。"

另外，为了胡雪岩以后生意中办事"方便"，杨用之还给胡雪岩引见了另一个关键人物，湖州征纳钱粮绝对需要的，因此也绝对不能得罪的"户书"郁四。

书办的官称为"书吏"，当时大小衙门基层的公务，只有书办才熟悉，熟悉公务就是他们的"本钱"。其中许多细节运作技巧，以及关键、诀窍，为不传之秘，所以书办在当时虽无"世袭"的明文，却慢慢地成了父子相传的职业。

清政府的府、县衙门都有"三班六房"，六房皆有书办，当时以"刑房"的书办最神气，"户房"的书办最阔绰。户房书办简称"户书"，他之所以手面上比较阔绰，完全是因为当时政府征收钱粮地丁，户部只问总数，不问细节。地方政府谁有多少田、多少地，坐落何方等细则如何，只有"户书"才一清二楚。他们凭借的就是代代相传的一本被称为"鱼鳞册"的秘册。没有这本册子，即使你有天大的本事，也征不起钱粮。

有了这本册子，不但公事可以办得顺顺当当，户书本人也可以从中大发其财。地方政府多少年来钱粮地丁的征收，就是一盘混账，纳了钱粮的并不一定就能收到"粮串"，不纳粮的却有可能握有纳粮的凭证，反正"上头"只要征额够成数，地方是如何张冠李戴，是不必管也没法管的。

因此，钱谷师爷必得跟户书打交道，手段高明的户书可以完全地控制钱谷师爷，同样地，厉害的钱谷师爷也完全可以把户书治得服服帖帖。但通常情况下，两者总是和睦相处，情如家人。杨用之跟这个名叫郁四的户书关系就十分密切。为了报答胡雪岩的“情”，他热情地把胡雪岩推荐给郁四说：“老四！这位是王大老爷的人，也是我的好朋友，胡老爷。你请胡老爷去吃碗茶，他有点小事托你。”

有了王大老爷和杨师爷的双重面子，办起事情来自然无比顺畅，郁四十分痛快地对胡雪岩说：“你把禀帖给我，余下的事我来做。明天我把回批送到你那里！”

这样痛快，就连胡雪岩都十分出乎意料，拱拱手致谢说：“承情不尽。”然后又说道，“杨师爷原有句话交代，叫我备一份礼物，意思意思。现在我不敢拿出来了，拿出来，倒显得我是半吊子。”

久在江湖厮混的郁四深深点头，马上对胡雪岩热情有加。原来敬重胡雪岩，主要是因为他是王大老爷和杨师爷的上宾，现在通过交往才发觉胡雪岩是做事极漂亮的外场人物，难得“空子”中有这样“落门槛”的朋友，真是难得。此后，郁四也成了胡雪岩销“洋庄”生意中最牢固的合作伙伴和得力帮手。

一个人的能力总是有限的，要想成就大事，在某些时候借助“梯子”还是必要的。

一般来说，无论引荐者的名望大小、地位高低，只要对你成大事有所帮助，他就是你登上高处的好梯子，他的威信和影响力能对你有用处。一般人除对权威和名望有一种崇拜感和信任感之外，对熟识的人同样有一种可靠、信赖的感觉，因而他们常常会从推荐者身上来估量被推荐者的能力和人格。要成大事就要时刻留心身边是否存在这样的“贵人”，一旦发现就需要抓住时机想方设法去接近他。

在复杂的社会关系之中，在各种社会关系构成的屏障面前，互相利用是人性的弱点，但它也是人类共同需要的心理倾向，而这正是“借梯登天”之计的实质所在。一个人若不懂得或不善于利用他人力量，光靠单枪匹马闯天下，在现代社会里是很难大有作为的。

5. 攀龙附凤，借名“贵人”之光照亮“钱”程

攀龙附凤之心人皆有之，谁不希望有一个声名显赫的朋友。但是小人物和贵人之间毕竟有着地位的差距，能否攀上高枝成凤凰还需要动一番脑筋，下一番功夫。

有人说，官场上是讲究人脉、关系现象最盛的，各路人马结党结派并不少见。谁是受谁提拔的，谁和谁相互帮忙，谁跟谁彼此利益互惠……若论起每个人的背景来头，几乎都有不同“能量”的靠山撑腰。少了这层保护罩，任你本事再大，也很难在复杂的政治圈里出人头地。

胡雪岩初入官场，立刻认定走官商之路是他的唯一选择。当时晚清时期的商业尚处于初级阶段，再加上清朝官场的腐败，商人如果不寻找官场靠山的话，根本不可能有大的作为。于是他挖空心思，先是结交了王有龄，后又结识了左宗棠、文煜、宝鋆等权贵。在为自己寻找到可靠的靠山的同时，辗转腾挪，大发其财，成为晚清赫赫有名的“红顶商人”。

其中，投靠左宗棠借助左的势力照亮“钱”程是胡雪岩的又一大手笔。

当初，胡雪岩依靠王有龄的势力生意越做越大，一片坦途。然而天有不测风云，同治元年（1862），太平军围攻杭州，王有龄被围两月弹尽粮绝。胡雪岩受托冲出城外买粮，然而却无法运进城内。王有龄眼见回天乏术，上吊自杀。

胡雪岩闻此噩讯，当即眩晕过去。醒来后，号啕大哭。他的哭中，既有友情，也有私利。胡、王两人相交二十余年，无论是王有龄在官场上，

还是胡雪岩在商场上，几乎所有的大事都是两人共同谋划，互相帮衬。如今一人死于非命，一人苟活人世，岂能不悲伤。再说胡雪岩之生意，得力于王有龄，尤其是处在这种乱世，没有一个可以靠得住的官场靠山，凭什么成事呢？如今王有龄已去，大树倒矣，又岂能不悲伤。

王有龄的死，使胡雪岩在生意上一蹶不振，这给他本来就伤痕累累的心灵又增添新的伤痕。难道胡雪岩从此就完了吗？许多人心里都有这样的疑虑。如果胡雪岩是一般的凡夫俗子，或许从此会沉湎于悲伤之中而不能自拔，或许在沉重打击下永远站不起来。然而，胡雪岩毕竟非一般人可比，他能有今日之成就，就在于他虽是至情至性之人却能忍常人之所不能忍，他经历千难万苦建立起来的庞大基业，怎能让它轻易地倒下去呢？

已踏上“官商”之路的胡雪岩，不可一日没有官场靠山，他很快便抛开悲痛，冷静地观察时局，分析生意失利的原因。他发现自王有龄死后，浙江商界有些人欺他无人撑腰，在货源、销售、生产上开始排挤他。胡雪岩心想在这种乱世，生意人仅靠自身的力量，而没有官场势力的保护，要想成事实在太难了。可环顾官场，哪一个人又能在生意上给他帮助，成为可以依靠的靠山呢？

这年秋天，闽浙总督左宗棠带兵从安徽出发，一路稳扎稳打，太平军溃不成军。很快，左宗棠便收复了杭州。正在上海观望的胡雪岩听到这个消息，万分高兴，连夜从上海赶往杭州。

为了寻找新的官场靠山，最初胡雪岩将目光投向了杭州藩司蒋益澧，觉得蒋益澧为人倒还憨厚，如果结交得深了，便是第二个王有龄，将来定会言听计从，亲如手足，那就比伺候因脾气大出了名的左宗棠，痛快得多了。可通过交谈胡雪岩发现，蒋益澧谨慎有余，远见不足，不是一个可以成大事的人。再说胡雪岩从蒋益澧手下何师爷嘴里了解到：左宗棠对蒋益澧，不可能像何桂清对王有龄那样，提携唯恐不力。一省的巡抚毕竟是个非同小可的职位，除非蒋益澧本身够格，而左宗棠又肯格外力保，看来浙江巡抚的大印，不会落在蒋益澧手里。既然如此，唯有死心塌地，专走左宗棠这条路子了。那么该如何降服左宗棠这头“湖南骡子”呢？

胡雪岩能够取得左宗棠的信任，其实只做了两件事。

第一件事，就是献米。

胡雪岩离开杭州后，心里就在筹划着如何帮助左宗棠解决粮食问题，以解燃眉之急。他迅速到上海筹集了一万石大米运回杭州。

几天之后，正在为粮食问题犯愁的左宗棠，突然接报，说江中有数艘英国粮船。左宗棠听后大为动心，无奈洋人势大，又不敢强征，想拿钱去买，军饷尚未筹足，哪有买粮钱？

突然有人报，说胡雪岩求见。左宗棠一听，很是迷惑，胡雪岩刚走了没几天会有什么事呢？连声道，请他进来。

胡雪岩走进来，见过礼后，对左宗棠说道：“大人，雪岩近日筹集粮米一万石，请大人笑纳。”

“一万石！”左宗棠吃了一惊，这个数目可是不小，胡雪岩哪来的如此神通？不过，这些都是小事，关键是这一万石粮食在什么地方？

胡雪岩告诉说，江中的英国船队，运的正是这批粮食。

左宗棠一声欢呼，马上命令军队上船取粮。这一万石大米真是雪中送炭，不仅救了杭州，而且对左宗棠肃清境内的太平军也助了一臂之力。左宗棠捋着花白的胡须，连日紧皱的双眉终于舒展了。

第二件事，就是主动承担筹饷重任。

粮食的问题得到解决，但军饷还没有着落。军饷像重担似的压在左宗棠的心上。由于连年战争，国库早已空虚。两次鸦片战争的巨额赔偿犹如雪上加霜，使征战的清军军费自筹更为困难。左宗棠见胡雪岩如此机灵，于是请胡雪岩为他想法筹集军费。胡雪岩一听每月筹集二十万的军费，感到非常棘手，但他认为如果能够顺利筹集，左帅对自己会加倍信任。胡雪岩经过一番深思熟虑后便把自己的想法全盘告诉了左宗棠。

原来，太平天国起义十年来，不少太平军将士都积累很多钱财，如今太平军败局已定，他们聚敛的钱财不能带走，应该想法收缴。但由于这些太平军不敢公开活动，唯恐遭到逮捕杀头，常常躲藏起来。胡雪岩认为左帅可以闽浙总督的身份张贴告示：令原太平军将士只要投诚，愿打愿罚各由其便，以后不予追究。

左宗棠心有灵犀一点通。这确实是个好办法，既收集钱财，又能笼络人心，一箭双雕。但如此做法还没有先例。如果处理不周，后果不堪设想。左宗棠将心中的顾虑和盘托出，胡雪岩忙出妙策。他的理由是：太平军失败后，很多人都要治罪。但人数太多诛连过众，又会激起民愤，扰得社会又不安宁。这与战后休养生息的方针背道而驰。最好的处置就是网开一面，给予出路。实行罚款，略施薄刑，这些躲藏的太平军受罚后就能够光明正大做人，当然愿罚，何乐不为。

左宗棠对胡雪岩的远见卓识钦佩不已，当即命胡雪岩着手办理。回去后，胡雪岩立即着手，张贴布告，晓之以义。不多久，逃匿的太平军便纷纷归抚，一时四海闻动，朝廷惊喜。借助这一机会，阜康钱庄也得利不少，胡雪岩更是四品红顶高戴，成了真正的“红顶商人”。

通过这次事，左宗棠既了解了胡氏的为人，也了解到胡氏办事的手段，知道这确实是一个难得的人才，于是倾心结纳，倚为股肱，两人很快成为知己。胡雪岩自然找到了比当初王有龄、何桂清更大的靠山。

回头看胡雪岩结交左宗棠的过程，主要有三个因素：

第一，事先准备。胡雪岩在决意拉拢左宗棠这座大靠山之时，已经通过各种渠道对左氏有了透彻的了解。他知道左宗棠是“湖南骡子”脾气，倔强固执，难以接近。他也知道左氏因功勋卓著，颇为自得，甚喜听人褒扬之辞。他也对左宗棠与曾国藩及其门生李鸿章之间的重重矛盾了解得很透彻，建立在这些了解之上，他才能打一场有准备之仗，使得言辞正中左氏的下怀。

第二，急人之所急。光说不做是不行的，胡雪岩打动左宗棠还体现在他的行动上。他解了左氏的燃眉之急，为他做好了两件事：筹粮与筹饷。这两件事对左宗棠来说都是迫在眉睫的，现在胡雪岩主动地为他去掉了两块心头之病，当然也就换取了他的感谢和信任。

第三，最重要的还是胡雪岩本人的真才实学。胡氏结交官场自有一套，或以财取人，或以色取人，或以情取人，然而这些对左宗棠而言都是不起作用的。左宗棠贵为封疆大吏，区区小惠他根本不放在眼中，若是胡雪岩只是一个有意拉拢的庸人，左氏早就三言两语打发掉他了。而左宗棠之所以器重他并引为知己，还是因为胡雪岩有过人的才学，能助他一臂之力，是一名不可多得的人才。所以，他才愿意在胡雪岩的生意中加以援手，因为他知道，两人是互惠互助的关系。

凭着左宗棠的支持，胡雪岩的生意不仅在战乱之后得以迅速全面地恢复，而且也越做越顺，越做越大。到左宗棠西征新疆前后，他以“红顶商人”的身份，为左宗棠创办轮船制造局，筹办粮饷，代表朝廷借“洋债”，开始了与洋人的金融交易。到这时，胡雪岩才真正如履坦途，事业也终至如日中天，盛极一时了。

有句话说，“七分努力，三分机运”。我们一直相信“爱拼才会赢”。但偏偏有些人是拼了也不见得赢，关键在于缺少贵人相助。

现代社会所认为的“贵人”，并不仅仅是指那些名门望族、皇亲国戚、权重势强的权贵之人，而在内涵上加以扩大发展，通常是指在层级组织中职位比你高且能帮助你晋升的人。有时你得费心地分辨谁具有这种能力。你或许以为，你的晋升几率取决于你顶头上司对你的评语好坏，这观念或许是正确的。但是更高的管理阶层可能觉得你的顶头上司已不可信，因而可能不在乎他的推荐和好恶。所以，不要太肤浅，仔细深入观察，你将会找到能帮助你晋升的贵人。

有了贵人相助，的确对个人的事业有助益。有一份调查表明，凡是做到中、高级以上的主管，有90%的都受过栽培，至于做到总经理的，有80%遇过贵人，自己创业当老板的，竟然100%都曾被不同等级、不同领域、不同身份的贵人提携与扶助。

话虽如此，没有贵人比较难成气候，但若要被贵人“相中”，首要条件还在于找到贵人门上想要办事的人究竟有没有两把刷子。俗话说，“师父领进门，修行在个人”。如果你一无所长，却侥幸得到一个不错的位置，保证后面一堆人等着想看你的笑话。毕竟，千里马的表现好坏与否，代表伯乐的识人之力。找到一个扶不起的阿斗，对贵人的荐人能力，也是一大讽刺。

6. 借势而起，乘风破浪得发展

在胡雪岩的商业经营活动中，他十分注重借势经营，“与时逐”。在他的商业活动中，十有八九是围绕取势用势而展开的，他也从不放弃任何一个借势用势的机会，从而不断地拓展自己的地盘，扩张自己的势力。

借势是多方面的，有多种途径。有借助声望，借助外交，借助政治，借助关系，借助社会舆论，借助时事潮流等，不一而足。在政治斗争和军事冲突中，最常见的是借助“第三者”的力量，即政治上或军事上的结盟；在商界中，最普遍的“借力”，要数借重名商巨贾，沽名而钓“利”；在社会生活中，那些手握大权的政界要人和掌握雄厚经济实力的强人，有着特殊的社会地位和深广的影响力，借助他们的声望和影响，可大大增加竞争取胜的砝码。

对此，胡雪岩有自己的一套商业理念，即“势利，势利，利与势是分不开的，有势就有利。所以现在先不要求利，要取势”。

胡雪岩所抱取的“势”主要有四股，他说：“官场的势力，商场的势力，江湖的势力，我都要，这三者要到了，还不够，还要有洋场的势力。”

首先，胡雪岩借取的是“官势”。

在之前，胡雪岩丢掉职业换银票资助王有龄，送美妾阿巧给何桂清，在西征时协助左宗棠等，使得胡雪岩在官场有了“官势”。胡雪岩长袖善舞，层层投靠，左右逢源，把人们看得目瞪口呆。

事实上，在官场上的屡屡得意，只是胡雪岩借势成器的一部分。光有官势，并不能使胡雪岩的商业活动达到完善的境地。

其次，胡雪岩借抱的是“商场势力”。

胡雪岩借抱商场势力的典型一例，是在上海通过陈正心广发请帖，召集上海各丝行老板一事。当时，为了抵制洋商在丝织业谋取暴利，众商行老板都一致决定：只要大家一条心，联合起来，把生丝压一段时间，洋人没米下锅，那么生丝的价肯定会上去。

与洋人抗衡，从而以垄断的绝对优势取得在商业上的主动地位。在这之中，更加体现了胡雪岩在商业谋略上的与众不同。

再次，胡雪岩借助的是“江湖势力”。

江湖势力在晚清虽然渐趋衰落，但还是以各种形势重新组搭，发挥自己的作用。所以，在胡雪岩生活的时代，江湖势力仍是影响社会生活的一支重要力量。

胡雪岩借取江湖势力是从结交尤五开始的。

王有龄初到海运局，便遇到了漕粮北运的任务。漕运涉及地方官的声望，所以督抚黄宗汉催逼甚紧，前一年为此还逼死了藩司椿寿。

按照胡雪岩的主意，这个任务说紧也很紧，说不紧也不紧。办法是有的，只需换一换脑筋，不要死盯着漕船催他们运粮，这样做出力不讨好，改换一下办法，采取“民折官办”，带钱直接去上海买粮交差，反正催的是粮，只要目的达到就可以了。

于是，胡雪岩通过关系，找到了松江漕帮管事的曹运袁，漕帮势力虽然大不如前了，但是地方运输安全诸方面，还非得漕帮帮忙不可。这是一股闲置的、有待利用的势力。运用得好，自己生意做得顺遂，处处受人抬举；忽视了这股势力，一不小心就会受阻。

而且各省漕帮互相通气，有了漕帮的关系，对王有龄海运局完成各项差使也不无裨益。一旦有个风吹草动，王有龄也不至于受捉弄，损害名声。

所以胡雪岩和尤五打交道，不但处处留心照顾到松江漕帮的利益，而且尽己所能放交情给尤五。加上胡雪岩一向做事一板一眼，说话分寸特别留意，给尤五的印象是，此人“落门槛”，值得信任。

有了这个印象，“民折官办”购粮一事办得很顺利，尤五把胡雪岩尊为门外兄长，凡事请教。

后来表明，尤五这股江湖势力给胡雪岩提供了很大的方便。胡雪岩在王有龄在任时做了多批军火生意。在负责上海采运局时，又为左宗棠源源不断地输送新式枪支弹药。如果没有尤五提供的各种方便和保护，则根本无法做成。

胡雪岩很注意培植漕帮势力。和他们共同做生意，给他们提供固定的运送官粮物资的机会，组织船队等，只要有利益，就不会忘掉漕帮。胡雪岩有一个固定不变的宗旨就是：“花花轿儿人抬人。”我尊崇你，你自然也抬举我。

最后，胡雪岩借取的是“洋场势力”。

我们都知道，胡雪岩所处的时代正是洋人用坚船利炮轰开中国大门的时候。洋人也是一股不可小觑的势力，就连当时的西太后也要畏之三分。鉴于此，胡雪岩就开始打洋人的主意。于是，当他遇见了洋买办古应春，二人便一见如故，相约要用好洋场势力，做出一番市面来。

但胡雪岩在洋场势力的确定，还是他主管了左宗棠为西北平叛而特设的上海采运局。

上海采运局可管的事体甚多。牵涉和洋人打交道的，第一是筹借洋款，前后合计在一千六百万两以上，第二是购买轮船机器，用于由左宗棠一手建成的福州船政局，第三是购买各色最新的西式枪支弹药和炮械。

由于左宗棠平叛心坚，对胡雪岩的作用看得很重，凡洋务方面无不要胡雪岩出面接洽。这样一来，逐渐形成了胡雪岩的买办垄断地位。

洋人看到胡雪岩是大清疆臣左宗棠面前的红人，生意一做就是二十几年，所以也就格外巴结。这也促成了胡雪岩在洋场势力的形成。

势力一旦形成，别人就不易进入。就像自然保护区一样，在保护区内外人不得涉足。

想涉入也是不大可能，因为洋人认准了胡雪岩，不大相信不相干的来头。

所以江南制造总局曾有一位买办，满心欢喜中接了胡雪岩手中的一笔军火生意，却被洋人告之，枪支的底价早已开给了胡雪岩，不管谁来做都需要给胡雪岩留折扣。

综合胡雪岩经商生涯看，其突出特点就在他的"借势取势"理论。官场势力、商场势力、江湖势力和洋场势力他都要，他知道势和利是不分家的。有势就有利，因为势之所至，人们才马首是瞻，这就没有不获利的道理。另外，社会上各种资源散溢着，就像水白白流走一样，假若不敢蓄积，也就无法形成一种力量、一种走向，也就无法获利。由于有了这种凡事超出别人一截的眼光，胡雪岩才能步步得势，进而因势取利，水到渠成。

7. 把自己的智慧变成钱

以智慧谋钱，也是成功借力的一种方式。胡雪岩是一个"用智慧生钱"的高手。他在自己事业的初创阶段，其实是身无分文，就是因为他知道如何"把智慧变成钱"，他的事业，也就一项接着一项地"变"出来了，他才成为红极一时的"红顶商人"。

纵观那些成大事者，他们或许没有学者之类的智慧，但他们却能驾驭金钱，有聚敛金钱的智慧，有通过金钱去役使学者的智慧。这才是真正的智慧，有了这种智慧，没钱可以变有钱，没有“智慧”可以变有“智慧”。这时，难道我们能说这种智慧不是财富吗？

中国传统商人有以“一文钱创天下”的志向和能力，但也知道，完全靠自己一文钱一文钱地积累，这个发家过程无疑会十分漫长。因此，跳过最初资金积累阶段，直接由借贷——负债经营入手，便成为传统商人的经营捷径。

胡雪岩要开办药店，在和刘不才商量药店事宜的时候，他一开口就是“初步我想凑十万银子的本钱”。这个“牛皮”可是吹得有点大了，因为当时他根本就不知道这十万银子在什么地方。虽然郁四说过愿意入股，但他已经帮了自己很多忙，再让他拿钱出来，他也就只好卖田、卖地了。

不过，这也没有难倒胡雪岩，他脑子一转，便找到了为药店筹集资本的两个主意：

第一步，他可以向杭州城里那些为官不廉、中饱私囊已经被“喂”得脑满肠肥的官儿们来筹集资金。于是他准备回到杭州，先攻下杭州抚台黄宗汉。在这兵荒马乱之际，开药店本来就是极稳妥的生意，又有济世救人的好名目，说不定黄宗汉肯从他极饱的宦囊中拿出一笔钱来投作股本。如果攻下黄宗汉，另外再找有钱的官儿们来凑数，也就容易多了。

第一步如果成功，第二步也就好办了。胡雪岩接下来要让官府出钱来为自己开药店。

刘不才有专治军队行军打仗容易发生的时疫的“诸葛行军散”，祖传秘方，配料与众不同，其效如神。胡雪岩准备与专管军队后勤保障的“粮台”打交道。粮台虽不上前线打仗，但事实上却什么事都管，最麻烦的就是一仗下来料理伤亡，所以粮台用药极多。先采取只收成本的方式给军营送“诸葛行军散”，或者有捐饷的，也可以让他们以“诸葛行军散”代捐，指明数量多少，折合银子多少。只要军营的兵将们相信这药好，就可以和粮台打交道，争取承接为粮台供药的业务。药店可以把药卖给他们，药效要实在，价钱比市面便宜，还可以欠账，让粮台本人公事上好交代。

而既然可以欠账，也就可以预支。除“诸葛行军散”之外，药店可以弄到几张能够一服见效与众不同的好方子，如刀伤药、辟瘟丹之类，真材实料修合起来，然后禀告各路粮台，让他们来定购，领下定购药品的款子，正好可以用来发展药店生意，这一步一走通，药店不就可以滚雪球般的发展起来了吗？还用愁什么药店的本钱！

商务经营，开办实业，都需要本钱。没有资金，必将寸步难行，天大的本事，再好的机会，都将是一句空话。立志在商场争雄的人，不能不会为自己筹措资金。当然，为自己筹措资金的方式可以是多种多样的，最稳妥的方式，大约也就是有多少资金，做多大的计划，凭着自己的惨淡经营，从少到多地慢慢积累。不过，即便愿意自己慢慢积累资金而不同意胡雪岩所采用的方式的人，大约也不得不佩服胡雪岩招数的高明。像这样凭借他人资金，开创自己的事业的筹措资金的方式，确实是棋高一着！

金钱与智慧孰轻孰重？其实，两者之间也没什么矛盾：活的钱是不断生利的钱，比死的智慧即不能生钱的智慧重要；但活的智慧比死的钱更为重要。从胡雪岩实际经营活动角度来解释，我们都能有一个胡雪岩的谋钱术答案：

智慧只有融入金钱之中，才是活智慧，钱只有融入智慧之后，才是活钱；活的智慧和活的钱千丝万缕，因为它们本来就是鱼水不分，它们同样都是结合体。

8. 因势功成，腾飞添翼

心理学家阿德娄宣称：“人类最奇特的特征之一，是那种可以把减号变成加号的能力。”借势就是“把减号变成加号”。可以这样说，借势对于成大事的作用，犹如羽翼之于飞鸟。

社会是人群的集合，无数个体的竞争之力汇合起来，构成巨大的社会力量。一个人要想做出一番非凡的事业，为社会做出贡献，就不能仅仅局限于自身的努力，必须寻找一切成功的契机，寻求一切可以利用的力量，借为己用。

借势而起，借力而发，对胡雪岩来说轻车熟路。不少人，希图以一己之力摇旗呐喊，造成对自己有利的态势，殊不知这样做往往得不偿失，真正高明的人必然是顺流而行，借势而行。许多人看起来难办的大事，居然顺顺利利地办成了，就是懂得借势的缘故。胡雪岩为帮助左宗棠筹办船厂和筹措军饷向洋行借款成功，就是借势而行的结果。

胡雪岩是中国历史上以商人身份代表政府向外国引进资本的第一个人。而在他之前，清朝政府还没有向洋人借款的先例，当时的官府明确规定不能由任何人代理政府向洋人贷款。曾是军机首领深受朝廷器重的恭亲王就拟向洋人借银一千万两用于为海军购置军舰，朝廷的批复却是："其请借银一千万两之说，中国亦断无此办法。"朝廷重臣恭亲王的碰壁，甚至让一向果敢又决断的左宗棠对向外商借款能否获朝廷批准也常常心存犹豫。

胡雪岩却不像左宗棠那样看待向洋人借款一事，他认为此一时，彼一时，同样是向洋人借款，那时要办断不会获准，而此时要办却极可能获准。因为形势已经变化了，这是时势使然。一则那时向洋人借债买船，受到洋人多方刁难，朝廷官员中的大多数人不以为然，恭亲王独木难支，亦开始打退堂鼓，自然绝不会再去借洋债。而此时洋人已经看出朝廷镇压太平天国，收复东南财富之区的信心和决心，自愿借款以助朝廷军务，朝廷自然不大可能断然拒绝。二则当时发展军务并不是朝廷的头等大事，向洋人借款买船仍然可以暂缓。此时朝廷认为发展军务重于一切，而重中之重又是镇压太平天国。为军务所急提出向洋人借款的要求，朝廷也一定会言听计从，批准借款申请。三则此时领衔上奏的左宗棠本人手握重兵，权倾朝野，且因平定太平天国有功而深得内廷信任，由他向朝廷提出借款之事，其分量自然不一般，朝廷也自然应当颇为重视。抓住机会，借助这三个条件形成的大势，向洋人借款不办则罢，一办准成。

事实也确实如胡雪岩分析的那样，朝廷批准了向洋人借款事宜。

“与其待时，不如借势”，这里所说的势，是指那些对于促使事件的成功起着关键性作用的各种外部条件同时具备，即恰逢其时、恰在其地，几好合一，对于事件的成功能够起积极作用的机会集合而成的某种大趋势。具体来说，这种“势”也就是事物发展到一定程度时，由时、事、人等因素交互作用形成的一种可以助成“毕其功于一役”的合力。这里的“时”即能够促使事情成功的有利时机。所谓“彼一时，此一时”，同样一件事，时间不同了，条件也会发生相应的改变，彼时去办，也许无论花多大的力气都无法办成，而此时去办，可能“得来全不费功夫”。这里的“事”是指具体要实施的事情。在处理事情时，我们应认识到：一定的时机办一定的事情，同样的事情此时想办就能够办成，彼时却也许不可办亦不该办。可办则一办即成，在条件不具备时，则无论怎样努力也无法成功。

乘时和借势是成大事的重要因素。由于时和势常常处于变化之中，时而有利，时而不利，这尤其需要借势成事者审时度势，超前判断，在形势变得即将对己有利时，抢先出手，方能抢占先机，进而借势掌握全局，最终实现成事之效。

9. 借招牌赚大钱

生意场上，求名是为了求利。名气做响了，“金字招牌”擦亮了，生意也就自然会兴隆起来。这就是所谓实至名归。胡雪岩深谙“先赚名气后赚钱”的各种奥妙，因此开创一项事业之初，他总是把如何做名气放在优先考虑的地位。把名气做大，就能把生意做大。

绝大多数人都会为了赚钱而自我毁坏面子，露出贪婪样，此为胡雪岩一大忌。胡雪岩在创办自己的钱庄时就十分注重自己钱庄的招牌名。他自知自己只会“铜钱眼里翻跟头”，对题定招牌这样需要文墨功底的事情力不胜任，因而郑重其事地去请教王有龄。不过，胡雪岩虽然不知道题定招牌的遣词用字，但他知道题定招牌该有的讲究，当王有龄告诉他题定招牌自己也是破题儿头一遭，还不知道怎么题法，有些什么讲究时，他毫不犹豫地就摆出了题定招牌应该注意的几条原则：“第一要响亮，容易上口；第二字眼要与众不同，省得跟别人搅不清楚。至于要跟钱庄有关，要吉利，那当然用不着说了。”

胡雪岩这里讲到的几点要求，正是题定招牌的关键所在。上口，也就是要求题写的招牌要简洁明了、通俗易懂且读起来要响亮畅达，朗朗上口。挂出招牌之目的就是要让人记住，因此，这一点也就显得特别重要。如果一方招牌用字生僻，读起来佶屈聱牙，招牌的作用也就失去好多了。

与众不同。就是使自己的商号在招牌上就显出一种特别，而能在众多同行、同业中引人注目。用现代商务运作的观点来看，一个与众不同的招牌，实际上意味着一种独立的品味和风格。因此，这一点也显得非常重要。

跟钱庄有关。招牌用字要符合自己商号的行业、行当的特点，要能让人一看招牌就知道你的商号是干什么的。

吉利。这大约是中国人题定招牌时特别讲究的一点，不过这也符合商场上人们的一种普遍的心理。商场上，无论买方卖方，都是希望能够大吉大利的，谁也不会喜欢自找晦气。

就是根据这几点要求，王有龄为胡雪岩选择了“阜康”两个字。这两个字取“世平道治，民物阜康”之意，可以说是完全符合了胡雪岩的要求，因此，胡雪岩将这两个字念了两遍之后，立即欣然同意：“好极！……就是它。”

题定招牌，用现代商事术语说，也就是为自己的公司或商务机构做商业性命名。中国传统的说法是定字号，而用大白话说，也就是为自己的生意取一个名字，实际上也就像为新生儿取名一样。

不能小看了这一取名。做生意首先就必须求名，要有名目（也就是字号）别人才知道，要有名气别人才信服，而取一个好的名字往往一叫就响，成为金字招牌的基础。因此，一些有眼光的商人都注重如何为自己的商号题名。从这一角度来看，胡雪岩对于自己钱庄招牌的重视以及他对题定招牌的要求，也显示了他精明的生意眼光。

其次，靠诚实无欺来建立起自己的信誉，建立起自己的“金字招牌”。诚实不欺是所有生意行当的立足之本，也是在竞争中取胜的一个重要砝码。有才无德，仅靠要花样来求名取利，到头来只能是搬起石头砸自己的脚，聪明反被聪明误。

胡雪岩处于商业意识还不很发达的晚清时期，就具有如此强烈的品牌意识，这是何等的远见！

10. 女人也是好帮手——善借女人成大事

幽默大师林语堂断言：中国一向就是女权深厚，女人总是在暗地里对男人施加影响，左右着男人的心理和处世态度，无形中便决定了事态的发展。胡雪岩就深谙此道，专门利用女人做文章，结果事半功倍。

在胡雪岩一生遇到的女人当中，具有“帮夫命”、能在事业上助他一臂之力的不乏其人，但阳琪却是最令他记忆深刻的。

阳琪在未认识胡雪岩前，是“奇绣行”的老板。一天阳琪正在缎面上绣一朵硕大的牡丹，突然走进来一个青年，他注视着她，欣赏着她娇嫩的细手在绣架上龙飞凤舞。阳琪被看得耳根发热，凝眸一视，青年急忙避开目光，问道："你有多少绣件，我全要。"阳琪一惊，大买主上门了，她答道："除了货柜上的陈品，另外可以定制。"于是第一批货全部脱手，阳琪赚了十两银子。当阳琪把绣制品按青年的嘱咐送到枫桥路阜康钱庄时，才知道那个青年人叫胡雪岩，是钱庄老板，另外，经营丝绸及苏绣、顾绣、蜀绣的买卖。她不由多看了一眼，心中佩服不已。

如此几次阳琪和胡雪岩便熟识起来。彼此谈得来，说话也投机，两人心中都有一种莫名的感觉。胡雪岩常常借游六和塔来阳琪店中闲聊，阳琪也很希望他能到店中来玩耍。他们的频频交往被阳琪的母亲看在眼里。一天母亲把阳琪叫到房中，她说道："闺女，男大当婚，女大当嫁，你已十七芳龄，该出嫁了。我看胡先生一表人才，又精明能干，他佩服你心灵手巧，对你非常爱慕，不知你对他如何呢？"母亲的问话羞得阳琪脸颊绯红，低头不语，母亲又继续说道："胡先生与你般配呢！"一朵红云直上阳琪眉梢，像绽开的花蕾，异常娇艳。阳琪低声说："此事全凭母亲做主。"说完走开了。

两人的结合本来是水到渠成的事，后来却因为种种变故而搁浅。一晃十一年过去了，这一年的初夏太平军攻打杭州城，阳琪携母亲流落到了上海。一到上海，阳琪用积攒的钱开了家绣行。在这里，阳琪再次邂逅了胡雪岩。

十一年了，她怎么会忘记使她魂牵梦萦的情人呢？他一来到店中就被阳琪认了出来，只是生活的磨炼使她不便相认。但阳琪一想到他早已娶了他人为妻，心念至此内心无限凄苦，泪水夺眶而出。

后来，在老主顾李三姐的引见下二人再次见面。二人相见少不了惊喜，寒暄过后，胡雪岩说他在杭州沦陷后一年就来到上海，当时生意顺畅。后来太平军被镇压，他又回到杭州。现在主要的生意都在杭州，此次到上海来是为左帅借洋款。阳琪心疼地问道："这么多的事情要你做，不累吗？"胡雪岩顿时眼睛灰暗失色，他喁喁细语说："哎，近来看中一块地方，前去江海关谈了几次都未谈妥。”说完，胡雪岩就打住不语，话题又转向别处。一会儿胡雪岩准备告辞回家，说：“你目前境遇较差，我资助你一万银子，切莫推辞。”阳琪推辞不过，说道：“好，我暂时替你收下。”于是，接过万两银票揣进衣包。

胡雪岩走后，阳琪怀揣万两银票兴冲冲来到江海关。由于阳琪每月要替他们绣一面大清国旗，和主管熟悉。江海关守门的士兵得到好处后放她进去。她敲了敲总署大人的门，总署见是“奇绣行”的老板阳琪，忙问：“什么事？”总署大人听明阳琪来意后，忙道：“南京路那段目前看起来离城远，但马路一通，洋房修到那里就热闹了，地皮一定看涨，你真是有眼光。只是这酬劳嘛……”阳琪顺手掏出一万两银票递给总署大人。总署大人与阳琪一同到了洋人那里“挂号”，洋人见是海关总署领来的人，当即按照阳琪的吩咐照办，一切手续都在片刻之间。办理好手续后阳琪高兴地回到家里。第二天，阳琪拜见胡雪岩，把买地皮的手续凭证推到胡雪岩面前。胡雪岩打开一看，全是买地皮的契单，真是又惊又喜。胡雪岩一时未回过神，阳琪又说道：“我擅作主张，用你的万两银票替你买了南京路东段的地皮。”胡雪岩一听方才释然，但他说道：“我多次去都未办妥，更何况要办理权柄单、道契，手续烦琐非半月不成。你这样快就搞定成交，真叫人佩服。”听了胡雪岩的夸奖，阳琪便把买这段地皮的经过告诉了胡雪岩，胡听后大加赞赏，一种希望阳琪帮他的念头油然而生。但自己在杭州已有妻室，她肯答应吗？于是他寻找机会博取阳琪的爱恋。

一个月后洋人开始在南京路大兴土木，胡雪岩所购地皮不断看涨。胡雪岩喜得合不拢嘴。他决定邀请李三姐夫妇、阳琪一同在“天星”宾馆吃大菜。席间胡雪岩不断称赞阳琪的“丰功伟绩”。李三姐夫妇也用敬佩的目光面对阳琪。席散，李三姐把阳琪拉入自己的轿中，十分亲热。李三姐问：“你听见胡雪岩说什么了吗？他是多么希望得到你的帮助啊！”对于李三姐开门见山的询问，阳琪不知怎样回答才好。她缄默不言，心中激起了万丈波澜，如果跟了他无疑做小，不跟他则孑然独处。但做小老婆不知要受多少罪，她内心矛盾重重，犹豫不决。她把自己的心事告诉给李三姐。李三姐暗想，她有嫁与胡雪岩之心，但顾虑太多，就不以为然地说：“你是他事业上的帮手，唇齿相依，哪会当作‘小’来看待呢？更何况你身在上海，照顾胡先生起居，谁人又会责难？胡先生离不开你有目共睹。”李三姐一番颂扬，阳琪心动了。

一回到家，李三姐便把询问阳琪的情况全部说给胡雪岩听。胡雪岩听后心花怒放，托李三姐为媒，向阳琪求婚。胡雪岩如愿以偿，终于和阳琪拜堂成亲。胡雪岩有了阳琪的帮助如虎添翼，事业更加辉煌。

可见，在成大事的路上，小女子的作用也不可小觑，因此，才有“一个成功的男人背后必定有一个伟大的女人”一说。作为男人，有借用女人之力的天然优势，因此，一定要把这种资源合理利用，使她成为你生涯的后援者。

第八章

险中求稳——过人的胆识与超人的智慧

成大事比拼的不仅是智力，还包括气魄和胆识。因为在做事的过程中，任何人都不可能一帆风顺，各种各样的败局、困局、难局都在等着你，要想有所突破，就一定要具备过人的胆识。但是，冒险并不意味着蛮干，还必须具备超人的智慧，在审时度势中，寻找成大事的契机。因此，对于智勇双全的人来说，前途越是艰险无比，越要勇往直前。

1. 敢冒多大险，才能赚多大钱

对于生意场上的风险，用胡雪岩的话来说就是“小险小利，大险大利，风险与利润是成正比的”。敢冒大险，才能得到更多好处。生意场上，成功的商人都明白这样一个道理，风险和利益大小是成正比的。如果风险小，许多人都会追求这种机会，收益不会大；如果风险大，许多人就会望而却步，所以能得到的利益也就会大一些。从这个意义上来说，风险就是利益，巨大的风险可能带来巨大的利益。

美国速递大王、联邦快递公司的总裁弗雷德·史密斯说过这样一段话：“我认为，企业家一词在某种程度上应当赋予它赌徒的含义。因为，在许多时候，他们都需要采取相当的冒险行动。”中国历史上，不乏具有赌徒气质的商人，但他们中间最大的赌徒当属胡雪岩。

当年，胡雪岩倾力资助被众人视为落魄公子的王有龄“投供”而承担被钱庄扫地出门的风险，便能看出胡雪岩是敢于冒险且善于冒险之人。

可以说，胡雪岩非同一般的胆识，在他起步之初就体现出来了。比如，胡雪岩的生丝生意还没有上手，就看到用代理湖州公库的银子易货到杭州，脱手变现再解“藩库”的前途。因为，湖州的公款本来就要解往省城杭州，交付“藩库”，先垫支一下，买丝到杭州变现之后再交付“藩库”并不为过，如此一来，死款变成了活钱，能先用它做本周转一道，何乐而不为？事实上，胡雪岩还有更大的胆识——在生丝生意还没有开始的时候，他就想到了和洋人做生意，即销“洋庄”，组织生丝出口。晚清开埠之后，中国与欧美及日本的贸易以江南丝、茶为大宗，而随着十七八世纪西方纺织工业的飞速发展，生丝需求量更是日益增大，经由上海外销的江南丝、绸，又在整个上海“洋庄”贸易中占有举足轻重的地位，仅江苏镇江就以丝、绸“行销于北省及欧、美、日本者，岁入数百万”。

胡雪岩要销“洋庄”的念头，是起于与阿珠娘的那一夕有关蚕丝生意的交谈。江浙一带，本就是著名的生丝产地，清政府在苏、杭专门设置“织造衙门”，杭州下城一带，更是机坊林立。苏杭一带的女子，十一二岁便学会养蚕缫丝，养蚕人家一年的吃喝用度，乃至婚丧嫁娶的人事开销，都大体得自每年三四月间一个“蚕忙”季节的辛苦。王有龄外放州县的湖州就是江浙一带有名的蚕丝产地，产出的细丝号称“天下第一”，湖州南浔七里所产“七里（缉里）丝”，据称可与黄金等价，连洋人也十分看好。

说起来，胡雪岩在此之前其实已经动了做生丝生意的念头，他本来就是杭州人，自然不会不知道湖州生丝的好处，也不会不知道生丝生意有钱好赚，只是此前他既没有资本和条件来涉足这一行生意，同时，也确实是不太懂这门生意。这次送王有龄赴任至湖州，而湖州正是阿珠娘家乡，阿珠娘虽已随阿珠爹经营一条客船十几年，但自小耳濡目染，也颇懂得一些关于养蚕、缫丝甚至茧、丝生意的事情。

旅行途中与阿珠娘船上一夕交谈，胡雪岩实在大开眼界。他细致了解到一些有关养蚕缫丝的常识，比如土法缫丝是怎么回事，丝分几种等；也知道了专做生丝生意的茧行、丝行的一些门道，比如带了现银到产地去买丝的叫“丝客人”，在产地开丝行搜购新丝从中取利的叫“丝主人”，当地买当地用的小户叫“用户”，专做中间转手批发生意的叫“划庄”，这一行中还有专和洋人做丝生意的“广行”、“洋庄”。

除此之外，他还知道了做丝生意其实也没什么了不起的诀窍，不过就是一要懂得丝的好坏，二要了解丝的行情。虽然丝价每年有起落，但收新丝总是便宜而有赚头的。而且，丝价的行情，其实多半是做出来的，往往掌握在几个大户手里，取决于大户的操纵。比如，主要做蚕茧生意的茧行，同行有“茧业公所”，新茧上市，哪一天开秤收茧，哪一天封秤停收，以至于蚕茧价格，都是同行公议，不得私自变更。蚕农出卖蚕茧，无论在哪里都是一个价，而且就是这个价，愿意就愿意，不愿意拉倒。而在这一方面，胡雪岩相信自己无疑是个行家。

阿珠娘告诉胡雪岩，先把上万两的丝囤积起来，等价钱好了卖给洋人，自然是更有赚头。不过，销“洋庄”需要的本钱也大，洋人也不是傻瓜，表面上不说你的要价高，跟你周旋，暗地里再去寻找门路，总有那些吃本太重急于脱手求现的人肯杀价出售自己的货。这样，弄不好与洋人的生意没做成，自己的货反而售不出去。销“洋庄”确实要担上几分风险。

不过，胡雪岩想到的却是另一个方面。在他想来，做生意就怕心不齐，如果这些专与洋人做丝生意的“广行”、“洋庄”能像茧行收茧一样，同行公议，就是一个价，愿意就愿意，不愿意就拉倒，洋人也就不服帖也得服帖了。对于那些本钱不足，因周转不灵而急于脱货求现的商行，也有办法：第一，可以出价收购，同样的价格，你要卖给洋人，不如卖给我。第二，对方如果不接受收购，则可以约定不卖给洋人。我这里有钱庄做后盾，可以让你用货物做抵押，贷款救急，逼洋人就范，待货物脱手之后再还。洋庄丝价卖得好，能多赚钱谁不乐意。假如在这样的条件下还有人要把自己的货杀价卖给洋人，那就一定是暗地里收受了洋人的好处，吃里爬外，自贬身价，可以鼓励同行跟他断绝往来，如此一来，这样的人在同业中也就没有立足之地了。

胡雪岩的这一构想可以说是史无前例，他后来生意的发展证明，他的这一构想也确实是见地不凡且行之有效。生丝生意开始之初，胡雪岩来往于杭州、湖州、上海之间，在联合同业、控制市场、垄断价格上绞尽脑汁精心筹划，与外商买办斗智周旋，终于按他的构想做成了第一笔洋庄生意，赚下了十八万两银子的利润。而事实上，他通过这笔生意，一方面，与丝商巨头庞二结成可靠的生意伙伴关系，在蚕丝行业建立起自己的地位，另一方面，通过这笔生意，他和外商取得了联系，也积累了与他们打交道的经验，为他后来驰骋十里洋场打下了基础。而这些实在不是那十八万两的“赚头”所能比拟的。

事实上，胡雪岩的生丝生意，经过数年运作，后来成为他仅次于钱庄、典当的重要商务领域，而且一直是以外贸为主。胡雪岩的确是把生意做到了国外。

其实，当时胡雪岩为维护蚕农利益，垄断生丝与洋人抗争，绝不肯降价出售自己囤积的生丝，也是一种铤而走险。从胡雪岩内心来说，他并非完全不知利害，只是他也确实希望能够冒险一搏，置之死地而后生。要不然，他也就不会认为自己不是在赌气而是在争气了。

这其实符合胡雪岩不服输的性格和他对于经商之道的理解，他本来就是一个无所畏惧、敢于冒险的人。用他自己的话说，刀头上的血他也敢舔。

在成功者的心目中，人在生意场上就是一项挑战，是一项本能的想战胜他人的挑战，是一项经过准备、要赢得胜利的挑战，是一项要如何去赢得胜利的挑战，从而显得生意场上人人具有强烈的竞争心态。如果一个人不愿冒险尝试停留在自己面前一闪即逝的机会，那么他永远只能拾到他人遗下的肉骨。商场无处不冒险，不敢承担风险，唯唯诺诺，终不会有大气候。要想出人头地、称雄一方就必须具备大气魄、大胆识和果断的豪情。

2. 不冒险是最大的风险

一旦看准，就大胆行动，这在如今是许多商界成功人士的经验之谈。冒险和出奇相连，出奇和制胜相伴，所以西方的谚语说：“幸运喜欢光临勇敢的人。”冒险是表现在人身上的一种勇气和魄力，险中有夷，危中有利，倘要创立惊人战绩，就应敢于冒险。

不冒险，怎么会有机会？如果冒险了十次，六次成功，四次失败，你还是成功的。用胡雪岩的话说，也就是“不冒风险的生意人人会做，如何能够出头？”如胡雪岩要学山西票号借款给那些调补升迁的官员，表面看来似乎没有什么风险，而事实上仍然担着风险。那些新官上任，也有可能在到任途中或到官不久就出了事，比如病死、丢官，兵荒马乱之中，什么情况都可能出现。要是发生这种事情，借出去的钱很可能血本无归。

说到底，这个世界根本没有不担任何风险的生意。而且，商场上一笔生意能得利润的多少，常常是与经营者应承担的风险大小成正比。“富贵险中求”，所谓“撑死胆大的，饿死胆小的”，这似乎是商界一条古今至理、中外相通的冒险原则。可以说，生意场上所有能够带来滚滚财源的机会，都会包含有风险的成分，事实上，胡雪岩创业之初的生意，就没有一桩生意是没有风险的。

胡雪岩在太平天国失败以后，通过接受太平天国兵将的存款来融资的举措，就担了极大的风险。

胡雪岩做出吸收太平军兵将存款的决定，自然有他自己细致的考虑。首先是这一举措确实有它的可行性。太平军占据江南富庶之地已历十余年，聚敛财富不计其数，据史料记载，洪秀全定都南京以后修建的天王宫内城金龙殿，殿内楹柱所敷金彩全为真金粉末；当年曾国荃攻下安庆，仅在太平天国英王陈玉成驻守安庆修建的英工府内，就搜敛了不下二十万两银子的财宝，运往他的老家。由此可以推断，太平天国中下层兵将中，许多人一定从各种来路积蓄了不少的私财。如今太平军已成苟延残喘之势，他们中的好些人已经开始暗地里盘算着如何躲过这场劫难。对于太平军兵将来说，这个时候是保命容易保财难，而他们只要保住财产，逃过这场劫难之后，风头一过，局势一定，后半辈子也就可以衣食无虞，而这些人的财产当然是变成现银存到钱庄里最保险。

不用说，接受逃亡太平军兵将为隐匿私产存到钱庄的钱款，风险也是明显存在的。其风险有二：

第一，按朝廷律例，为太平天国兵将者，自然是“逆贼”。既是“逆贼”，其家财私产便是“逆财”、“逆产”，照理不得隐匿。接受逆产，便为隐匿，一旦查出，很有可能被安上通“逆”助“贼”的罪名，与那些太平军兵将一同治罪。

第二，太平军逃亡兵将的财产既是“逆财”、“逆产”，抄没入公则是必然的，被抄的人倘若有私产寄存他处，照例也要追查。接受这些人的存款，如果官府来追，则不敢不报。虽然官军中不乏贪财枉法之辈，自己搜罗太平军私财不报，因而客观上使一些太平军兵将可以逃过官府抄没家产的追查，但尽管如此，也绝不能完全排除有些人要一查到底的可能。这样，一旦查出，即使不被安上接受“逆产”的罪名一同治罪，存款也必被官府没收。

有这两层风险，接受太平军逃亡兵将的存款，也就是在冒大大的风险了。但是这笔“买卖”风险大获利也大，因为这样的存款不必计付利息，等于是人家白白送钱给你赚钱，所以胡雪岩仍然决定要如此去做。

“敢于冒别人不敢冒的险”，这确实是一个希望成大事者的必备素质。一个人，要干一番事业，尤其需要敢于冒风险，因为风险有时可以变成压力，压力变成动力，动力就变成了效益体现出来。现在人们把市场竞争比作战争，的确，竞争之地虽不闻战火硝烟，却也是风险满目之所。这里容不得怯弱者立足。你想取胜，绝对不能怯战，须有两军相逢勇者胜的胆识。不敢冒风险，不愿担当风险，就不会有成功，当然，冒险、承担风险，并不见得什么风险都去冒。如果你想靠偷税漏税来聚敛财富，如果你想尔虞我诈盘剥他人，用这些见不得人的方式来求取钱财，去冒险，这是铤而走险，这样的风险最好不要去承担。

3. 不追求风险投资，就别想在商场立足

事实上，做生意既是资金、实力的较量，还是一种勇气的较量。做生意赚了一点钱，你把它存在那儿当然是比较保险的，但这些钱永远也不可能再生钱。欲想把事业做大、做强，就要懂得投资，投资适当、正确与否直接关系到利润的多寡。

胡雪岩有过一种很是大气的宣示：“我有了钱，不是拿银票糊墙壁，看着过瘾就完事，我有了钱要用出去！”成大事者就应该有这股子大气。用现代经济胆识来看，就是要学会并且敢于投资，在不断赚钱的同时，也要不断地以投资的方式去扩展经营范围，去获取更大的利润，没有能力准确发现投资方向，或者不敢大胆投资的人，换句话说，有了钱不想着用出去或不敢用出去的人，绝不可能成为一个能够在商场上纵横捭阖、叱咤风云的大实业家。

纵观胡雪岩的发达过程，他能由白手起家，短短几年间，便成为富可敌国的超级富豪，以致成为中国历史上第一位也是唯一的“红顶商人”，很大程度上就是因为他总是不限于一门一行，总在不断地为自己开拓着新的投资方向，并且看准了就大胆投资，没有丝毫的犹豫。比如，在钱庄刚刚起步之时，他便开始以有限的财力筹划投资生丝业务，而正在销“洋庄”的节骨眼儿上，他又根据上海向国际贸易金融大都市发展的趋势，毫不犹豫地买地建房，投资房地产，此后又根据世情和时局变化，相继投资药店、典当业……在胡雪岩的鼎盛时期，他的生意范围几乎涉及他所能涉足到的所有行当。长线投资如钱庄即金融、丝茶生意即贸易、药店即实业，以及典当业和房地产等，短线投资如军火、粮食等，所有这些生意

在当时条件下都是能赚大钱，但又具有风险的生意。很显然，胡雪岩如果没有追求风险投资的大气，如果死守着自己熟悉的钱庄生意而不思开拓进取，他的事业绝不可能做得如此轰轰烈烈。胡雪岩经常说的一句话是“顶要紧的是胆识”，这话可谓道理很深。胡雪岩所说的胆识，从常理上看，不外乎一是要看得“准”，能在别人看不到“戏”的地方看出“戏”来。比如，胡雪岩由战事起落影响粮食生产看到贩运粮食的前景，就可谓看得准；二是要看得“开”，不能只把眼睛盯在自己熟悉的那一行当。比如，胡雪岩做钱庄和销“洋庄”，却又在粮食贩运一行看到了自己可以一为的天地，就得之于他的眼界开阔。

胡雪岩过人的气魄和胆识，给人们的启发是：一个没有在商场上开疆拓土气魄的商人，绝不可能在本业之外看到自己还有可以一为的天地，因为他的气魄本身就会限制了他的见识，他也就既不会有胆识的“准”，更不可能有胆识的“开”。比如，同在一起销“洋庄”的古应春和尤五，天天看着大上海，对上海的熟悉远胜过胡雪岩，而且也都知道战乱年代粮食的价值，可他们就是想不到要去做粮食生意。生意人与生意人的不同，从这里就可以清楚地看到。

大生意人的胆识，往往能够看到十年、二十年后的机会；而小生意人，则只会留意眼前的机会。这个情形，就好像看水中冰山一样。胆识短浅的人，只看见露出水面上的小小山尖儿，而胆识远大的人，却可以看到尖端及其水下的整座冰山。有胆识的人，看到了森林，而短视的人，却只能见到树木。

由此可见，要想成为一个大手笔的生意人，胆识是“顶要紧”的。这种胆识除了要比一般人所说看得准、看得开之外，更要看得远，从别人看不到的地方发现自己的财路。所以，胡雪岩才这样说：“做生意要将胆识放远，生意做得越大，目光就要放得越远。不要怕投资过大。只要能用在刀刃儿上，投资都会收到事半功倍的效果。因此做大生意，一定要看大局，你的胆识看得到一省，就能做下一省的生意；看得到一国，就能做下一国的生意；看得到国外，就能做下国外的生意；看得到天下，就能做天下的生意。”

4. 胆识需要与智慧相结合

有勇无谋和有谋无勇是成大事的两种极端。前者只能算是亡命之徒，毫无成事的可能；后者虽然谨慎小心，但在机遇面前由于无胆无识，容易错失成大事的机会。所以，成大事应该是胆识和智慧的结合体，缺少任何一个都难以成事。

胡雪岩第一桩生丝生意的成功，可以说是勇气与智慧结合的成功范例。当时，他的徒弟陈世龙了解到，上海市面将会不平静，帮会组织“小刀会”将在八月起事。小刀会的起事会给上海市面带来什么影响？该如何应对？这就需要胡雪岩及时作出决断。

如果小刀会在八月起事，此前自己始终专做丝生意，估计不会有太大的风险。但是假定小刀会起事成功了，上海肯定要有好一阵儿混乱，上海与内地交通隔断，外边的丝很难运进。如果能预测到这一情况事先囤丝，大批吃进，它就是一笔好生意。但是囤丝又有风险。首先是要压一大笔本钱，假定市面不出半月又平静了，囤丝也就意义不大。在局势难以推测的这种复杂情况下，就有风险，就需要投资者有敢赌一把的胆识和勇气。这笔生意的结果怎样，只能根据目前手中掌握的极为有限的现实情况估算。至于估计是否准确，情况能否按你估计的方向发展，一切都是一个待卜的未知数。

正因是未知数，生意有利润，也有风险，才需要商人勇毅果敢的品性。胡雪岩在这笔生意中作出的判断是：大量买丝，囤在租界，必赚！他的理由是：洋人暗中在军火上支持小刀会，政府必然要想个法子治一治洋人，最直接的方式是禁止和洋人通商，所以过不了三个月，洋人很可能有钱而买不到丝，致使上海的丝价大涨。

胡雪岩在湖州收到新丝运到上海，并没有急于脱手。就他当时的状况而言，他是应该尽快脱货求现的，因为他的钱庄刚刚开张不久，并没有多少可以周转的资金。但他仍然将这批生丝囤积起来。他没有将这批生丝马上脱手的原因，除了洋商开价不够理想之外，更重要的是他要联合同业控制洋庄市场的条件还没有成熟，他运到上海的生丝数量很少，实力还不足以与洋商讨价还价，他必须联合同业才能与洋商抗衡。因此，生丝运到上海之后，他一方面请新结识的古应春加紧和洋商谈判，另一方面由刘不才出面拉拢庞二，做联络同行的工作。同时，他还抓住时机，贩运了一趟军火。

这一年年底至第二年年初，上海丝商大户庞二已经联合各大商户，散户控制已见成效，洋商开价也开始松动，但胡雪岩还是没有将自己已经收购的生丝急于脱手。这一次的主要原因是在胡雪岩看来，洋商开价还不够理想。本来集结散户做工作时，为了说服大家一致行动，就说是只要团结一致，迫使洋人就范，大家必可大获其利，如果按洋人此时开出的价格脱手，这就成了一句空话，受到大家的责难事小，影响以后控制市场的计划事大。就这样，胡雪岩的第一批生丝，直到第二年新丝快要上市，洋人因朝廷决定将要设立内地海关，增加茧捐，为情势所迫不得不低头，开出了双方都可以接受的价格之后，才最后脱手，一批生丝净赚了十八万两。

这是胡雪岩自立门户以来的第一笔大宗生意。为了做好这笔生意，他调集了几十万银款，其中大部分都是向钱业同行借贷的。因为大家都信任胡雪岩的商业才能，相信胡雪岩的判断。反过来想一想，假定这一次恰恰是胡雪岩判断错了，或者是生丝已经屯了三个月，利息已经吃进去了几千，忽然清朝政府市禁大开，丝价大跌，恐怕我们一出场看到的就是终场的胡雪岩了。

幸好，结局甚为圆满。当然也体现了胡雪岩勇和智结合，智和义结合。胡雪岩从官场、洋场和江湖朋友处得来的消息全都千真万确，没有出现纰漏。由于他事前掌握了充足真实的市场信息，使他的这一决断最终变成了白花花的银子。

那么，勇对于商人意味着什么？勇是厚利，勇是机会。白圭之所以把勇列为商人四德之一，就是因为勇一头连接了智，另一头连接了险。作为商人，常常是希望市场能沿着自己设计的方向发展，希望自己预知的一切都能被证明是正确的，希望生意运作过程中发生的各种意外越少越好。当事情的发展结局处在“人知”的边缘，如果完全地知道了事情的发展结局就不需要勇，顶多需要智，来查清所能够遇到的各种情况。但当你进入一个完全陌生的领域时，就特别需要勇，因为你根本无法预知里面的情况，一切都是未知数。当然，勇并不是决断的唯一因素，并且这种勇是建立在一定基础上的，那就是对事情的各个方面有个彻底的了解，正确的预测。

5. 即使双腿打颤，也要硬起脖子上

对于那些成功人士来说，冒险更像是飞行，如果你有翱翔天际的勇气，并用几年时间有了一定的经验，那么，飞行是充满乐趣和令人兴奋的。但是如果你连“飞”的想法都没有，那么，飞行对于你来说就是相当危险的冒险。在决定承担风险之前，首先是心理素质要过关，即使是双腿打颤，也要硬起脖子上。

胡雪岩的确有一种超乎常人的勇气，有着过硬的心理素质，就是人不敢冒的险他敢冒。

当年，杭州被太平军紧紧地包围。此时浙江巡抚王有龄，率杭州军民

拼尽全力据城坚守已达一个多月。王有龄派胡雪岩冒死出城筹办粮食以救助杭州城的军民，自己守在城中，绝不弃城图存。之所以如此，首先，因为全城军民的眼睛都盯着王有龄的举动，容不得他逃；其次，即使有机会能够逃出杭州城，那不仅已经吃过的苦头都算白吃了，而且还会像在常州做了逃将的何桂清那样，为朝廷查处后议罪严办，落个菜市口斩首示众的下场——王有龄其实也是逃无可逃。除这两种原因外，还有一点，那就是被围城中与外界隔绝了消息，因而也不知情况严重，在王有龄心中还存有一丝侥幸，以为朝廷不会坐视杭州处于危难而不顾，一定会派援军解杭州之围。援军一到，杭州自然可以得救。

其实，杭州的情形，从外面看才知道当时已经无法可救了。当时太平军由忠王李秀成带领，以主力部队进攻浙江，以巩固江浙根据地，同时缓解南京被围的压力，因而是志在必得。而杭州被太平军围困之后，官军虽有李元度率衢州新军驰援，但实际上在太平军的全力堵截之下很难靠近杭州城。同时，即使清军能够打到杭州，也并不一定能够击退重重围住杭州的太平军。

历尽艰辛从杭州到上海筹备粮食的胡雪岩综合各种情况进行认真的分析，心里已经十分清楚杭州为太平军攻破只是迟早的事，也知道王有龄与杭州玉碎“殉节”已成定局。但他仍然不顾古应春夫妇的劝阻，坚持要将在上海采办的一万石大米，冒死运去杭州。

古应春夫妇劝阻胡雪岩的原因，当然是认为此行凶多吉少。此时江苏、浙江大部分地区已为太平军占领，况且自上海至杭州，一路上太平军严密封锁。而胡雪岩在江浙一带本就负有盛名，几乎家喻户晓，甚至在太平军兵将中，都有许多人了解他。因而他几乎没有办法隐匿自己的真实身份。如果胡雪岩被太平军认出，并且被他们知道是为杭州城里的军民送粮，他将必死无疑。另外，杭州被太平军重重包围，与外界联系已经完全断绝，即使粮食运到杭州城下，也没有办法派人将粮食送进城去。

但胡雪岩认为，一来是做事要讲信用，二来要尽到心力。无论如何，一定要把粮食运到杭州，因而必“冒险”。至于危险，胡雪岩说了一段既是安慰古应春夫妇，同时也是十分有道理的话。他说：“我当然不会闯到死路上去。我说的闯，是遇到难关，壮起胆子来闯……这一路来，我遇到太平军，实在有点怕，现在我不怕了。越怕越误事，索性大胆去闯，反倒没事。”

从胡雪岩的这番话中，我们可以得出这样的启示：在成大事的过程中，难免会遇到困境。这时，就需要“壮起胆子”，才能镇静自己，从容应对，才有可能真正冷静而准确地判断局势，为自己找到一条降低风险的路来，假若不能处变不惊，由惊慌必至失措，导致措施不当而被困难吓倒，许多成大事者在关键时刻功亏一篑，也多半是由于心理素质不过关所致。

6. 洞悉时局是大胆决策的前提

胡雪岩在清末的个人成功，可以说是“时势造英雄”。但“英雄”也绝，不是时势的被动产物，在胡雪岩的心中，看准时局，是保证其事业成功的重要条件。

胡雪岩认定自己做生意都与时局有关，自然是他切于自身的体会，他的生意成也好，败也好，确实都与时局有关。比如，他的钱庄向太平军逃亡兵将吸纳存款，就与太平天国的走向败局的大势有关。再如，他的生丝销“洋庄”，即与太平军杀向浙江阻断上海生丝来源有关……正因如此，胡雪岩也总是把帮助维持市面的平静安定，放在一个重要的地位，即使因此自己要付出一些代价，他也在所不惜。

比如，杭州战后的善后赈济。杭州被官军收复的消息一传到上海，胡雪岩就立即动身赶赴杭州，参加杭州繁忙的战后赈济工作。

胡雪岩首先做的一件事，就是将一万石大米无偿捐献给杭州官军，用于军粮和赈济灾民。一年多以前，杭州被太平军包围，历时数月以致弹尽粮绝，甚至到了人吃人的地步。胡雪岩受当时已任浙江抚台王有龄的委托，冒死出城，到上海筹款购得两万石大米，又冒死将其中的一万石大米运往杭州。由于杭州城被太平军包围得如铁桶一般，又没有足够兵力打开一条入城的通道，胡雪岩带来的运粮船只能停在杭州城外的钱塘江望城兴叹，绝望之中胡雪岩只好将米运往当时也是刚刚经过大战劫难的宁波。而此时胡雪岩捐献杭州的就是这批大米。当初胡雪岩将这批大米运往宁波时，宁波刚刚被官军攻下，城中难民无数，粮食奇缺，这一万石大米正好救急，当时接受这批大米的米行开价付款时胡雪岩却分文未要，只提出了一个要求：这批大米算是出借，将来不管什么时候，只要杭州收复，无论如何必须在三天之内以等量大米归还。用生意人的胆识看，这等于将一大笔钱“搁煞”在那里。就当时的情况看，太平军在东南地区势头正猛，杭州收复似乎是遥遥无期，即便三五年内杭州可望收复，这么长时间，利上盘利，一石也可能变得不止两三石了。但是胡雪岩有自己的想法和打算，一方面，在他的心中，这一万石米是杭州军民百姓的救命米，虽说自己尽了力，但终归没能运进城里去救活人，他不能拿着等于是杭州军民百姓性命的大米去赚钱。另一方面，他相信不管怎样，杭州总有被官军收复的一天。那时，早一天运去粮食，也就可以多救活一些人，他要留着米在那里，杭州一旦收复，他可以随时启用，以防万一，到时如果不凑手，误了大事，自己又会留下极大的遗憾。

胡雪岩如此行事，从他个人的角度来说，确实也是出于他尽心乡梓的诚意而做出的义举。也正是从这里，我们也可以看到胡雪岩的过人胆识和超人的智慧。客观地来说，作为生意人，他要用这一万石大米为自己能重新在杭州站稳脚跟“垫”底。事实上是，他把这一万石大米捐献杭州，立即使他在杭州士绅百姓中名声大振，也使他一下子就得到倔强敢为而素有

“湖南骡子”之称的左宗棠的赏识，被委以负责杭州善后事宜的重任。而在此之前，左宗棠本来是要上奏朝廷以贪污粮款的罪名严惩胡雪岩的。

中国古代有一句很流行的警戒生意人的话，叫作“功自诚心，利从义来”。从胡雪岩的为人与他的成功，可以相信这说法绝不是虚妄的，它比所谓“马无夜草不肥，人无横财不富”之类平庸的说法，更符合世道人心，也实在是高明许多。

更为重要的是，胡雪岩捐米杭州的举措，无论从主观上看，还是从客观上看，都是尽快安定杭州市面、振兴杭州市面的用意。在胡雪岩看来，杭州战后的当务之急，就是振兴市面。而市面要振兴、要兴旺，关键在于安定人心。安定了人心，市面也就随之安定了。人心安定，市面平静，五行八作又恢复了自己的秩序，人们才能放心大胆地做生意。作为一个商人，能为安定市面尽一些力，于公于私，都有好处。所以，对于胡雪岩来说，献出这一万石大米，“这是救地方，也是救自己”。这也就是胡雪岩不同一般的胆识所在。

胡雪岩在他的鼎盛时期能纵横商场保持不败，很大程度上就在于他有于复杂局势中见出发展的大方向的过人的眼光。比如，在蚕丝销“洋庄”的生意中，就显示了他这种过人的眼光。

当时胡雪岩为抵制洋商，联合同行、同业操纵丝市行情的工作已经大见成效，继续坚持下去，迫使洋人就范，将现有存货卖出一个好价钱，一定不是太难。

但正是在这个节骨眼上，胡雪岩毅然决定将自己的存丝按洋人开出的并不十分理想的价格卖给洋人。

做出这一决定，就在于胡雪岩由当时出现的各种情况，看出了整个局势发展必然会出现的前景。当时太平天国已成强弩之末，洋人也敏感到这一点，从他们的态度看，他们事实上已经决定与朝廷接续“洋务”了。同时，虽然朝廷现在禁止本国商人与洋人做生意，但战乱平定之后，为了恢复市场，复苏经济，“洋务”必得继续下去，因而禁令也必会解除。按历来的规矩，朝廷是不与洋人直接打交道从事贸易活动的，与洋人做生意还是商人自己的事情。正是从这里，胡雪岩看出了一个发展的大方向，那就是，他迟早要与洋人长期合作做生意。在胡雪岩看来，中国的官儿们从来不会体恤为商的艰难，不能指望他们会为商人的利益与洋人去论斤争两，因此，与洋人的生意能不能顺利，最终只能靠商人自己的运作。既然如此，也就不如先“放点交情给洋人”，为将来留个见面的余地，因此，即使现在自己暂时无法实现控制洋庄市场的目标，也在所不惜了。

这就是胡雪岩眼光精明之所在。这一票生意做下来，胡雪岩确实没有赚到钱，但由于有这票生意“垫底”，胡雪岩也确实为自己铺就了一条与洋人做更大生意的道路。事实上，胡雪岩在这一笔生意上“卖”给洋人的交情，马上就为他赚来了与洋人生丝购销的三年合约，为他以后发展更大规模的洋庄生意，为他借洋债发展国际金融业，总之为他驰骋十里洋场，留下了一个很好的开端。

同样是冒险，为什么有的人成功，而大部分人的遭遇只是失败呢？

洞悉时局的人能够看到未来发展的大方向，从而据此推断出市场的走向，然后采取相应的冒险措施。他们的所作所为在当时的人们看来是冒险。实际上，只是顺应时代潮流的先行一步而已。

冒险在某种意义上意味着对机遇的辨别和攫取。而对形势的分析预测有助于作出正确的决策。

7. 成大事者要有意识地培养自己的胆识

尽管我们知道胆识是成大事必备的素质之一，但做起来真的很难吗？那些成大事者难道真的就天生具备过人的胆识吗？令人吃惊的是，成功人士往往这样说："不，实际上，我们都觉得我们的胆量是在我们的生活中培养并有意识地发展起来的。"

胡雪岩的胆识不是从天上掉下来的，而是自己磨炼出来的。他之所以胆识过人，气吞山河，是因为他生命的细胞中有一股争天下的激情。

当时不过二十来岁的胡雪岩实在是有些胆大妄为，还是信和钱庄的一个小伙计，就敢自作主张，挪用钱庄银子资助潦倒落魄的王有龄进京捐官，这不能不视为一种大气魄。

另外，当胡雪岩重逢王有龄时，也有两个在一般人看来相当不错的选择：一个选择是留在王有龄身边帮王有龄的忙，而且，此时的王有龄确实需要帮手，也特别希望胡雪岩能够留在衙门里帮帮自己。依王有龄的想法，适当的时候，胡雪岩自己也可以捐个功名，以他的能力，肯定会有腾达的时候；胡雪岩的另一个选择是回他做过伙计的信和钱庄，以他此时的条件，回信和必将被重用。实际上，信和"大伙"张胖子得知胡雪岩傍上了王有龄这个靠山之后，已经做好了拉回胡雪岩的打算，他找到胡雪岩的家里，恳请胡雪岩重回信和，甚至将胡雪岩离开信和期间的薪水都给他带去了。

但这两条路胡雪岩都没有走。混迹官场本来就不是胡雪岩的兴趣所在，他当然不会走前一条路，帮王有龄他自然不会推辞，但最终还是要干出一番属于自己的事业。而回到信和，也就是胡雪岩说的"回汤豆腐"，他自然更不会去做；这里其实也不仅仅是"好马不吃回头草"的问题，关键在于，这"回汤豆腐"做得再好也不过做到"大伙"为止，终归不过是一个"二老板"，并不能事事由自己做主。

"自己做不得自己的主，算得了什么好汉？"胡雪岩要的就是自己做主，所以这也是他身无三两银子，而非得开办自己的钱庄的原因。

这就是气魄，一种强烈地要在商场上自立门户、纵横捭阖、开疆拓土、驰骋一方的气魄。欲成就一番大事业的胆识，也是胡雪岩能够不断开拓自己事业的基础。如果一个人根本没有想过自立门户，这个人只能永远原地踏步，会毫无作为的！

纵观那些百万富翁、千万富翁、亿万富翁，他们都是为自己打工的业主、创业者或自由职业者。当然，为自己打工也是有很大的风险的，如果你不能满足市场的需要，你明天就可能丢了生意。但是，这些都不是最要紧的，要紧的是你必须有意识地去减少恐惧和担心以增强自己的胆量。比如通过竞技体育，培养顽强的意志以抵消恐惧和某种心理障碍。这样才能使自己具备运动员的素质，以弥补自己的不足。这种素质既有身体上和心理上的坚忍顽强，也包括胆量。

8. 成大事要有赢的渴望，也有输的准备

一个有胆识的人，为了取得成功，不仅要有对赢的渴望，也要有十足的勇气来应对输时的局面。一个对输看得太重的人，不可能超脱地以长远的眼光看问题，因为一个怕输的人，不可能在自己得利的情况下而进一步采取行动，争取更大的胜利。

生意场上，没有人敢说自己可以永远立于不败之地，也没有一个人可以永远立于不败之地。从根本上说，做生意，成功的把握总是相对的，而失败的可能却是绝对的。没有生意人会愿意自己正在进行的生意出事，但出事却也是不可避免的。那么，当意外出现的时候，胡雪岩是如何应对的呢？

当时，上海阜康面临挤兑风潮，在胡雪岩拼力也要保住杭州阜康信誉，以图再战的时候，又传来宁波通裕、通泉两家钱庄同时倒闭的消息。

通裕、通泉两家钱庄，是阜康钱庄在宁波的两家联号。上海阜康钱庄总号挤兑风潮开始之后，宓本常潜至宁波，本来是要向这两家阜康联号筹集现银以解燃眉之急，但由于宁波市面受时局影响也很大，颇为萧条，这

两家钱庄不仅无法接济阜康，甚至已经自身不保。宓本常到宁波不久，通泉档手就不知避匿何处，通裕档手则自请封闭。因此，宁波海关监督候补道瑞庆即命宁波知县查封通裕，同时给现任浙江藩台德馨发来电报，告知宁波通裕、通泉两家钱庄已经倒闭，并请转告这两家钱庄在杭州的东主，急速到宁波协助清理。

既是阜康联号，东主当然就是胡雪岩。德馨接到电报，以他与胡雪岩的关系，他不愿意就此撒手不管。他让自己的姨太太莲珠向胡雪岩转达通裕、通泉的情况，并许以如果这两家钱庄有二十万可以维持住的话，他可以出面请宁波海关代垫，由浙江藩库归还。但当莲珠转告胡雪岩的时候，胡雪岩却不肯接受这个办法。他请莲珠告诉德馨，他对德馨肯为自己垫付二十万维持那两家钱庄，表示非常感激，但这只是头痛医头、脚痛医脚，最终结果不过徒然连累德馨，因此，并不是一个好办法。在目前情况下，维持通裕、通泉，不过是在弥补已经裂开了的面子，怕只怕这里补了，那里又裂开了。胡雪岩决定放弃通裕、通泉这些已经是可维持又难以维持的商号，而投入全部力量保证目前还可以正常营运的杭州阜康钱庄，也就是竭尽全力“保住还没有裂开的地方”。

胡雪岩的这一做法无疑是十分明智的，在破绽已现的情况下，考虑及时收缩战线，集中财力保住可能保住的部分，对于暂求生存是十分必要，也是十分有效的。

但胡雪岩终于回天无术，一败涂地，曾经所有的一切似乎在一夜之间化为一丝过眼烟云，随风飘散，想想真如南柯一梦。

不过，胡雪岩也真算得上是一条赢得起也输得起的汉子，他没有为自己匿产私藏，输得光明磊落。在他的钱庄、丝行全面倒闭之后，由于有左宗棠的转圜斡旋，他只是被革去二品顶戴，责成清理，而并没有最后查抄。他本来是可以，也有条件为自己私匿一些钱财的。想想他几十年驰骋商场，创下偌大家业，仅二十家典当就值二百万，“百足之虫，死而不僵”，不说现银，就是家中收藏的首饰细软，私藏几许，大约也可以让他在生意倒闭之后维持一个相当阔绰的生活。他认命了，这不能不让人感佩。

在自身已经不保的情况下，胡雪岩也没有失去他宽以对人的心怀。宓本常在阜康无救之后自杀身亡，在胡雪岩看来实在“犯不着”——这时候他其实已经原谅了他的过失和不义。他特别嘱咐古应春料理宓本常的后事，虽然宓本常确实不厚道，但朋友一场，他的后事也不能不管。

一个旧时的商人，一个自称只知道“铜钱眼里翻跟斗”的商人，能够在彻底输光的时候，如此洒脱地“认”了，实在是相当不错了。

世上没有常胜将军。任何一个欲成大事的人，都要做好输的心理准备，都要有赢得起也输得起的心性。只是赢得起还不能算是汉子，只有输得起——输得洒脱，输得有志气，才是真正的汉子；只有能够抱定“以前种种，譬如昨日死；以后种种，譬如今日生”的宗旨，且能参透个中玄机，输了还能站得住，才能成为真正的汉子。

9. 冒险但不冒无畏的风险

一般而言，欲成大事就必须冒险。冒险就是勇敢与智识相结合。聪明的冒险，必须是了解可能性和自己有承受损失的能力。在这里，敢于冒险要跟干蠢事划清界限，更不是异想天开碰运气。

胡雪岩认为，商人求利，刀头上的血也要敢舔。但这并非要你去盲目地冒险，无论你如何冒险去刀头舔血，都必须想停当了再去做。这是因为，有的血可以去舔，有些就不能去舔。

因此，大凡聪明的生意人在一桩生意投入运作之前，就已经开始想着为自己留下一条切实可行的全身而退的退路。在胡雪岩的生意由创业而至鼎盛的过程中，他所从事运作的每桩生意，就都既敢于冒险，但却不去冒无畏的风险。

比如，钱庄生意主要是通过兑进兑出以获取商业利润。兑进，自然是吸收客户的存款以作资本，而兑出则是放款，也就是现在的发放贷款。兑出是赚借贷人的利息，自然是利息越高越好，兑进要钱庄向客户付出利息，自然是越低越好，最好是不要利息。从表面看来钱庄这种生意只要把握时机，随市面行情变化，根据银价的起落浮动调整好兑进兑出的利率，钱庄就可以稳稳当当坐收渔翁之利。这种将本求利，平平淡淡比较稳妥的运作方式当然也可以，但终归不是做钱庄生意的“大手笔”，很难赚取更多的利润。而要赚大钱，做大事业，就必须做“大手笔”，而要做出“大手笔”，兑进兑出都会有风险。

从兑出说，如果钱庄放出的款要高利收回，就要找大主顾。大主顾做大生意要大本钱，做的大生意能有大利润也就不在乎借款利率的高低，向这样的主顾放款，自然收回的利也就高。但钱庄的老板也应该注意到这个问题，借贷者的生意获利越大，所担风险也大，款放给他们，自己也要担风险。万一对方生意失手，血本无归，自己放出去的款也就可能不仅收不回高额的利息，连本钱也无法收回，一笔放款也就等于放“倒”了。比如，在朝廷与太平军交战的兵荒马乱年月，米商借款贩运粮食，获利就极大；获利极大，风险也极大。朝廷与太平军交战，土匪出没，运粮途中险恶，米商随时都可能血本无归，放款给他们就不能不考虑考虑。

从兑进说，当然最好是有大客户，且大客户的存款不要利息。这种情况不是没有，有些风险很小，比如胡雪岩受王有龄的关照代理官库；有些则会担很大风险，比如在太平天国失败之际，胡雪岩的阜康钱庄私下接受太平军逃亡兵将隐匿私财的存款。

既然钱庄银两的兑进兑出都要冒险，也就都要事先想好退路。比如，向在兵荒马乱年月贩运粮食的米商放款，胡雪岩确定了一个将风险降到最小的原则，那就是要先弄清楚，米商的米要运到什么地方去。运到官军占领的地方，途中较为安全，生意风险小，可以放款给他。但要是运到有太平军的地方去，途中险恶，风险极大，就不能放款给他。这就是为自己的钱庄发展着想，不冒无畏的风险。

“两利相权从其重，两害相权从其轻”。做一件事情，如果需要承担的风险实在太大，甚至有可能“翻船”落水，把自己的老本给搭进去，那么即使手段再高明的人也得好好思量思量，不能贸然出手。当然，如果有过硬的靠山，能够提供有力的担保，在关键的时候为你遮风挡雨，起码不至于赔上身家性命，那就可以冒大险。但对于许多人来说，不是不敢冒险，而是你没有可以为自己担保的靠山，根本就冒不起这个险。

因此，做事之前必须考虑好，这件事值不值得冒险。这个好判断，按胡雪岩的观点，要么有利可图，比如胡雪岩从太平军逃亡兵将那里融资的举措；要么有名可得，比如他在杭州城被围困时冒死出城筹粮至杭州城下。这里自然还隐含着险“冒”过之后名利双收的意思。但是，从具体行事来看，常常难以名利双全，所以，或名或利，也常常需要明确地判断和正确地选择，起码不能做那种将险“冒”过却名利尽失的傻事。

另外，更重要的是，冒险一定要有“担保”，也就是可不可以冒险的问题。冒险绝不是毫无保证的铤而走险，所谓刀头上舔血，应该是最终能舔到血而保证不伤及自己的舌头，假如舔血之举会让自己也流了血，甚至被割掉舌头，这种血，无论它有多大诱惑，也不该去舔。因此，一个成大事的人，在决定承担风险之前要事先做好尽可能周密的谋划，找到必要的风险“担保”，把所要承担的风险值圈定在最低限度之内。

关于具体的风险“担保”，往往是因事、因时、因势而定。总的来说，风险承担者考虑寻求“担保”时，有两个基本原则是必须注意的：

首先，所担风险是那种即使失败也不会伤及根本，不会使自己的核心力量受冲击的风险。比如贩卖毒品，获利自然丰硕，但一旦事发，性命不保，而且取财之途是害人，于情、于法、于人所不容，此等风险，不值得去承担。

其次，要预先为自己准备好一旦失败之后的退路。凡事都要留有退路，这是人人都懂的道理。退路谋划好了，一是可以壮胆，不会在风险面前瞻前顾后，患得患失；二是一旦计划落空败局已成时，不必惊慌失措，处置不当把事情越搞越糟。

敢于冒险，并且能够懂得如何冒险，是成大事者的必备素质，个中玄机，实在很深。

第九章

做事要会算计——内外之账都分得清

做事会算计是成功的保证。不会算计的人，一定是做到哪儿算哪儿，全凭自己的运气来，失败率自然不低。因此，做事一定要有一个运筹、谋划和权变的过程，这个过程也就是算计。算计不是阴谋，算计只是做事时所需要的技巧，是人们为达到成功所采取的正当手段。算计使我们更具魅力，在任何环境中都能做到潇洒自如、游刃有余。

1. 未雨绸缪，懂得算计才能赢

《诗经·豳风·鸱鸮》中曰：“迨天之未阴雨，彻彼桑土，绸缪门户。今女下民，或敢侮予！”由而引出“未雨绸缪”成语，“绸缪”本意是用绳索紧密缠捆，引申为修补。“未雨绸缪”即趁天还未下雨，赶紧修补好门窗，作好准备，以防不测。再进一步则成为做人、处世的一种谋略。

天有不测风云，更何况随时处在不断变化之中的世事人心。凡成就大事业者，对不测事变都应有充分的心理准备，防患于未然。特别是事业一帆风顺、成功接踵而至之时，更该有所警醒。

老子曾说：“祸兮福所倚，福兮祸所伏。”民间的俗话也说：“晴带雨伞，饱带饥粮。”这些说法都深刻地阐明了一个道理：变是绝对的，不变是相对的。做事要懂得算计，要走两步看三步才有取胜的可能。

胡雪岩在自己生意的鼎盛时期，总是能够深谋远虑，十分注意未雨绸缪。可惜的是，在他后期的事业中，他在一些重大问题和事情的处理上，一方面由于社会环境、官场斗争等客观情势的限制，另一方面由于他的用人不当与失察，也更由于他自恃实力雄厚，反而把一条驰骋商场必要的原则忽略了，以至于最后在挤兑风潮来到之时，终因无救而导致自己辛勤一生积累的巨大家业彻底崩溃。

比如，胡雪岩在为左宗棠西征筹饷而向商行借债，具体操作上就没有算计好。为筹饷而向洋人借债实际是很不合算的事情，洋人课以重利，本就息耗太重，而此项借款又不是商款，可以楚弓楚得，牟利补偿。

但左宗棠以为自己西征成功，志在必得。光绪四年（1878），他要胡雪岩出面邀集商户，同时向英国汇丰银行借款，华、洋两面共借得商款达六百五十万两用于西征粮饷。照左宗棠的计算，七年之中，陕西可得协饷一千八百八十万两以上，以这笔饷款清偿"洋债"足够了。因协饷解到时间不一，因此要求不定还款期次，六年还清。到左宗棠奉调入京之前，为了替后任刘锦棠筹划西征善后，左宗棠在近乎独断专行的情况下又向汇丰银行招股贷款四百万两。

借洋债用于军需粮饷，本来是国家的责任，但这两笔计一千多万的债务风险，却都落在胡雪岩一个人身上。光绪四年（1878），左宗棠为借洋债入奏朝廷，一个月以后接到朝廷批复，批复上就说："借用商款，息银既重，各省关每年除划还本息外，京协各饷，更属无从筹措，本系万不得已之计。此次姑念左宗棠筹办军务，事在垂成，准照所议办理。嗣后无论何项急需，不得动辄息借商款，至贻后果。"此批复中所说"京协各饷"即"京饷"，是京内的各项开支。因左宗棠息借商款，以至于京内各项开支都无从筹措，自然还款也就不能帮他左宗棠了。朝廷对这笔借款采取了"概不负责"的态度。这样，借款的风险无形之中都加到了出面商借的胡雪岩一人肩上。因为虽然这两笔借款都由各省解陕的协饷还付，但协饷解到时间不能一定，而且原议解陕的协饷还有可能被取消。协饷不到，无法还款，洋行自然是找胡雪岩，而胡雪岩为了自己的信用，也必须尽力筹措还款。正常情况下，以胡雪岩的财力当然问题不大，但局势如果发生变化，后果必将不堪设想。

在乱世之中要以一人之力而担国家的债务，这是没有为自己算计到的一步棋。而且当时局势已经发生变化，上海市面已经极为萧条，市面存银仅百万两，特别是此时李鸿章要整掉胡雪岩的端倪已现，他又接受为左宗棠筹集近五十万粮饷任务，更是没有为自己绸缪。在这种情况下，胡雪岩还决心在生丝生意上与洋人一拼到底，"打得赢要打，打不赢也要打"，不肯将囤的丝、茧脱货求现，则是不仅未绸缪，甚至是将自己逼上绝路而致背水一战。这样，风波突起之时，也就除了破产查封偿债之外，别无他路了。

“局势坏起来是蛮快的，现在不趁早想办法，未雨绸缪，等临时发觉不妙，就来不及补救了。”这其中的道理，胡雪岩自然是极懂得的，但具体做起来，就连胡雪岩如此精明的人，也不免失误，可见要真正善于未雨绸缪，也并不是一件简单的事情。

未雨绸缪不仅是一种认识问题，也是行动问题，认识到了却不采取行动还是没用。

人的认识过程是漫长的也是无限的，但是人的认识能力却是受外界条件和个人能力的约束的。正因为人的认识能力存在一定的局限性，才使得人们对身边事物的认识有限，使得人们考虑问题难以周全；同时，由于人在社会生活中的地位和处境是在不断发展和变化的，在这些变化中，其中有些变化是可以预见、可以把握的，但更高、更深的变化并非如此。因此，人在考虑问题时就应该多做几手准备，处处算计到，真正做到未雨绸缪。

2. 三思而后行，谋定而后动

生意场上，充满了搏杀，也充满了凶险，往往一着不慎，满盘皆输。而且生意越大越难以照应，也就越容易出现疏忽。因此，驰骋于生意场上，不能恃强斗狠，也不能大意粗心。一事当前要谋定后动，未雨绸缪，这是生意人一定要记取的。

胡雪岩说过：“这时候做事，不能说碰运气，要想停当了再动手。”他这里说的“这时候”，自然不是指商事运作的时候，不过，他所说的危机时刻“不能说碰运气，要想停当了再动手”。其中包含的道理，用于商事运作却也是极为恰当的。

杭州被太平军团团包围，王有龄遵地方官“守土有责”的惯例，率杭州军民坚守孤城，终至粮草尽罄，断粮达一月之久，连药材南货，比如熟地、黄精、枣栗、海参之类，都拿来做了充饥之物，再后来就是吃糖、吃皮箱、吃草根树皮，最后已经到了割尸肉充饥的地步。胡雪岩冒死出城，到上海买得一船救命粮，运至杭州城外的钱塘江面，无奈进城通道已经完全断绝，城内城外相望而无法相通。在经历了三天度日如年、寝食俱废的等待之后，胡雪岩终于同意让陪他一起到杭州送粮的萧家骥冒险进城，向城中通个消息，并商量一下，看看能不能找到将粮食运进城中的办法。萧家骥出发之前，胡雪岩问他如何到对岸，如何进得杭州城去，遇到敌、我双方的人又如何应对。对于这些至关重要的问题，萧家骥其实想都没想，以他的意思，这种情况下，原本只能见机行事碰运气。胡雪岩不同意只是去见机行事碰运气，他告诉萧家骥“这时候做事，不能说碰运气，要想停当了再动手”。并且为他筹划了细致的应对方案，才让他出发。

其实，在成大事的过程中许多时候遇到的情况与萧家骥此时冒险进城非常相似：救命大米费尽辛苦已经运到城外，绝没有无果而返的道理。但当时的情形是，城外的人对城内的情况一无所知，城外有重重围兵，抓住想要与城中守军互通消息的人，一定会予以重罚，弄不好还会杀头。而被围的人此时实际上也已成惊弓之鸟，萧家骥在城中没有一个认识的人，加以这个时候又不能写一个能够证明他的身份的文书信函之类的东西带在身边，进得城去也有可能被当成奸细。也就是说，无论是落入围兵之手，还是进得城去，应对稍有差池，都会性命不保，更不用说完成此行的任务了。萧家骥此行，实在吉凶难卜，结果只有等到最后才能见分晓。

所以，一个欲成大事的人，必须时刻注意提醒自己，要谋定而后动，“想妥当了再动手”。

3. 办事要有胜算：不做没把握的事

《孙子兵法》中说："多胜算，少算不胜，由此观之，胜负见矣。"这里的"算"是指"胜算"，也就是制胜的把握。胜算较大的一方多半会获胜，而胜算较小的一方则难免见负。战术要依情势的变化而定，因此必须要有事先充分的计划，至少在做一件事前，要有十足的把握，否则的话，也未显太过盲目。

杭州收复之后，胡雪岩开办了"胡庆余堂"，乱世之中开药店不过是善举，想依此赚钱万万不能，原因何在呢？原来乱世之中，常有瘟疫蔓延，兵匪交战，伤残无数，百姓流离失所，又或水土不服，以致有病，风餐露宿，大病缠身，这些都需用药。然而乱世流离，又有谁身上带钱呢？所以，造成医者不敢开门行医，因为开门必赔。

这些道理胡雪岩岂有不知？只是念及天下百姓的艰辛，纵然赔本，他也乐意。于是下令各地钱庄，另设医铺，有钱少收钱，没钱白看病、白送药。而且胡雪岩还同湘军、绿营达成协议，军队只要出本钱，然后由他带人购买原材料，召集名医，配成金疮药之类，送到营中。曾国藩知道后，感叹道："胡光墉为国之忠，不下于我。"

胡雪岩开店送药，送的只是"诸葛行军散"之类的普及型成药，花费不多，却具有两大重要意义：对施予对象而言，不论是清廷官兵，或是逃难百姓，无论如何，得到免费药品，对健康有所帮助；就胡雪岩而言，经由送药材，"胡庆余堂"的名声得以远扬传播，声名传开之后，就可以和清军粮台打交道，建立正式的官商通道，把药直接卖到军队中。

胡雪岩为一个"善人"的名称如此散财施善，似乎有些让人不好理解。因为生意人将本求利，一分钱的用度总得有一分利的回报才是正理，连胡雪岩自己都说："商人图利，只要划得来，连刀口上的血都敢舔。"而且"千来百来，赔本买卖不来"。散财施善，分文不取，用自己从刀口上"舔"来的血仅仅换来一个"善人"的虚名，何苦来哉！社会上，真正像胡雪岩那样赚了钱能去做好事、善事者，实际上为许多生意人所不为。

其实，胡雪岩说做生意赚了钱要做好事，正显示出他超出于一般人的见识和眼光。他做好事，无疑有他行善求名、以名得利的功利目的，比如他自己就说过："好事不会白做，我是要借此扬名。"胡雪岩做好事，也的确并不是与自己的生意一点联系都没有。

比如他修建义渡，实际上就是与他的药店生意有关系，胡雪岩的胡庆余堂药号建在杭州城里河坊街大井巷，原来光顾药店的都是杭嘉湖一带所谓"下三府"的顾客。义渡码头建成之后，从义渡码头进到杭州城里，必须经过河坊街。这义渡码头不仅为胡雪岩扬了名，同时也为来来往往的"上八府"的人直接到胡庆余堂购药创造了条件，等于是无形之中扩大了胡庆余堂的市场。

不必多说，像胡雪岩这样处处算计，不打没把握的仗，要他不成为红极一时的"红顶商人"也是很难的一件事。

4. 算计在先，步步为赢

做生意不会算计的人习惯于遵循老传统，恪守老经验，宁愿平平淡淡做事，安安稳稳生活，日复一日、年复一年地从事别人为他们安排的重复性劳动。这种人思想守旧，循规蹈矩，心不敢乱想，脚不敢乱走，凡事中规中矩，虽然办事稳妥，但一般不会有多大出息。对此种人，胡雪岩是十分反感的，因为他一向认为，做事必须手腕活络，不可固守成法，要善于开拓创新，这样才可能步步为赢。

当时，胡雪岩帮助王有龄解决运送漕米时采用的就地买米的办法，就是打破常规、推陈出新的典型例子。

王有龄坐上浙江海运局坐办的位置，一上任就遇到运送漕米的公事。浙江上年闹旱灾，钱粮征收不起来，且运河淤积严重，河道水浅，旱季甚至断流，没有办法行船，因此浙江漕米直至九月还没有启运，同时，浙江负责运送漕米的前任藩司椿寿，由于没有理会抚台黄宗汉四万两银子的勒索，与抚台黄宗汉结下怨忿，被黄宗汉抓住漕米没能按时解运的问题狠整了一道，以至于自杀身亡。到王有龄做海运局坐办时，漕米由河运改海运，也就是由浙江运到上海，再由上海用沙船运往京城。现任藩司因有前车之鉴，不想管漕运的事，便以改海运为由，将这档子事全部推给了王有龄。漕米是上交朝廷的“公粮”，每年都必须按时足额运到京城，哪里阻梗哪里的官员便要倒霉，所以，能不能完成这桩公事，不仅关系到王有龄在官场的前途，而且关系到他的身家性命。

更加麻烦的是，如果按常规办，王有龄的这桩公事几乎没有能够完成的希望。一是浙江漕米欠账太多，达三十多万石之巨；二是运力不足，由于河运改为海运，等于是夺了漕帮的饭碗，他们巴不得漕米运不出去，哪里肯下力？到时你急他不急，慢慢给你拖过期限，这些官儿们自己也该丢饭碗了。

这桩在王有龄几乎是无法解决的麻烦事，被胡雪岩一个就地买米之计一下子就给化解了。依胡雪岩之见，反正是米，不管哪里的都一样。朝廷要米，看的是结果，并不管你的米是从哪里来的。只要能按时在上海将漕米交兑足额，也就算完成了任务。既然如此，可以在上海买米交兑，差多少就买多少，这样省去了漕运的麻烦，问题也就解决了。但这里还有几个棘手问题需要解决：第一，要能得到抚台黄宗汉的认可，因为买米抵漕粮是违反朝廷规制的。不过，这一点问题不大，浙江漕米不能按时足额解运京城，他抚台大人也脱不了干系。第二，要说动浙江藩司肯垫出一笔现银，做买米之用，这是挪用公款，拆东补西，藩司要负责任。不过只要抚台同意，做下属的藩司也不能怎么样。第三，要能在上海找到一家大粮商，肯垫出一批糟米补出买米不足的差数，等浙江新漕运到后再归垫。这样也就等于这家粮商先卖出，后买进。一般商家是不愿意做这样的生意的，因为这等于是纯粹的帮忙，不一定有多少赚头。而且漕米历来成色极坏，一般的粮商从来都不愿意过手。不过，生意人想的就是生意经，只要能给他补贴差价，不让他吃亏，米商也就不会不应承。只是补贴米商的差价，再加上盘运的损耗，很要破费一些银子，运送漕米的“肥差”也就变成了亏本买卖。但按照胡雪岩的看法，能够按时足额交兑漕米，为浙江抚台、藩司分了忧，为王有龄在官场铺了路，花上几万两银子也值。

就地买米，解决漕运麻烦，严格说来并不是通常意义上的做生意，但从这里我们却看出来胡雪岩遇事思路开阔、头脑灵活，不墨守成规而善于算计的本事。比如，黄宗汉、王有龄以及浙江藩司等人，算到的只是漕米欠账太大，一时难以筹足，算到的只是漕米由河运改海运之后漕帮会作梗，即使筹足米数，要按时运送上海也难，就是算不到漕米改海运，并不是整个问题的关键，因而只能在那里一筹莫展干着急。究其原因，也就在于他们拘于漕米必须是由征收地直接上运的成规，而没有想到情势不同还可以有新的运作方式。胡雪岩思路灵活，不拘形式，不仅使难题得到巧妙的解决，而且各方面都满意，皆大欢喜。

5. 做事会算计，亲疏之间有分寸

对于做事会算计的人来说，朋友之间的合作交往，不能损害双方的利益，否则就会使朋友关系解体。朋友关系的维系，最好的办法是能给双方带来好处和利益。在朋友之间的交往中，一时出于感激或冲动，慷慨过度，从而损害自己的利益，这种情况在胡雪岩看来，虽是出于自愿，但终究会使自己吞下一个难言的苦果，最后反而会使朋友关系紧张乃至崩溃，其后果是失去了朋友，还可能危及前程和事业。所以，胡雪岩才说："亲疏之间，自己要掌握好分寸。"他的这句话是有具体所指的。

王有龄本是湖州知府，进省城时却落了个"好"差事：不归他管的新城县有百姓造反，巡抚黄宗汉派他去处理此事。王有龄不敢带兵去剿，一来这些清兵把剿匪当作发财的机会，到了地方肯定会大肆抢掠，兵甚于匪，到时不但剿不成，反而有可能激起大规模民变。二来这些兵也打不了仗，一旦打败了，他王有龄还可能命丧新城，即使不丢命也会被革职查问。王有龄思来想去，决定先安抚，实在安抚不了再去剿。但他自己却不肯亲自去安抚，这是要冒大风险的，弄不好也会丢命。物色来物色去，王有龄选中了嵇鹤龄。

嵇鹤龄本是一个穷困潦倒的候补知县，因为为人耿直，恃才傲物，不善于应酬场面上的事，所以一直是"候补"还没掌过官印。嵇鹤龄虽然有勇有谋，但因心怀一肚子怨气，不肯替王有龄效劳。胡雪岩经过一番攻心，解决了嵇鹤龄的债务、婚配问题，并让嵇鹤龄感到去新城安抚反民正是他官运转折的一个机会。嵇鹤龄接手了这个苦差，想好了对策，做好了思想准备，便向变幻莫测、动荡不安的新城县进发了。

王有龄在嵇鹤龄蛮有把握地走后，十分高兴，便对胡雪岩说，待嵇鹤龄功成回来，要保他当归安县令。归安县本由王有龄兼管，而归安县却一年能给知县带来五万两银子的进项。如果让嵇鹤龄当了归安县令，不就是相当于从王有龄的钱包里硬生生挖走五万两银子！胡雪岩觉得，王有龄一时慷慨，到以后定会后悔，损害他的利益，他与嵇鹤龄的朋友关系也就难以维系了。

于是，胡雪岩否定了王有龄的一时慷慨，而建议王有龄把兼领的浙江海运局坐办的位置让给嵇鹤龄。这样一来，王有龄既可以省点事，还可以在嵇鹤龄掌管下，把海运局原由王有龄和胡雪岩经手的几笔海运局垫款、借款，料理得圆圆满满，真可说是一举数得。

胡雪岩确实是精于算计，他阻止王有龄的一时慷慨，其实是出于人与人之间交往“度”的把握。在胡雪岩看来，嵇鹤龄和王有龄的关系，无论如何也没有达到可以如此大利而不会产生不良后果的程度，王有龄的一时慷慨，也就有些失去分寸了。而亲疏之间，如果分寸把握不好，必然会影响日后的相处。其实，胡雪岩的这一考虑，用之生意场上的人际交往，特别是合作伙伴之间、老板与部属之间关系的调适，也是必要的。如何把握好适当的分寸，直接影响到相互之间没有障碍的沟通和配合的默契，的确是一个不可忽视的大问题。

那么，如何才是适度，才是不失分寸？这却是一个很难用一两句话说清楚的问题，需要当局者根据当时的具体情况灵活处置。不过，胡雪岩的不能过分慷慨中所体现出来的，以不损害自己和对方利益为前提来维系朋友关系的思路，对成大事者应该是有启发的。

6. 以退为进——无为而有为的算计智慧

俗话说：“留得青山在，不愁没柴烧。”暂时的退让是为了将来的进取。在生意场上，不能死抱住一些眼前的蝇头小利不放，应该为了长远目标而放弃眼前利益，尤其是在情形不利时，更要善于退让；只有善于退让的人，才能赚到大钱。

胡雪岩在做上海的市面时，费尽心力地介入朝廷与洋人的争端，试图在朝廷与洋人之间充当调停人的角色，让各方握手言和，团结协作，共同把上海的“市面”做好、做大。胡雪岩之所以如此做，是因为他深知：

要在上海创下除销“洋庄”以外的更大的事业，比如在上海设立阜康分号，在上海做房地产生意，在上海开米行，甚至还想在上海开戏院、茶楼，这些靠他一个人是做不起来的，需要朝廷和洋人各方的团结合作，共同努力才能如愿。

但实际情形是，上海此时很不安定。一方面，因为外国人接济过小刀会，租界因此并不受战火影响，但小刀会起事以后占领县城，终成掣肘之患。另一方面，由于洋人接济小刀会，与太平军从事军火交易，惹恼了朝廷，朝廷于是决定对洋人在上海的生意采取限制，颁布了禁止丝茶运往上海的禁令，并决定在上海设立内地海关，增加关税。洋人与朝廷的关系弄得很僵。

有这两个因素的影响，上海的进一步安定与繁荣自然也就要受到影响。不过，这时也不是没有回旋的余地。能够回旋的关键，在于实际上洋人和朝廷都不想长久僵持下去。对于洋人来说，如果一定要与朝廷僵持，他们在上海的生意将全面受到影响，比如他们急需的丝茶，因为货源断绝，就只能在上海高价购进。而朝廷主要也是恼恨外国人资助小刀会和卖给太平军军火，才发出禁令。从实际利益来说，假如真正断了洋商的生路，朝廷也断了一道财源，起码关税就要少收许多。禁制之举，实在也叫万不得已。

正是因为这些情况，胡雪岩坚定了要充当调停人的角色。胡雪岩一旦决定这么做，他的利益或多或少要遭到损失，但他此刻想到的却是尽快在朝廷和洋人之间调停斡旋，把彼此发生争端的原因除掉，各让三分，叫官场相信洋人，也叫洋人相信官场，“这样子才能把上海市面弄热闹起来”，那时开戏院、茶楼也好，买地皮也好，都会无往不利。

于是，胡雪岩做了两件事：一件事是他决定把自己囤积的生丝尽快脱手。这本来是他准备用来控制市场、垄断价格的一批丝，他要在这个时候脱手，无非是要向洋人做出一个友好的姿态，而洋人要在中国做生意，一般来说，还比较重视中国商人的态度。胡雪岩这样做，等于之前囤积居奇的心思都白费了，但胡雪岩看中的显然不是这点小利。另一件事则是去苏州拜见时任苏州学台的何桂清，想搭上官场的路子，在官场找到人来出面调停。在胡雪岩看来，如果有得力的人出来做这件事，平息朝廷和洋人之间的争端，也会容易得多。

功夫不负有心人，通过胡雪岩的努力，朝廷与洋人决定休战，握手言和，共同协作维持上海“市面”的稳定和繁荣。

“商场如战场”。在战场上要有必要的撤退，在商场上也要有退一步的打算。但是对于“做事会算计的人”来说，仅仅为了保全自己的撤退，太过消极，是一笔亏本的买卖。因此，即使是退，也要为进埋下伏笔。比如，胡雪岩抛售生丝，明明是一笔亏本买卖，但却给洋人留下了好印象，为以后的大买卖打开活路。

所以，那些欲成大事者，千万不要一味地想着进，有时也别忘了“撤退”这一招。那么在哪些情况下需要撤退呢？

一是因为偶然因素的作用，使原定战略目标失去了意义。

二是出现了更好的机会，根据获取最佳效益原则，舍此而就彼。这是一种战略重心的转移。

三是局部性的撤退，以保证战略重点的实现。

四是对手的势力过于强大，不足以与之争风。

五是要想保持现有市场占有率，投入将不堪重负。

在上述情况出现之时，与其在万般无奈的情况下撤退，或在被对手强行逼出角逐场情况下撤退，倒不如主动地进行战略转移，以把损失降到最低限度，以图在其他方面另谋发展。

胡雪岩之所以能成就大事业，皆因他懂得以退为进之术和“今日不生效，明日又来，今年不生效，明年又来”的精要所在，所以他才取得了常人难以企及的成就。

7. 做事精明靠算计，不可硬碰硬

对手之间不可避免地会产生竞争，有了竞争，就一定会分出胜负，即使是双赢也会有大小之分。但是在生意场上，是没有永远的敌人的，因此，懂得算计的人不会与对手硬碰硬，而是懂得以智谋取胜。

盛宣怀可以说是当时生意场上胡雪岩最大的对手，为了确保自己的利益，胡雪岩与盛宣怀过招可谓是斗智斗勇。

为了不与盛宣怀发生正面冲突，胡雪岩就打盛的主管官员——李鸿章的哥哥李瀚章（湖广总督）的主意，希望通过李瀚章来整倒盛宣怀。

一天，胡雪岩对李瀚章道："近来湖北煤铁总局出了乱子，李大人是否有所耳闻？"

李瀚章知他消息灵通，忙问："什么事？"胡雪岩："外面传闻，盛宣怀办事不力，推卸责任于矿师马利师，并逼走了马利师。"

"原来马利师是他逼走的。"李瀚章冷哼一声道，"幸亏你提醒我。"

胡雪岩道："李大人，开办煤铁矿务，充分显示了您高瞻远瞩的目光，于国于民有利，小人深表佩服。只是……为何用盛宣怀做总办？"

李瀚章叹口气，道："李鸿章大人也是一时受了蒙蔽，我等人小言轻，不如不说！""李大人您若不说，还有谁能判定这个奸愚呢？"胡雪岩趁机加了一句，李瀚章点点头，表示深有同感。

胡雪岩见火候差不多了，又道："李大人，盛宣怀办矿，可以说是擀面杖吹火——一窍不通。这个尚且不说，他的资金从哪里来？单凭官款和十万元商股远远不够。"

李瀚章道："经费始终是个问题，量盛宣怀也难有更大的作为，你怎么看？"

胡雪岩道："筹集资金之地，全国上下，莫过于上海；而集上海之能人，莫过于唐廷枢、徐润。李大人，这煤铁轮船总局若划归轮船招商局，所有问题可以迎刃而解，也不必像现在这般挣扎在死亡线上。湖北煤铁筹集不到资金，可在上海筹集，也可将轮船招商局的资本暂缓扩充，用到湖北煤铁开采总局来，这个办法虽说不是十分理想，却很有效。李大人你说呢？"

胡雪岩是极会说话办事的，明明是压盛宣怀一把，把盛宣怀辛辛苦苦苦干的事业划给唐廷枢和徐润，每句话却是丝丝入扣，李瀚章如何不动心。待胡雪岩一走，李瀚章思前想后，越发不能容忍盛宣怀，当即给李鸿章修书一封，大意是：盛宣怀所领官款，使用过半，然矿务未见端倪，既于公方无涓滴之益，对于洋煤无丝毫之损，早知有此结局，何必让盛宣怀办此事，湖北煤铁开采总局及早划归上海轮船招商局乃为正途。

李鸿章接到李瀚章的信后，着实发了火，找人质问盛宣怀，同时密责盛宣怀协调与李瀚章的关系。盛宣怀也是憋了一肚子气，自是对李瀚章无奈。即使知道了是胡雪岩在从中作梗，也只好如此。

还有一件事，也体现了胡雪岩的精明算计。唐廷枢、徐润均为洋行买办。这徐润是胡雪岩一手托起来的，如今虽然做到了宝顺洋行的买办，却是不忘旧恩，常言报答知遇之恩。这天，徐润过胡雪岩府说话，无意中提起招商局有入股之意。

胡雪岩心中一动，道："入股好啊！我给盛宣怀写封信，以你现在的身份，不愁没有位置。"当下，授意一番，徐润知他用意，道："我与雪翁的关系谁人不知，由我去挤盛宣怀恐怕于雪翁不利。"

胡雪岩也觉出不妥，只是找不出更为可靠的人来。徐润道："我推荐一人，这人本领和声望只在我之上，不在我之下。由他去和盛宣怀争，雪翁也不必担责任。"说得胡雪岩心痒难熬，问道："谁？"

徐润道："此人与我关系非同一般，姓唐名廷枢，人称'水上卧龙'。"胡雪岩道："如此甚好。"徐润自去办理不提，却说胡雪岩忙给盛宣怀修书一封，极力推荐唐廷枢、徐润二人。这二人在上海自不是一般人物，不必胡雪岩多说，盛宣怀已经合意。随从劝盛宣怀提防胡雪岩，但盛宣怀认为，若想在上海筹资成功，非二人不可，便动身前往上海。

盛宣怀求成心切，不加仔细鉴别便接纳了胡雪岩的引荐，向李鸿章推荐唐、徐二人，然而这正是胡雪岩安排下的计谋。

可惜的是，盛宣怀非但不知，还为了二人的"前途"极力奔波。

做事就如同一场战斗，你随时都有被敌人击败的可能，所以，就应该尽可能地去维护自己的正当利益不受侵害。而方式有两种，一则是软，二则是硬。当然敢于硬碰不失为一种勇气，但结果却可能是两败俱伤，因此会算计的人应该懂得什么时候该软，什么时候该硬。该软的时候，你非得去硬碰硬，那迎接你的只会是失败。

8. 分清轻重缓急，精明人的做事之道

做事时，要想一步一步地把事情做得有节奏，有条理，就必须要有眼光，注意做事的章法，不能眉毛胡子一把抓。分不清轻重缓急，会导致很坏的结果。

郁四的独生儿子阿虎暴病而亡，胡雪岩得到消息，立即在百忙之中赶往湖州，才知道事情并不是那么简单。原来阿虎还有个姐姐阿兰，这阿兰年近三十，本就是十分厉害的角色，而她的丈夫是一个刑房书办的儿子，子袭父业做了书办，书办本是厉害的角色，这对夫妇凑到一起，能够造些什么麻烦，也就可想而知了。阿兰见弟弟死了，娘家没有可以承续香火的

人，就思谋着回到娘家夺家产，终日在娘家闹腾，独生儿子暴死，郁四本就痛不欲生，加上女儿这一居心不良的闹腾，更使他万念俱灰，以致整日在家里"孵"着，连历来"世袭罔替"父子相承户房书办的差事，也不想再做下去了。

郁四是胡雪岩在湖州做生丝生意和代理湖州府库的托靠，也是他交情已经相当深的江湖朋友。无论是就生意而言，还是就个人感情及胡雪岩的为人性情而言，胡雪岩都不能不管这桩"闲事"。他不能看着郁四就此消沉，但对于胡雪岩来说，要管这桩闲事，确实又有困难，不是他没有能力，而是他确实没有时间管。胡雪岩知道，要把这桩闲事理清楚，三天工夫一定来不及，即使再加上一两天，也未必料理得好。而他原本就只计划在湖州待三天，因为上海、杭州方面的事情不能耽搁，上海方面主要是生丝销"洋庄"正在洽谈之中，买好的军火正待启运，许多具体操作上的事都要他去拿主意。杭州方面，则主要是钱庄生意刚刚开张不久，发行官票，代理藩库，虽然起点不错，自己选择的钱庄档方刘庆生人也不错，但毕竟事业刚刚起步，刘庆生也太年轻，有些事情无论如何还得自己照应。

一方面是郁四的事情于情于理都不能丢开不管，另一方面是杭州、上海方面的生意耽误不得，这不能不让胡雪岩大费踌躇，如处理不好，就会"驼子跌跟头，两头落空"。

面对这一难题，胡雪岩的处理方法，似乎也很简单，经过短暂的踌躇之后，他还是决定留下来，先帮忙料理好郁四的家事。如此决定，理由有三：第一，郁四的事也是大事，且比较而言，它比上海、杭州方面的事情更大，因为连着朋友的情分，关系到湖州的生意，还因它比上海、杭州方面的事情都急。上海、杭州方面的生意毕竟已经有了大致的计划，运作上也有了大致的眉目。第二，这里的事情如没有自己的运作，将很难圆满解决，而上海已有古应春、尤五打点，杭州有刘庆生在照应，他们都有相当的能力，只要不出意外，一般来说也不会发生什么不可收拾的大事。第三，自己本来就已经到了湖州，不如索性多花一点时间将这里的事情解决好。耽搁下来，以后再来处理，多费一道的周折不说，还有可能错过这处理问题的最佳时机，凭空增添许多麻烦。而此时自己反正不在上海、杭州，那里的事情也管不了。

由此可以看出胡雪岩做事是十分懂得轻重缓急的。

归纳起来，胡雪岩懂得轻重缓急的考虑，其实关键也就是两点：首先，当处于两难甚至多难的境遇的时候，要分出孰轻孰重，孰缓孰急。在做选择的时候，较轻的事情，可以缓一缓的事情当然是先丢开再说，人人都知捡芝麻而把西瓜丢掉了极不明智。其次，要行事果断，不能优柔寡断。特别是两件一时难以分出轻重缓急、又难以两全的时候，这一点尤其重要，因这个时候，当事人最容易犹豫不决。其实，想一想，我们就会明白，反正两件事都重要，那么，你不管做哪件事都是必要的，也是必须的。既然不能两全，那就索性放弃，全力做好一件事，做成一件至少总比在犹豫中两件事都耽误，或者两件都做而两件事都做不好要划算得多。

9. 精于谋算，巧打算盘巧获利

做生意离不开算账。自然，这里的算账不仅仅是指日清月结拨拉算盘珠子的算账，而是指如何在一把算盘上拨拉出能提高经营效率、增加盈利的途径和方法的算账。不用说，在商事运作中，如何准确把握和即时调整购销时机、数量和经营方式，如何降低商品流通费用，合理使用资金以最大限度地发挥资金效力，这一切都是在精细的计算中算出来的。

一个不懂算计的人，仅仅满足于“估计”、“大概”、“差不多”，那就容易产生偏误，甚至成为一笔糊涂账，导致经营的失败。

胡雪岩深明大义，他在步入商界之前，就懂得算计，心中的算盘比谁都打得准。胡雪岩要办钱庄，并不仅仅是因为他熟悉钱庄这一行当，更重要的是他算准了开钱庄不仅是他能够安身立命的一桩生意，而且也是他可以大显身手不断开拓的一个稳定长久的财源，实在是大有可为。钱庄之所以大有可为，在胡雪岩看来原因其实很简单，第一，当时正在闹太平天国，闹小刀会，长江中下游以及湘、闽一带常有战事。兵荒马乱之中市面波动较大，一般的生意不可避免地要受到冲击，但对于钱庄来说，市面波动大，银价起落也大，低进高出的机会也就多，银票汇兑进出之间都大有赚头，这就是胡雪岩自己说的，“只要看得准，兑进兑出，两面好赚”。第二，此时没有本钱不要紧，胡雪岩料定王有龄外放去做州县只是迟早的问题，他自信即使王有龄仕途不顺，自己也有能力帮他腾达起来。现在只要有个几千两银子把钱庄场面撑起来，等王有龄一放了州县，他的钱庄就可以代理王有龄那个州县的公库，也就是代为料理那个州县的公款往来。按照惯例，代理公库不付利息，等于是白借了公家的银子做自己生意的本钱。

这就是一种算计，一般人在兵荒马乱、市面不稳的年月，大约只会更多地想到如何能稳当一点保住自己已有的饭碗，哪里会想到这市面不稳之中还隐藏着有势可借、有机可乘的发财机会呢？其实，任何一个经济发展时期，特别是商品经济发展时期，金融业总是百业发展的龙头。

自18世纪中叶，随着西方商业势力的大举入侵，中国一直是西方列强垂涎的大市场，国内商业以及伴随商业发展必然出现的金融业也随之获得发展。据清夏仁虎撰《旧京琐记·卷九·市肆》记载，到19世纪中叶，当时京畿之地已遍布专理银钱汇兑、金融往来的银号、钱铺、票庄、金店，另外，布店、酒馆也有兼做银钱存储、兑换并发行钱票的。当时京城金融业以恒和、恒肇等四大恒银号和专理往来汇兑的山西票庄最为著名，京城“居人行使银票”以持四大恒者为体面，而山西票庄“交游市宦，最为阔绰”。当时金融业的兴旺，由此可见一斑。

胡雪岩生活的时代，虽内忧外患、战乱不断，但由于外国资本主义的经济侵略，也刺激了中国资本主义生产关系的进一步发展，是中国由小农经济向近代城市商品经济转型的时期。更何况当时的东南沿海也正是商品经济发达的地区。据史料记载，在已经成为旧中国金融中心的上海，虽然19世纪中后期已经有了英、法、日、美等国开设的银行数十家，但钱庄生意仍然是上海金融、贸易的支柱之一，每年在市面流通的庄票，在二十亿两以上，假如取消钱庄，进出口生意将陷于瘫痪。

无论如何，胡雪岩事业其后的发展也都证明了他算账功夫的精道。胡雪岩的钱庄从一开张就显出极旺的势头，王有龄不久也真的就外放了湖州知州，让他如愿以偿得了代理公库的好处，从此他的钱庄也如滚雪球般地发展起来，最终成为他驰骋商界东突西进建立自己庞大经贸“帝国”的基础。

因此，我们可以得到一个启示，只有善于算计，才能挣大钱。不善于算计，做什么都是会患得患失，盲目行动。

第十章
做事有原则，不该做的事不做

做事情一定要讲原则，也就是说什么事该做，什么事不该做自己心里要有数。如果违背了做事的原则，你有可能会一时受益，但最终的结果只能是害人又害己。胡雪岩就深谙这其中的利害关系。他时时提醒自己“绝不拿烫手的钱”，这是他“一生要做本分生意”的自我约束，也是值得我们借鉴的地方。

1. 做生意要有所为有所不为

一桩有很大利润但来路不正的生意，就摆在你面前，你会不会做？恐怕有些人利令智昏，还真敢拿下。但作为天下第一名商的胡雪岩，虽然也是以追求最大利益为自己的奋斗目标，但是当他认为这样的一桩生意与他心中的义有冲突时，他的选择只有两个字：放弃。因此，胡雪岩做生意，向来是光明正大，不为一己私利而蝇营狗苟。

那么，到底什么样的生意会与自己心中的义相违背呢？不同的人大概会有不同的认识。胡雪岩认为，可以分为下列二类：

第一类是触犯法律挣来的钱，如靠走私贩毒等非法手段危害社会赚来的钱，也就是通常所说的“黑钱”，这些一定是与义相违背的。赚黑钱天理难容，必将招来灾祸，受到惩罚。胡雪岩坐拥天下财富，又有官场、江湖势力做后盾，生意遍及各个商业领域，但他却没有做像贩卖鸦片等一类的违法生意，他的生意都是摆得上桌面的。他认为，为身外之物冒被囚、杀头之险，无论如何也不划算。

第二类是以损人利己的手段，靠坑害同行同业或蒙骗欺诈赚来的钱。比如，龚家父子在本属于胡雪岩的军火生意上斜插一杠想要赚取的钱，是与义相违背的。这类以挖别人墙角损害他人利益的手段赚取的钱财，既违背了商场交易必须互利互惠的原则，同时也践踏了人自身应该遵循的基本的道德准则。而且，居心不良，加害于人，必招报应，赚这种钱必然会为自己种下祸根。胡雪岩做生意向来堂堂正正，走阳光大道，从来不会为一己私利而谋害他人。

第三类是那种虽然没有违法同时也有正当的理由去拿，但拿了却有可能得罪同行或朋友，与别人结下怨恨的钱。比如，胡雪岩将军火生意从龚家父子手中夺回，由龚家父子那里挖出的钱，当时，胡雪岩的许多朋友劝他不要分利给龚家父子，但他认为这得罪同行的钱，不能拿，果断拒绝了。

商人图利，而且应该图利，这本是无可厚非的，但不择手段地追求个人的最大利益，到头来只能是“竹篮打水一场空”。其实这个道理并不是深不可测，但为什么现实生活中能做到适可而止的人不多？关键就是当现实利益摆在面前时，人们又常把“道”放在次要的位置上。如能像胡雪岩这般以义当先，自然就可以脱颖而出。

2. 信誉是生命，绝不做背信弃义之事

胡雪岩被誉为“商鬼”，而且是红极一时的“红顶商人”。他就认为：“做人总要讲宗旨，要讲信用。”用到商场上，也就是要讲“信用”。胡雪岩是这样说的，也是这样做的。就是在自己的丝业将要倒闭之时，他仍然十分讲信义，宁可自己损失利益，也不抛弃做人讲信用的原则。

一代豪商胡雪岩的最后倒闭，与他坚守诚信，宁可自己损失，维护蚕农利益，不甘做外商洋行的附庸，始终坚持与洋人“斗法”有很大的关系。在胡雪岩的生意达到巅峰状态时，他的生丝生意专营出口，几乎垄断了晚清时期的国际贸易市场。1882年，胡雪岩为了最大限度地垄断蚕丝行业，垫付资本两千余万两，套购生丝一万四千包，使洋人“欲买一斤一两而莫得”。洋商与洋行为了控制中国蚕丝业，联合起来报复胡雪岩的招数很凶狠。他们已经看出在上海市面开始萧条的情况下，胡雪岩用于收购

蚕丝垫付资本太多，必将导致资金周转不灵，而胡雪岩此时要应付的方面又太多，比如要按约定偿还外国银行的贷款，要为左宗棠购置军火等。因此，洋人们冲着胡雪岩发誓“今年不贩生丝出口”，紧接着向胡雪岩催收贷款，使胡雪岩一下子陷入危机之中。

胡雪岩此时导致生意运作的危机还有两个原因。第一，古应春投资做房地产损失惨重。古应春投下去的资本达五十万两银子，其中三十五万是从阜康借贷的。这一情况胡雪岩事先并不知道，由于上海市面趋于萧条，阜康银根随之紧缩，胡雪岩在上海钱庄的“大伙”宓本常为了自保，逼古应春偿还在阜康的借款。胡雪岩得知这一情况后，以他性格和为人，必然要想方设法帮助古应春。但阜康也确实到了举步维艰的地步。第二，由胡雪岩出面为朝廷筹集粮饷借贷的汇丰洋行的贷款，第一期五十万两本银的还款限期已近。依照当时与洋行签的合同，还款来源是各省外交上海道衙门代收的协饷，数目不够由阜康代垫。但银根如此紧张，代垫这笔贷款几乎没有可能，而上海关道邵小春与胡雪岩为敌，从中作梗，又借故将各省协饷拖延不给。这样一来，胡雪岩的资金危机也就显得更加严重了。

不过胡雪岩此时也还有一条路可以进行自救，他可以向上海地区已有的三家新式机器丝厂出售蚕茧。当时外国新式机器缫丝已经传入中国。浙江、江苏一带出现了好几家机器缫丝厂。机器缫丝技术的引进对于以用传统手工缫丝的养蚕做丝人家冲击很大，一经推广，江南地区必将有大批以做丝为生的人家破产。经过十数年的苦心经营，此时的胡雪岩实际上已经是丝业的老大，为了抵制机器缫丝，维护江南蚕农利益，这几年他大量收购蚕茧，以切断机器缫丝的原料来源。由于他大规模的囤积蚕茧，已经使上海地区三家机器缫丝厂由于没有原料，面临停产倒闭。商人图利，胡雪岩的蚕茧囤积居奇，这个时候如果答应蚕丝出手给缫丝厂，自然可以卖出一个相当好的价钱，可以部分解决眼前的资金危机。而且，机器缫丝厂出丝快，质量好，向洋商找买主也容易。如此看来，出售蚕茧给缫丝厂，还可以带动生丝生意。

事实上，此时胡雪岩的生意伙伴、好朋友古应春、宓本常为胡雪岩利益着想，劝胡雪岩考虑出售蚕茧，但胡雪岩就是不愿意出售蚕茧。他这样做当然并不是不知道此时出现危机对于他意味着什么，也并不是不知道机器缫丝质量和产量确实都优于土法缫丝。他这样做最根本的原因，是为了讲诚信，不违背自己的诺言，是在于他与那些丝户达成过协议，由他到蚕农手中收购蚕茧，交由丝户缫丝，丝户则必须将生丝交由他来经营。由此既抵制了丝厂来抢做丝人家的饭碗，保护了蚕农的利益，他自己也有了稳定的货源可以控制洋庄市场。既然自己说了话，就要说一句算一句，就要守信用。即使在自己陷入困境之时，要损失经济利益时，也不能做这种背信弃义之事。否则，那些丝户将因为自己的不守信用而受到损失。胡雪岩当时讲的那段话就是："做人总要讲宗旨，要讲信用，说一句算一句，我答应过的，不准新式缫丝厂来抢乡下养茧做丝人家的饭碗，我不能卖茧子给他们。"表现了胡雪岩不为利益所诱惑，以信用为重的良好的商业道德。

说实话，胡雪岩视信用为商人的生命，不想在任何情况下失去信用。今天看来，胡雪岩抵制机器缫丝自然有一种有违历史发展趋向之嫌，而且洋人还有背后洋人政府的大力支持，因此难免落败。但胡雪岩在自己遭受经济损失，资金紧张，生意难以为继的情况下仍不肯背信弃义，这种精神的确让人敬佩，也是我们今天应该向胡雪岩学习的地方。

当我们的社会进入激烈竞争的经济时代的时候，很多人的信用观念早已不复存在。人们开始学习玩小聪明，要歪手段；羡慕阴谋诡计，弄虚作假；崇尚无原则办事，拍马投机……在一个信誉被肆意践踏，信用渐被抛弃的年代，正直的人们无不为失去这些而扼腕叹息。经商有经商的规矩，游戏有游戏的规则，做人有做人的原则，处世有处世的方圆，从过去到昨天，亘古依然。而唯独今天，我们的信用就可以轻易地抛弃吗？其实，我们今天更需要信用。

市场经济既是法制经济，也是信用经济。讲究信誉的人不仅会受到人们的欢迎和尊敬，而且事业容易一帆风顺；而不讲信誉者必将遭到人们的唾弃，最终只能落得自悲自叹的下场。

3. 不贪不义之财，取财不忘义

金钱具有诱惑力，许多人因为金钱而锈蚀了灵魂。胡雪岩是如何看待金钱的呢？这与胡雪岩的赚钱观念有直接关系。胡雪岩认为，赚钱其实就是与人打交道的事情，需要人气，如果不能设身处地地为别人着想，尽取不义之财，那么是不可能做好事的。而他本人就是一个极能为别人着想的人。

当年，王有龄因筹解漕米有功，很快由海运局坐办改升署理湖州府。当时官场有不成文的规矩，一方官员和地方士绅逢年过节都必须给主官备送“节敬”。王有龄改升署理湖州府正在端午前，他如能赶在五月初一上任，五月初五必有一笔不菲的“节敬”好拿。拿这笔钱于情于理实在也无大碍。但胡雪岩认为不可。他的理由有两条：其一，“节敬”只此一份，前任已署理好些日子，该当他得，为他着想，不能去抢了他的好处；其二，往深一层说，抢别人的好处必定得罪对方，结下怨恨。“铜钱银子用得完，得罪一个人要想补救就不容易了。”

胡雪岩有一句名言，叫作生意人要学会“前半夜想想自己，后半夜想想别人”。按我们的理解，这里的“想想别人”，也就是设身处地为别人着想，想想别人的难处，想想别人和自己一样的辛苦，也是和自己一样为了赚自己该赚的那份银子。这样会避免犯错误，避免因贪了不义之财而给自己“带”来一些不必要的麻烦。说到底，想别人其实也是想自己。

人们常说，“商场如战场”，一般的人常常简单地将这句话理解为对商场竞争的形象概括，而往往忽略商场还有另一面，即商场上有竞争更必须有联合。一个简单的事实是，不管你实力多强大，也不管你的本事多高，你也无法占有整个市场。一个明智的生意人必须懂得，要在商场上站稳脚跟，不仅要有天时、地利，还必须结下人缘。

胡雪岩深深懂得这个道理。不仅懂得，他还特别讲究义。

为了浙江防务，胡雪岩建议向洋人购买洋枪，而且胡雪岩与洋人已经大体议定每支二十五两银子（其中五两为中间人的“好处”）上下的购进价格，不料浙江炮局的龚振麟父子走了浙江抚台黄宗汉三姨太的路子，斜插了一杠，以三十二两银子一支的价格与洋人签了购买一万五千支洋枪的合同。

本来是自己的生意却被别人抢走，而且对方一笔生意打下至少每支十二两，共十八万两银子的“虚头”以中饱私囊。以胡雪岩的为人和性格，自然是不会听之任之的。胡雪岩与朋友嵇鹤龄、裘丰言严密筹划，上串下联，由裘丰言出面向龚家父子展开攻势，终于迫使他们就范，同意拿出五千支由裘丰言经手，每支三十二两的价格不变，但他们只要每支二两的手续费。如果这样，就等于他们让出了五万两银子的好处。

胡雪岩认为不能要这五万两银子，因为这不是一笔小数，等于是剜了对方的心头肉，为了钱让对方记恨自己划不来。事实上按现在的情况也已经得不到五万银子的好处了，因为以裘丰言经手的洋枪每支的向上报价是二十五两，好处减半只有二万五千两，除掉抚台衙门的一万，实落只有一万五千两。就这一万五千两胡雪岩建议派作三股，裘丰言得两股，剩下五千给龚家父子，而自己和嵇鹤龄分文不要。

胡雪岩如此处理这桩生意也许会有人不理解。本来是自己的生意，被人抢去如今再夺回来，从道理上讲，这笔生意的好处胡雪岩无论如何是可以拿的。再说做生意就是为赚钱，到手的钱而且应该说还是该拿的钱却不拿，自然是让人不好理解。但胡雪岩有自己的道理，那就是钱要拿得舒服。拿了以后会不舒服的钱，即使该拿也宁可不拿。

什么钱拿了会不舒服？简单地说，也就是那些拿了会留后患、会带来不良后果的钱。比如，这笔军火生意中的好处，就是可能拿得不舒服的钱。因为在胡雪岩看来，龚家父子之所以最终剜去自己的心头肉让出五万两银子的好处，实际上是在自己的强烈攻势之下迫不得已的忍痛牺牲，拿了这笔好处，等于与他结下大怨，对方心怀怨恨，以后寻机报复，这也就等于虽得一钱却为自己埋下一颗“不定时”炸弹，留下极大的后患，实在不合算。

胡雪岩的这一番考虑确实有道理。事实上在这桩生意的运作过程中，龚家父子本就已经对胡雪岩心存怨恨，正是由于胡雪岩的这一番化解，使龚家父子不仅知道胡雪岩的手段厉害，而且也知道胡雪岩是一个办事极“漂亮”的人物，由怨恨而至钦服。

所有成大事者都应当牢记，不贪不义之财，“己所不欲，勿施于人！”

4. 杜绝弄虚作假，奸商成不了大气候

做人当讲诚实，商人更应该如此。在大千世界中，不同的人有不同的做事之道，奸诈者有之，投机者有之，轻狂者有之，骄傲者有之，但是这些人绝不能成大事，至少不能长久的成大事。而胡雪岩的成事之道则是他始终能把诚实待人的原则落实到其经商的过程中。他说过：“说真方，卖假药，最要不得。”因为，他深知在商界，弄虚作假是成不了大气候的，只有“诚信”才能赢得客户、合作伙伴的信任，才能打消他们的顾虑、猜疑，获得商业运作的成功。

在过去，药店是悬壶济世、行医治病的，在那里担负着的是人身家性命的大事，可来不得半点含糊。胡雪岩创办的“胡庆余堂”自1874年开办之初，便确定做大名气的方针，他要做出一块不倒的“金字招牌”，建立起自己

的名气。他还提出了做出自己的名气的措施，也就是两个字——“戒欺”。

在胡庆余堂药店的大厅里，非常显眼地挂有一块黄底绿字的牌匾。这块牌匾没有像普通药店大堂那样朝外悬挂，而是正对着药店坐堂经理的案桌，朝里悬挂。这块牌匾叫作“戒欺”匾，匾上的文字是胡雪岩亲自题写的：

“凡是贸易均着不得欺字，药业关系性命，尤为万不可欺。余存心济世，誓不以劣品巧取厚利，惟愿诸君心余之心，采办务真，修制务精，不致欺余以欺世人。是则造福冥冥，谓诸君之善为余谋也可，谓诸君之善自为谋亦可。”

这块别出心裁的匾额既明确了胡庆余堂的经营宗旨，又给顾客留下了诚实可信的深刻印象。事实证明，诚信可以赢得天下客。经过多年的发展，胡庆余堂“胡记”招牌成为与北京同仁堂并驾齐驱的“金字招牌”，誉满中华大地，深受广大顾客的信赖。时至今日，胡庆余堂的招牌仍高高地悬挂在杭州城。

不用说，这块“戒欺”匾虽然是给药店档手和伙计们看的，处处提醒员工要诚信为本，诚信经商，但实际也有让顾客放心的意味。那么“戒欺”该如何落到实处呢？首先，“采办务真，修制务精”，确保药品的质量。即方子一定要可靠，选料一定得实在，炮制一定要精细，卖出的药一定要有特别的功效。

不讲诚信的人卖药，尤其是卖成药，用料不实，分量不足，质量没有可靠的保证，病家用过，不仅不能治病，相反还会坏事。这个道理，胡雪岩自然是心知肚明。按照胡雪岩的说法：“‘说真方，卖假药’最要不得。”他要求自己的员工诚信经营，凡是胡庆余堂卖出去的药，一定向客户保证质量，必须是真方真料精心修合，确保药品的质量。

比如，当归、黄芪、党参必须采自甘肃、陕西，麝香、贝母、川芎必须来自云南、贵州、四川，而虎骨、人参则必须到塞外去购买，即使陈皮、冰糖之类的不是起主要治疗作用的材料，也绝不含糊，必须得是分别来自广东、福建的，才允许入药。而且胡雪岩还要叫主顾看得清清楚楚，让他们相信，这家药店卖出的药的确货真价实，药品质量有保证。为此他甚至提议每次炮制一种特殊的成药之前，比如修合“十全大补丸”之类，可以贴出告示，让客商前来制药工厂参观。同时，为了让顾客知道本药店选料实在，绝不瞒骗顾客，还在药店摆出原料的来源，比如卖鹿茸，胡雪岩就令手下在药店后院养上几头鹿。这样，顾客也就自然相信药店的药品质量有保证了。这样通过一系列诚信经营的措施，药店“金字招牌”自然也就做成了。

另外，员工要具备诚实守信的职业道德。药店上至“阿大”（药店总管）、档手，下到采办、店员，除勤谨能干之外，更要诚实、心慈。只有心慈诚实的人，才能够时时为病人着想，视客户为上帝，视诚信为企业的生命，才能时时注意药店的品质。这样，药店才不会坏了名声，倒了招牌。药品货真价实，诚信经营，遵纪守法，自然不会发生大的麻烦，顾客盈门生意也就红火得不得了。

胡雪岩之所以把事业步步做大，其秘诀用一句话来归纳，就是靠诚实无欺、笃诚守信来建立起自己真正的名气。一个有经营眼光的实业家，他的事业取得成功，绝不是靠坑蒙拐骗，而是靠诚实守信，靠信誉，靠切切实实满足客户的需要。“诚实招来天下客，无欺誉揽万人心”，可见只有笃诚守信才是一个使自己做成大事的“诀窍”。

5. 来路不明的钱，再多也不挣

古人云：“君子爱财，取之有道。”这里的“道”，不同的人，可能会有不同的认识和看法，但无论怎样理解，这个“道”总是包含着正道、正途的内涵，这是任何人都必须相信的。只要得之于正道，不违法犯纪、害人坑人，君子也不会以爱财为耻。

“做生意还是从正路上去走最好”，胡雪岩经常对自己的合作伙伴这样说。胡雪岩与庞二联手销“洋庄”，本来所有事情进展顺利，不成想庞二在上海丝行的档手朱福年贪图个人利益为了自己“做小货”——暗地里拿着东家的钱自己做生意，赚钱归自己，蚀本归东家——中饱私囊，从中捣鬼，甚至对胡雪岩的生意从中作梗。

朱福年甚至私下对与胡雪岩做生意的洋人说：“你不必担心杀了价，胡雪岩不肯卖给你。你根本不清楚他的实力，我知道，他是空架子，资本都是千方百计地从别处地方挪来的，本钱搁在那里，还要吃拆息，这把算盘怎么打得通？不要说杀了价，他还有钱可赚，就是没钱可赚，只要能保本，他已经求之不得。再说，新丝一上市，陈丝必然会跌价，更卖不掉。”

为了拆穿朱福年“做小货”，收服朱福年，胡雪岩用了一计，他让古应春暗中先给朱福年的户头中存入五千两银子并让收款钱庄打了一个收条，然后让古应春找到朱福年，谎称由于手头紧张，手中囤积的丝急于脱手兑现，愿意以洋商开价的九五折卖给庞二，也就是说从中给朱福年五分的好处，约合一万六千两银子，这五千两银子是头付。这算是胡雪岩与朱福年之间暗中进行的一桩“秘密交易”。不过，这笔“秘密交易”古应春在适当的时候一定要透露给庞二。

朱福年如果收下这五千两银子，也就进入了胡雪岩布设的陷阱。他如果敢于私吞这笔银子，背着庞二暗中“做小货”，赚钱归自己，蚀本归东家，就犯了商业中当伙计的大忌。胡雪岩就可以托人将此事透露给庞二，朱福年必会丢掉丝行档手的差事。如果他老老实实将这笔钱归入丝行的账上，跟庞二说是帮胡雪岩生意上的忙，十足垫付，背着庞二暗地里收个九五回扣，这也是开花账，对不起东家。或者他老老实实，替庞二打九五折收胡雪岩的蚕丝，赚进一万六千两银子归入公账，那么，胡雪岩有这张五千两银子的收据在手，也可以说他借东家的势力敲竹杠，吃里爬外，如果不是胡雪岩送了这五千两银子，胡雪岩的生丝卖不到这个价钱。也就是说，本来洋人只出八五折，只是因为姓朱的收了五千两银子的贿赂，才联手提到九五折。这样朱福年也要失去庞二的信任，总之是猪八戒照镜子——里外不是人。

胡雪岩的计策果然生效，朱福年不仅被胡雪岩收拾得服服帖帖，并且退还了那五千两银子，而此时古应春也暗中留了一手，另外给了一张收条给他，留下了原来存银时钱庄开出的笔据原件，作为以后可以利用对付朱福年的把柄。当古应春将此事告知胡雪岩时，胡雪岩说："不必这样了。一则庞二很讲交情，必定有句话给我；二则朱福年也知道厉害了，何必一定要让他丢了丝行的差事。我们还是从正路上去走最好。"

胡雪岩所说的正路，也就是能按正常的方式、正当的渠道办的事情就不要用"歪"招、"怪"招去做。从某种意义上说，胡雪岩制服朱福年的办法，就是一种诱人落井、推人跳崖的阴狠招数，确实有一种歪门邪道的意味。但胡雪岩认为，这种歪门招数，只有在万不得已时才能偶尔为之，一旦能够用正常的方法去做事，也就不必如此了。言谈之中可以看出，胡雪岩对于自己迫不得已而施出的制服朱福年的"歪招"从内心也是持否定态度的。

另外，胡雪岩所指的做生意要从正路上走最好，还有另一种含义，就是指做生意要时刻牢记"君子爱财，取之有道"的原则。什么钱能赚，什么钱不能赚，要分得清清楚楚，不能一心只想赚钱而不顾道义，来路不正的钱绝不拿。

生意场上，经商就是为了赚钱，目的就是要把别人口袋里的银子"掏"到自己的腰包里来。商人图利，不过，赚钱要走正道，要光明正大地从别人口袋里"掏"来银子，并且要做到让别人心甘情愿地让你来"掏"。这当然并不是一件容易办到的事，里面也肯定需要许多必需的技巧和诀窍，这也就是所谓的"生财之道"。不懂得生财之道，"君子爱财”终归只能是爱爱而已，绝对是取之不来的。

胡雪岩驰骋商场一生，精于生财之道，他注重“做”招牌、“做”面子、“做”场面、“做”信用；而且善于广罗人才，经营在官场、江湖中的靠山；乐于施财扬名，广结人缘……这些措施，就是胡雪岩的生财之道，而且也确实行之有效，为他挣得了许多银子。

这里的“道”，还应该是指取财而不违背良心，不损害道义的正道。经商之道，首先是做人为人之道。一个跟头跌进钱眼里，心中只有钱而没有做人的基本原则，为了钱不惜坑蒙拐骗，伤天害理，便是奸商，这种人即使拥有的财富再多，也为人们所不齿。

“君子爱财，取之有道”，具体来说，也就是要完全依靠个人的胆识、能力和智慧，依靠自己勤勉而诚实的劳动去心安理得地“挣”取，而不是怀着发横财的心思靠歪门邪道、坑蒙拐骗去“诈”取。真正做出大成就的成功商人都明白这样的道理：商业运作是最需要讲信义、信誉和信用，最应该讲诚实、敬业和勤勉。也就是说要于正途上“勤勤恳恳去努力”，生意才会长久，所得才是应该。所谓飞来的横财不是财，带来的横祸恰是祸，说的就是这样一个道理。

6. 不轻许承诺，许了就要一诺千金

胡雪岩深知许诺对于别人的重要性，这种重要性在于别人对他产生的期望。如果承诺不能兑现，他人就会对自己失望，自己也就自然失去了影响力。最为痛楚的是，下次你说的话、做的事，即便是真心实意踏踏实实做下来的，别人也会在心里给你打个折扣，发个疑问！这种不被人相信的痛苦确实难以忍受。

胡雪岩有过一个承诺二十多年后才兑现的事情。

那时胡雪岩用信和钱庄的外债，收回后资助王有龄去京中捐官。这等于是断了自己在杭州的生路，于是，他去投靠上海一位从小一起长大的朋友，试图在上海谋条路子，同时也兼学生意。

胡雪岩刚到上海，却发现这位朋友已经由于家乡有紧急事情，回到浙江绍兴去了，别人告诉他不会等很久，这位朋友就会回来的。于是，胡雪岩找了一家小客栈住了下来，这家小客栈就是“老同和”，谁知这一等就等了十天，人没等到，盘缠用光了，只好在小客栈里苦熬日子，囊中无钱，一筹莫展，只好闭门不出。

但客栈钱好欠，饭却不能不吃。他每天都在“老同和”吃饭，先是一盘白肉，一碗大血汤，再要一样素菜。后来减掉白肉，一汤一素菜，再后来大血汤变成黄豆汤，最后连个黄豆汤也吃不起了，买两个饼，弄碗白开水就算一顿，这种日子过了有七八天，实在过不下去了，头昏眼花，倒还在其次，心中慌得很，那种滋味真不是人受的，好像马上就要大祸临头。于是这天发个狠，拿一件夹线长袍子当掉后，头一件事就是到“老同和”去“杀馋虫”，但仍旧是白肉、大血汤和一样素菜。

吃饱后付账，回到客栈，忽然发现当票弄丢了，这样以后即使有钱也赎不回来了。胡雪岩当时倒并未如何在意，丢了就丢了，到以后有钱做件新的也一样，但第二天，却有人将当掉的那件长袍子送到了胡雪岩的住处。一打听，胡雪岩非常感动。

原来当时老板的女儿阿彩，由于在前堂招待客人，天天见胡雪岩来吃饭，是大血汤和白肉，后来只有大血汤，再后来变成黄豆汤，这天忽然发现和原来一样，但身上却变成了“短打”。后来胡雪岩付账时，将长袍当票掉在地上，晚上打烊时被店里伙计阿利发现，送交账台阿彩。阿彩于是悄悄将长袍赎了出来，关照阿利送回。

胡雪岩了解到事情经过，便托阿利给阿彩带了句话：代我谢谢你们阿彩，她替我垫的钱，以后会加利奉还。从此也就没有再见阿彩的面。

在以后的二十多年中，胡雪岩也曾想起要还款，但不便对人说明缘故，办得不遂。此后想起来，不是时间不对就是辰光不对，这件事情就这样搁下了，直到胡雪岩的生意濒临危险，胡雪岩到上海与古应春商量办法，正事谈完到夜市闲逛，偶然中的偶然，胡雪岩踏进了“老同和”的门。

“年年岁岁花相似，岁岁年年人不同”。景真是物换星移转头空，阿彩，这位当初站账台招待客人的姑娘家，如今已成“老同和”的老板娘，平时再也不会出来侍奉客人了。

当年的伙计阿利是现在“老同和”的老板，他入赘，成了阿彩的丈夫，膝下一子一女，当时阿、利阿彩正准备将“老同和”翻造，因为要修马路，“老同和”房子前面要削掉一半，平房改建成楼房。若要造得好一点，将“老同和”后面的一块地皮买下来，方方正正成格局，要用到一千五百两银子。盖成之后，老店新开，重起炉灶这笔本钱也要一千五百两银子。

夫妻俩正为此发愁，胡雪岩问明了情况，决定一定要好好为这事上帮一把。按着他的性格，原想帮阿利“老店新开”，弄得轰动一下，但想一下当时自己的处境，自嘲地摇一摇头，最后叫古应春带三千两银子的汇票给阿利，再叫古应春去跟阿彩谈一番，告诉她事情前因后果。一路做下来，胡雪岩和古应春二人都觉舒畅，胸怀不禁为之一宽。

正因为有当时的许诺，胡雪岩始终未敢忘记这件事，终于碰上一次实现许诺的机会，胡雪岩大报特报，将一桩陈年小事引起的承诺兑现得漂漂亮亮。要么就不做承诺，承诺一旦作出，必须实行和兑现。

胡雪岩的做法不仅仅适用于商业领域。不管在任何情况下，如果你已经许下诺言，那不论发生什么事情，你都不能反悔。假如你已经作出了某个承诺，而你却言而无信，最终将导致糟糕的局面。

7. 没有规矩不成方圆，照规矩办事

俗话说，“没有规矩不成方圆”。规矩是做事的原则，也是做人的底线。一个照规矩办事的人，凡事总能为他人着想。别人得利，自己也没有什么坏处，真是皆大欢喜。

胡雪岩做事特别强调“一定要照规矩来”，这也是其能红极一时的法宝！

比如，绿营兵军官罗尚德上战场之前将自己的银子存入阜康钱庄，一方面他相信阜康的信用，另一方面他马上就要去打仗，生死未卜，不知道还能不能活着回来，因此坚决不要存折，但胡雪岩一定要出具存折，即使这个存折是交给第三者阜康“档手”刘庆生保管，开具存折的手续也不能省略，因为客户存入款项钱庄必须开具存折，这是照规矩来。

再如，与古应春、尤五、郁四等人合作做蚕丝销“洋庄”赚了十八万多银子，但这赚头只不过是账面上的“虚好看”，生意过程之中的各项费用除开，加上必要的各处打点，与尤五、古应春等生意合伙人分过红利之后，这笔赚头不仅分文不剩，甚至还有一万多银子的“倒账”。虽然既是合作伙伴又是朋友的古应春自己主动要求不要这份红利，但胡雪岩即使自己分文不剩也仍然该分的照样分，因为既是合作伙伴，红利就必须均沾，这也是照规矩来。

又如，胡雪岩的生意开始于太平天国起义由盛到衰的时期，但他绝不和太平军做生意，这是他确定的一条绝不逾越的大原则。太平军攻下杭州之后，也曾邀他回杭州帮助“善后”，他的生意根基在杭州，而且当时他

的老母妻女也都陷在杭州，以一般生意人的眼光，既可照顾自己的生意，又可保护老母妻女，何乐不为？但胡雪岩仍然坚持不去。因为无论如何当时天下仍然是大清的天下，与太平军做生意违反朝廷王法。不违犯法条这对他来说，更是照规矩来。

不难发现，大凡“守矩”，无非都是出于某一种规则或律令。由于这种规则或律令的要求，我们才决定止步不前，或接受某种自己不愿接受的事实。然而，作为这些规则和律令来说，一般可分为两类：一类便是外在的；另一类则是内在的。前者是别人为自己订立的，后者是自己为自己订立的。古人们之所以要强调“守矩”多半是出于对外在规则和律令的服从和惧怕。在现代社会中，真正的“守矩”则不是那样，它是一种自我立法、自我约束之下的“克制自己”，是真正地、由衷地出于一种自我本身的需要，它不像传统社会那样，“守矩”是一种自我牺牲，是殉道或是一种所谓的忠诚。现在的“守矩”是一种自我实现的方式，是对自己有利的。

8. 把双赢作为竞争策略

在博弈论中有一个重要的概念：零和游戏。所谓“零和游戏”，就是说游戏参与各方得失总和为零。零和游戏是博弈的一种模式，也是一种思维的方式。

自古以来，人们便视赚钱为一个“你输我赢”的零和游戏，一种肮脏的生意。但在胡雪岩的眼中，他相信一个人可以不靠肮脏的手段而致富，你不用去抢别人的蛋糕来加大自己的蛋糕。他选择一种“双赢”的策略——追求“你活我也活”——讲求彼此的和谐与互助合作。

事实上，胡雪岩生意的成功很大一部分也得自同行、同业的真心合作。胡雪岩的每行生意都有极好的合作伙伴，而几乎他的每一个合作伙伴，都对他有一个“懂门槛”、“够意思”的评价。归根结底，同行之间不仅要竞争，更多的是要合作，要克服“同行如敌”的狭隘眼光，把目光放长足，才是一个成大事者应该采取的态度。

在他发迹之后，他也时刻不忘记对同行、特别是对下层商人的提携。浙江慈溪人严信厚（1839～1907）幼时在宁波恒兴钱肆当学徒，后来到上海宝成银楼任职，同治初年，就是在胡雪岩的推荐下，得以进入李鸿章幕，被发任李军镇压捻军的驻沪襄办饷械。

以后，在他渐渐将生意做大的过程中，总是不忘记照顾同行的利益这一准则。在太平天国兴起的形势下，各地纷纷招兵扩军、开办团练以守土自保，尤其是江浙一带直接受到太平天国的影响，更是大办团练、扩充军队。有了兵就要有兵器。胡雪岩便开始做起军火生意。他决定先买洋枪。在买不买炮的问题上，他却考虑得很远。且最后放弃买火炮的主要原因，是因为浙江有一个炮局，由龚振麟、龚之棠父子主持。浙江炮局主要就是制造火炮，他们制造的土炮自然赶不上西洋的“落地开花炮”，但毕竟是自己造的炮。胡雪岩认为，如果他买进西洋炮，由于西洋炮威力大，质量好，必然要顶掉浙江炮局制造的土炮，因而也势必侵犯炮局的利益，引起炮局的妒忌。炮局龚氏父子本来就得浙江大吏黄抚台的重用，他们为维护自己的利益，势必利用自己多年建立起来的影响，大肆挑剔买洋枪洋炮的弊端，反对浙江购买洋炮洋枪。如此一来，不仅洋炮买不成，连洋枪恐怕也买不成了。胡雪岩基于对这种世故人情的考虑，决定舍炮而不买，只买洋枪，这样就避免了对炮局利益的触及，选择了一条与众不同的项目，另辟市场，不至于引起同行的反对。

虽是同行，却能做到和平共处，这是胡雪岩为了生意的成功而寻求的外部环境。他的以枪舍炮的做法，看似违背了商人追求利益的原则，但他却得到更大的实惠，在既不会遭到反对，也没有竞争的经营空间中，更大地赢得利润。

现代社会也是如此，一行生意，同行之间由于经营内容的相同，也就意味着要分享同一市场。对同一市场的分享，也就是利益的分享，因此同行间的竞争也是必然的和不可避免的，而为了各自利益，同行间互相忌妒，以至于由忌妒到倾轧、竞争，成了同行间的常事。在竞争中或者一方取胜，另一方被迫称臣；或者两败俱伤，第三者得利；或者一时难分胜负，双方维持现状，酝酿新的一轮竞争。这似乎是我们都能理解的，也似乎是我们大家也都能认可的市场规律。

在商言商是商人在商场的原则，但若只立足于这一点，就未免目光短浅。做生意离不开竞争，有竞争就有输赢，但是零和游戏并不是固定不变的游戏规则，有时也可以得到双赢的结果，这就要视你有没有违背竞争规则了。也就是说，只能通过质量、价格、促销等方式进行正大光明的"擂台比武"，一决雄雌，切不可用鱼目混珠、造谣中伤、暗箭伤人等不正当手段损伤对手。

现代社会条件下，市场形势瞬息万变，市场形势此时可能对甲企业有利，眨眼间就可能变得对乙企业有利。所以，老板应"风物长宜放眼量"，不应当以一时胜负来论英雄，更不可以一时失利而迁怒竞争对手。同吃一块蛋糕的赢钱术是胡雪岩睿智的表现，操作性非常强。

9. 有口皆碑，就不怕生意做不大

以前的生意人对"招牌"是非常重视的。招牌，代表了一家商店的信誉，也可说是吸引顾客对某商店给予信赖并安心购买的标志。

因此，不管哪一家商店，都非常重视"招牌"，不希望对它有点损害。胡庆余堂开办之初，同行竞争厉害，而且自己还没创下有口皆碑的牌子，故一时之间非常困难。在这种压力下，胡雪岩提出了“真不二价”的说法，以打响自己的招牌。

当时，许广和、叶种德本是杭州城里两家最大最老的药号，而且也分别有自己的看家本领，只是胡庆余堂开办伊始胡雪岩采取的那些组织送药、修合公开、养鹿取茸等招式，很快就收到了极好的效果，以至于马上就显出了极旺的势头，每日里顾客盈门，且杭州附近州县的老百姓也慕名而来专到胡庆余堂买药，大有雄霸杭州一方的气势。胡庆余堂的生意好了，许、叶两家的生意自然也就清淡了许多，于是他们也得想办法争取顾客了。这两家药店自恃历史悠久，实力也不弱，决定与胡庆余堂打一场价格战，希望通过压价销售“拼”垮胡庆余堂。叶种德的老板率先降价，胡庆余堂的人参每两两钱银子，他们只卖一钱七，胡庆余堂的淮山药每两五厘纹银，他们只卖四厘……顾客自然是捡便宜的买，于是叶种德药号确实又拉回了很大一批顾客。

按一般的做法，胡雪岩应该以牙还牙，与许、叶两家打一场价格战的，而且，此时的胡雪岩其实也有能力和他们拼价格。胡庆余堂药店真正开办起来的时候，他已经有钱庄、典当做后盾，资产已达千万，如果他要与许、叶两家打价格战，甚至有可能挤垮他们。但是胡雪岩没有采取这种普通的做法，在胡庆余堂的“阿大”向他报告了由于许、叶两家故意压价而使胡庆余堂营业额下降的情况的第二天，他不仅没有将自己的药材降价，反而在大堂之上挂出了上书“真不二价”四个烫金大字的牌匾。

胡雪岩的做法显然是受了“韩康不二价”的故事的启发，相传韩康是古代一位深谙医道、遍识百草的采药人。这韩康以采药、卖药为生，每日上山采药，然后把采得的药材挑到集市上出售。集市之上自然少不了讨价还价，而有些心术不正的卖药人常常以次充好，本就不是货真价实，因而也允许顾客讨价还价，唯独韩康不准还价。他对顾客说：“我的药值这个价，我也只卖这个价，这就叫‘真不二价’。”那些买药人吃那种讨价还价买来的药数贴不能见效，而吃了韩康的药，一两贴就能除掉，自然也就相信了这“真不二价”的实在，“韩康不二价”的故事也便传扬开来，韩康的生意也越来越好。

胡雪岩挂出“真不二价”牌匾，也就是要向顾客作出承诺：胡庆余堂卖出的药绝没有半点掺假。而他心里也清楚，压价销售，实际上只是权宜之计，绝不可能持久，因为药材的价值是明摆着的，做生意总不能为了挤垮对方而自己一直亏本经营，这样下去，不等挤垮别人，自己先就垮了。而要想自己不因为压价而亏本，唯一的办法就是以次充好，以劣代优，也就必然导致卖出的药品质量同步下降。“顾客心里一杆秤，药是治病的，卖出的药药效不好，甚至根本不能治病，店号名声跟着也就垮掉了，最后吃亏的还是自己。我就是要告诉顾客，我胡庆余堂卖的就是韩康的‘方子’，货真价实才是做生意的长远之计。”

胡雪岩确实深谙商业竞争之道。商业竞争过程中，价格竞争自然也是一种可用而且也的确可以收到一定效果的方式。同样品质的商品，如果价格上占有优势，在市场竞争中也必然会占有相应的优势。但是，这里关键的还是一个“真”字，价廉的同时必须物美，必须货真。如果在价廉的同时降低商品品质，甚至以假冒伪劣蒙骗顾客，可以奏效一时，但绝不可能长久。而且，价廉还必须以不损害自己的商业利润为前提，即可以通过薄利多销去争取市场占有率，但不能以加大亏空的方式去占有市场，因为这样去做本身就违背了商业目的，因而也是不能长久的。

另外，从消费者心理来看，这建立在货真价实基础上的“真不二价”，对于提高和巩固消费者对于所经营的商品的信任度来说，还可以起到很好的引导作用。一般来说，大多数消费者在选择商品的时候，仍然是把商品品质放在首位考虑的，特别是医疗药品等这些关系健康甚至性命的特殊产品，消费者首先考虑的绝不是价廉而是货真。因此，如果敢于作出“真”的承诺，而且也的确保证了货真，消费者信任而不去过多考虑价格，也的确可以“不二价”了。

正所谓“君子爱财，取之有道。”这句话的意思是，每个人都希望有钱，这并没有错，但要获得钱财，必须有原则，不能违背人情义理和政策法规。

对生意人而言，信用和商誉非常重要。而信用和商誉，必须经过长时间的努力才能获得。

因为买卖并不是只做一次，所以如果违背了常理，就无法持久。一次不正当的行为，很快就会传遍大街小巷，这时，任凭你如何辩理——“不，只有那一次，我再也不会那么做了”，一定没有人会相信你。

失去信用和商誉只是瞬间的事，而一旦失去了，想要恢复就必须再花很长的时间。所以，要时时自我警惕。

第十一章

做事要快，以快打慢胜算多多

我们面临的世界，是一个充满变数并且竞争非常激烈的世界。因此，速度很可能成为决定成功和失败的关键。留心观察那些成大事者，无不是深谋善断、雷厉风行之人。他们深知先下手为强，后下手遭殃之理，所以往往是想到就做，从不落于人后，也只有这样做事才能真正地成功。因此，欲成大事行动一定要迅速。

1. 兵贵神速，果断出击是取胜的天规

用兵贵在神速，趁敌人没有防备，走敌人预料不到的道路，攻击敌人未加戒备的地方。胡雪岩做生意时最讲究以速度取胜。一个商人能否成功，至少有80%是与出击的速度相关，因为速度快可以先人一步、先拔头筹。

做生意讲究速度，意思就是，因为占了先机，所以能够先人一着，从容应对。与那些在纷乱时事中茫然无措的人们相比照，胡雪岩的优势便显现出来了。

对于胡雪岩这样一位眼界开阔、头脑灵活并且敢想敢干的人来说，生意场上到处都能见到财源，到处都能开发出财源。比如，他为销“洋庄”走了一趟上海，在上海的“长三堂子”吃了一夕“花酒”，酒席宴上与那位后来成为他可以生死相托的朋友古应春一席交谈，就让他抓住了一次赚钱的机会。

古应春是一位洋行通事，也称“康白度”或“康白脱”。中国开办洋务之初，这样的通事是极要紧的人物。他们表面上主要充当的是类似今天外事翻译的角色，但由于这一角色的特殊性，在当时的“外贸”活动中，他们其实还担当着为买卖双方牵线搭桥的职能，实质上也就是后来所说的买办。“康白度”或“康白脱”也就是英语“买办”的音译。

胡雪岩要销“洋庄”和洋人做生意，自然一定要结识这样一位要紧的人物。胡雪岩来到上海，设法托人从中介绍与古应春相识。请吃花酒是当时上海场面上往来应酬必不可少的节目，于是便由胡雪岩做东，尤五出面，在“怡情院”摆了一桌以古应春为主客的花酒。酒席上，古应春谈起他自己参与过的洋人与国人的一桩军火交易。那一次洋人开了两艘兵轮到

下关去卖军火，本来价钱已经谈好，都要成交了，谁成想半路杀出一个程咬金来，直接与洋人接头，告诉洋人太平军有的是金银财宝，缺的是军火。洋人一听立即单方毁约，将原来议定的价格上涨一倍多。买方需要的军火在人家手里，自然只能听人家摆布，白白让洋人占了大便宜。

古应春讲这段经历，是因为愤慨于国人总是自相倾轧，以致让洋人占了便宜。但古应春的这段经历，却激起了胡雪岩要尝试与洋人做一票军火生意的兴趣。在胡雪岩看来，有两个情况决定了这军火生意可做，而且一定可以做成功。第一，当时上海正闹小刀会，两江总督和江苏巡抚都为此大伤脑筋，正奏报朝廷，希望多调兵马，将其一举剿灭。兵马未动，粮草先行，可以先备下一批军火，官兵一到，就可以派上用场。胡雪岩知道江苏巡抚是杭州人，他可以走通这条路子。第二，此时太平军也正沿着长江一线向江、浙挺进，浙江为地方自保，正在办团练，也就是组织地方武装。办团练自然少不了枪支火药，可以借王有龄在浙江官场的势力，促使浙江地方购进一批军火，也不成问题。反正洋人就是要做生意，枪炮既然可以卖给太平军，也就没有不卖给官军的道理。

事情一旦想明白，便立即着手进行，这是胡雪岩一贯的作风。请古应春吃花酒的当天晚上，酒宴散后已是子夜，胡雪岩仍不肯休息，留下尤五商谈与古应春联手同洋人做军火生意的相关事宜，甚至将如何购进、走哪条路线运抵杭州、路上如何保障军火安全都考虑到了。第二天他又专门约来古应春，进一步细细商定了购进枪支的数量、和洋人进行生意谈判的细节，以及如何给浙江抚台衙门上“说帖”等事宜。第三天，胡雪岩就和古应春一道会见了洋商，谈妥了军火购进事宜。从动起做军火生意的念头到此时，不到七十二个小时，这笔生意就让胡雪岩做成了。

《兵经百字·速字》中说：“有智而迟，人将先计，见而不决，人将先发，发而不敏，人将先收，难得者时，易失者机，迅而行之，速哉！”意思是说，发现战机而犹豫不决，敌人就会先发制人；我虽先发而行动不够快，敌人就会先收其利。难得的是时间，易失的是机会，所以一定要抓住来之不易的机会。

只要发现了生意的财源，哪怕是只要产生一个念头，就马上想到去付诸实施。生意场中需要的就是反应迅速，敢想敢干。生意人面对的市场总是与时局、政局紧密相连，且总是处在不断发展变化中。市场中出现的各种具体情况以及变化，对于生意人来说往往既是挑战也是机会。只有及时针对具体市场情况作出迅速反应，才能不断地开辟新的经营渠道，才能不断为自己开拓出新的财源。

不用说，这也正是生意人应该认真思索的地方。也正是这种“想到做到”的精神，使胡雪岩获得比常人更多的商机，推动着胡氏家业的迅速扩展。

想到就干，果断出击，值得任何一个欲成大事者深深体会和借鉴。

2. 该出手时就出手

对于失败者而言，会有很多的理由和借口。其中常见的一条就是：我没有机会去实现我的理想。其实这不过是自欺欺人之言，失败的最大问题在于“该出手时未出手”。胡雪岩是个经商高手，懂得不出手则已，一出手惊人。

咸丰三年（1853）三月，太平天国攻克南京，定为都城，威胁到漕运的安全。为了保证粮源不断，朝廷下旨在浙江设立“海运局”，从海上运输粮米，不但安全可靠，而且海船吨位大、载重多，从宁波港直发天津卫，耗费的时间并不比漕运多。王有龄主持海运局事务，委派胡雪岩做了一名主事，替他处理具体事务。胡雪岩得了这个美差，十分卖力，不久便发现其中有个赚钱的奥妙。原来海船北上，必得通过上海，上海的米价，有时比浙江要低，由于战事，有时两地的差价十分明显。胡雪岩便向王有龄献计，让海船空着驶向上海，用银子向上海粮商收购米，再运往天津卫，而粮价仍以浙江粮价计算，一趟下来，赚得上万两银子。乐得王有龄合不拢嘴，直夸胡雪岩脑瓜子活络，办法多。

白白赚了银子，该怎么花呢？胡雪岩想起自己的老行当——钱庄生意，于是就对王有龄耳语了几句，王有龄听后，拍手大笑："好哇，既能报仇，又成全了我们，妙绝！"

次日，王有龄大张声势直奔信和钱庄，慌得信和钱庄老板蒋兆和赶忙迎接。王有龄坐定后说："贵号可有位伙计，叫胡雪岩的？""啊，有，有。"王有龄拿出一包东西，打开后，只见里面是银光锃亮足色官银，约有五百多两。王有龄道："去年我曾向胡雪岩借了五百两银子急用，按月息一分，到现在共五百五十两，我要当面亲自交割与他，不知胡雪岩在否？"蒋兆和暗暗叫苦，胡雪岩早已不知去向，说不定被野狗撕吃了，哪里去找？忙说："胡雪岩出省公差去了，三几日内回不来，老爷不如把银子留在柜上，我打一张收条，也是一样的。"

"不行！"王有龄断然拒绝，收起银子，说，"钱庄的规矩谁都知道，谁经手谁了结，一丝不苟，再说我还有话和他谈呢，若是找不到他，可别怪我欠账不还。"王有龄大步走出钱庄，扬长而去。蒋兆和心痛万分，方知自己干了天字第一号的蠢事，当初本不该赶走胡雪岩，眼下白花花的银子收不回来，又打听到王有龄是海运局主管，更加捶胸顿足、后悔不迭。海运局每年经手的粮银几十万两，若是能靠上这样的大主顾，钱庄的周转就不愁了。

蒋兆和吩咐手下的伙计历尽千辛万苦终于找到胡雪岩，却不曾想胡雪岩却爱理不理。凭着商人的精明，蒋兆和立刻明白胡雪岩的分量，对信和来说无疑是位财神，可千万别放走了。于是，蒋兆和使出浑身解数，又是称赞他有出息，又是大谈昔日友情，猛灌一气迷魂汤，送上丰厚礼物。胡雪岩顺水推舟，与他渐渐亲热，气氛融洽了许多。

往后几日，蒋兆和费尽心机，今日请胡雪岩吃花酒，明日替胡雪岩安排郊游，专在他身上下功夫，三日一小宴，五日一大宴。胡雪岩乐得大享其福，只由他安排。一月下来，两人尽弃前嫌，言谈融洽，俨然成了生死之交。看看火候已到，胡雪岩先把一万两银子存到信和，三年为期。蒋兆和自然满心喜欢。

一日，胡雪岩酒足饭饱之后，对蒋兆和欲言又止，蒋兆和见了说："雪岩兄弟，你和我亲如一家，你的事就是我的事，有什么危难处，不妨说出来，老哥替你分忧。"胡雪岩说："此事关系重大，恐怕你难当大任。"蒋兆和拍着胸脯说："为朋友两肋插刀，在所不辞，上刀山、下火海，亦不在话下，有什么大不了的事？"

胡雪岩告诉他，海运局有七十万两银子的公款，想要寻找一家可靠的钱庄存款，月息低倒无所谓，只要能随时支用。蒋兆和高兴得心都快跳出来，他的信和不过二十来万两银子的底储，常常苦于头寸不足，放掉许多大生意。如今有海运局这大笔银子垫底，杭州城的钱庄谁有这般雄实？蒋兆和请求胡雪岩将银子存到信和。

"好是好，信和业务不错，信用也高，只是一旦公用，不要耽误了大事。"胡雪岩语气凝重。蒋兆和为庞大的数目所陶醉，根本没有注意到胡雪岩的弦外之音。所谓利欲熏心、忘乎所以，大概就是如此。

时隔不久，信和钱庄果然存进七十万两银子，蒋兆和顿时觉着腰粗胆壮，说话气也足了。为了使他放心，胡雪岩告知其中三十万两银子可以长期入存，海运局不可能都支用。蒋兆和如吃了定心丸子，放大胆子放款吃高利息，业务蒸蒸日上。

蒋兆和以为同胡雪岩关系越密切，海运局这座靠山越稳当。为表示亲密无间，无所避讳，蒋兆和常把钱庄来往明细账簿送给胡雪岩过目，以示不欺。胡雪岩本是行家里手，稍稍一看，便知钱庄生意情况。这天，蒋兆和又将账簿给胡雪岩察看，胡雪岩发现蒋兆和急于放款息，钱庄底银已不足十万，这是十分危险的事。倘若有大户前来提现银，就可能告罄出丑。即使同业可以援手相助，调头寸解决，数目有限，也不能完全满足。倘若钱庄不能兑现，风声传出，用户一齐来挤兑提现，钱庄非倒闭不可。而眼下，唯一能提现银的大户，就是海运局。想到此，胡雪岩心里有了主意。

第二天，信和钱庄刚刚开门，便有两名公差模样的人，手持海运局坐办王有龄签发的条札，前来提现银三十万两。蒋兆和一听，如雷灌顶，底金不过十万，如何能兑现？慌忙中，蒋兆和安排公差稍坐，赶紧去找胡雪岩。谁知胡宅告知，胡雪岩去上海公干。蒋兆和急得满头汗水，找到同行业公会，对方只肯调剂五万。蒋兆和无奈，前去海运局求见王有龄。王有龄和蒋兆和没有私交，打着官腔慢吞吞道："这三十万两银子用来购粮运往江北大营，朝廷与长毛战事激烈，耽误了军用，上面怪罪下来是要掉脑袋的。"当时太平军正与清军在南京周围激战，军粮是作战急需，这利害蒋兆和清清楚楚，不禁吓出一身冷汗，还想通融："能否推迟半个月，容我赶快筹措银子。"王有龄厉声道："当初有言在先，海运局银子随用随支，怎么拿不出来？分明侵吞公款，以售其私！"蒋兆和战战兢兢，不敢再说。王有龄又道："顺便再告诉你，余下四十万银子，十天后将取出作为饷银解送曾大帅处，到时如有误失，请曾大帅处置。"这话几乎令蒋兆和昏迷过去，谁不知曾大帅执法严厉，嗜杀成性，老百姓暗地称他"曾剃头"。

而此时的信和钱庄，挤满了手持钱庄银票的存户，要求提供现银，他们不知从什么地方得知钱庄亏空严重，面临倒闭清盘。此举无疑雪上加霜，蒋兆和支持不下去，他甚至想到了自杀，一了百了。恰在这时，胡雪岩奇迹般地出现，蒋兆和顾不得面子，一下跪在他面前，涕泗横流，哀号道："雪岩老弟，你一定要救救大哥呀！"胡雪岩知道现状是该自己出手的时候了。只见他肃然正色道："本人与海运局王老爷系莫逆之交，掌管海运事务，提银之事纯属无稽之谈！勿听信流言，扰乱人心，这可是要吃官司的呀！"人们不吭气，胡雪岩赠银救王有龄的事，杭城尽人皆知，他俩的关系非同寻常，胡雪岩的话足以代表海运局，谁还会有异议呢？

胡雪岩这一招果然奏效，众人不再兑现，逐渐散去，柜台前总算清静下来。蒋兆和眼里露出希望的光芒，将信将疑："雪岩老弟可会说动王大人改变主意？"胡雪岩拍拍胸膛："凭我们患难之交，当无困难。"这时，胡雪岩不失时机地说出用信和五成的股份作为交换条件。"五成？"蒋兆和差点失声叫出来，一副悲痛欲绝的模样。胡雪岩心中暗笑，明白蒋兆和这回牛踩乌龟背，痛在心里头。五成的股份的确不是小事，这关系到蒋兆和的老板地位，一旦让出，和倒闭有什么两样，蒋兆和无论如何不愿意。他顿时陷入沉默，许久不语。

胡雪岩洞察他的心思，索性再加一把火，"你若是不愿意，得罪了王大人，发起狠来，提取全部存银，你能如数归还吗？"

蒋兆和有气无力道："我设法筹集就是了。"

胡雪岩继续跟进，道："七十万两银子，又不是变戏法，说来就来了，再说，你与洋人合伙从英国订购的一批洋油，船到日本就触礁沉没，血本无归，如何填补这项亏空？"蒋兆和闻言，脸色大变，知道碰上真正的对手，他怎么忽略了胡雪岩是吃钱庄饭长大的呀。这批洋油贴进三十万两银子，本来可获利数倍，不想遇海难，算扔进大海去了。这事做得隐秘，连账面上都看不出来，胡雪岩还是知道了。

"还不出粮银，王大人向上面递手本，参你个侵吞粮银，贻误军用，谁也保不住你，好自为之吧！"胡雪岩抛出了"杀手锏"。杀身之祸、抄家灭族，就在眼前。蒋兆和浑身颤抖、双唇哆嗦，断断续续说："我，愿意，奉送股份。"

胡雪岩见对方已经妥协，也不便一竿子打死，今后还要用这把理财好手呐。故又说："其实不必惶恐，只要讨得王大人高兴，安心做你的老板，主意由你拿，王大人是外行，绝不来过问，将来生意做大了，年终分红，数目绝不比眼下少，发财大家得，有情有义，何乐而不为？"

一番甜言蜜语，蒋兆和想想，既能保住性命，而且照旧做老板，局外人反正不明就里，凭着信和这块老招牌，再加上海运局做坚强后台，杭州城里也算同行老大，照样呼风唤雨，吃香喝辣，也算不幸之大幸。主意打定，蒋兆和向胡雪岩拱手道：“全仗雪岩兄弟做主，我把身家性命都交给你了，万望在王大人处多说好话。”

胡雪岩也顺势说：“以后大家都在一条船上，什么事都好说。”

王有龄见胡雪岩略施小计，不费吹灰之力便一箭三雕，既报了前仇，又凭空进账大笔股金，连带收服了一个钱庄内行，不由得钦佩万分。

姑且不论胡雪岩收服蒋兆和的手法够不够厚道。但从这件事上不难看出，胡雪岩对人、对事懂得什么时候该收，什么时候该放，什么时候该紧，什么时候该严，从而轻松瓦解对手。张弛有道，该出手时就出手是值得我们借鉴的做事方法。

3. 当断则断，是做事成功的大智慧

在商业经营中，有着许多稍纵即逝的宝贵商机，等待人们发掘。对于商人来说，关键时刻，一念之差，就可能使事情的结局发生质的转变。因此，当机遇降临时，是否有拍板定夺的勇气，往往决定着一笔生意的成败。尤其是大部分资金积压于一处时，一旦调度失当，常使经营者遭受倾家荡产之灾。商人多虑，若不能佐以多勇，机遇来临，犹犹豫豫，不敢决断，且不说费神劳力，贻误商机，单是这种摇摆不定的工作方式，也会让员工、合作者为之担心。因此，在商业经营中，深谋善断对于获得比别人更多成功和利润是绝对必要的。胡雪岩便很明白这个道理。

胡雪岩在商战中总是经过深入的了解，缜密的分析，全局的把握，然后才做出果断的判断。

当时胡雪岩要做生丝生意，他与阿珠的父亲谈妥，自己出一千两银子做本钱，让阿珠的父亲回到老家湖州，立马就在湖州开出一家丝行坐地收

丝。但此时却遇到了一桩麻烦：按照定规，开丝行要领“牙帖”，也就是我们今天所说的营业执照。

按惯例，丝行“牙帖”要由京里发下来，因而手续十分繁杂。首先必须由拟开丝行的人先提出申请，其次由当地州县层层上报到京，最后由京里审批之后再将照本发下，如此一来，要领到一张“牙帖”，来来去去最快也得三个月。新丝都在四、五月间上市，这个时候，乡下正是青黄不接的当口，蚕农都等钱用，同时，蚕农即使不等钱用，也会急于将新丝卖出去，因为新丝存放时间长了会发黄，价钱上会打很大的折扣。对于丝行来说，这个时候开秤收购，自然容易有一个好的进价。此时已经是三月末了，如果按正常手续办理丝行“牙帖”，一定会耽误了收丝。丝行生意是一年做一季，错过一季也就只好等到来年。所以，当老张把这一情况告诉胡雪岩时，胡雪岩当时就有些发急，他要求老张回到湖州想办法，哪怕花上三五百两银子的租金租一张牙帖，也在所不惜，一定先把门面摆开来，他月半左右就要到湖州收丝。

胡雪岩如此着急，自然有他个性上的原因，他办事总是只要想好了就马上着手去办，绝不拖拉。但此时的着急，还有一个更重要的原因，那就是他已经有了自己一套周密的盘算：他要用在湖州收到的代理官库的现银，就地买丝。王有龄此时已经得到了外放湖州，任湖州知州的肥缺，已经操持着要走马上任。而此时胡雪岩的阜康钱庄也已经立起来了，王有龄既到湖州，也必然要让他的阜康钱庄代理湖州府库的“收支”，这正是胡雪岩开办钱庄之初就设想好了的。王有龄一到湖州，第一件事当然就是征收钱粮，因而也必然地将有大笔需要解往省城杭州的现款入他的阜康钱庄。他要来一次移花接木、移东补西的生意运作，即用湖州收到的现银，就地买丝，运到杭州再脱手变现，解交“藩库”。反正只要到时有银子解交“藩库”就行，对公家不损一毫一两，对自己却是可以无本求利的买卖，何乐不为！

既然已经有了这么好的一个计划，他当然不肯白白耽误了一年的时间，故才想出了这么一个主意。

中国人向来讲究不愠不火，从容自若，慢条斯理的做事态度，大难临头，“刀架脖子上”也能泰然处之。但是，很多时候，也是需要我们雷厉风行的。《史记》中有“兵为凶器”的说法。意思是说，不在万不得已时，不得出兵；但是，一旦出兵就得速战速决。拿破仑穷兵黩武，征战欧洲，不可一世，但后来却有了“滑铁卢”之悲剧；希特勒疯狂侵略他国，得到的却是国破家亡，主权不保，这都是由于当断未断。胡雪岩一直说做生意跟行兵打仗是一个道理，所以他总是能做到当机立断，绝不耽搁。

4. 依靠实力，先发制人

先发制人，必须立足于自身实力的绝对优势，以对敌形成“以石击卵”之势。只有自己具备了强大的实力，才会有“若决积水于千仞”、“以镒称铢”的优势，才有出战制胜的主动权。

《孙子兵法》在谈到作战篇时说：“孙子曰：昔之善战者，先为不可胜，以待敌之可胜；不可胜在己，可胜在敌。故善战者，能为不可胜，不能使敌之可胜。故曰：胜可知而不可为。”在清廷攻打太平天国初期，一个偶然的机会让胡雪岩提前得知了官票即将发行的消息。官票大体与现今国债类似，只是它是一种可以上市流通的银票，可以兑换现银，也可以代替制钱“行用”——用它抵交应按律缴纳的地丁钱粮和一切税课捐项，称为“户部官票”。

事情当时是这样的。一日，刘二爷在路上碰到了钱庄总管刘庆生，他将刘庆生悄悄地拉到僻静之处，从身上掏出一个铁盒子，取出两张银票交给刘庆生。刘庆生一眼便觉得异常，不同于一般的银票。只见那银票是皮纸所制，上面写的是满汉合璧的“户部官票”四字，中间标明“库平足色银一百两”，下面还有几行小字“户部奏行官票，凡属将官票兑换银钱者，与银一律，并准按部定章程，搭交官项，伪造者依律治罪。”刘庆生平素见识的银票不算少，但从未见过这种银票。细问之下，得知这银票在京里也是刚通行，听说抚署已经派人前往领去了，市面上不久就会流通。

刘庆生将这两张银票揣入怀里，直奔胡雪岩处而去。

胡雪岩命刘庆生把来源钱庄和鸿财钱庄的大东家们请来一同鉴赏，以期弄清其来龙去脉。

来源钱庄的大东家孙胖子，反反复复地端详，然后放下银票说：“我隐约听说，京里要发行新官票，没想到已经出来了，上面做事也够快的了。”

“这种官票不知道发行了多少，说的虽然是‘属将官票更换银钱者，与银一律’，但如果这种官票太多，现银不足，那咱们钱庄岂不要蒙受损失了吗？搞得不好，会招致灭顶之灾啊！”鸿财的一位大东家摇摇头，忧虑地说道。

大伙此时将目光射向了胡雪岩。胡雪岩却是满脸沉思之色。客人走后，当刘庆生问起胡雪岩的意见时，胡雪岩摇了摇头，又仔细看了看银票，说：“乱世出英雄。越是乱的时候，才越有机会。有其弊必有其利，最关键的是，我们随时都要抓住利的一面，就会永赚不赔。这就好比做米生意，跌得差不多时，就买进；涨得差不多时，就卖出。卖米是这样，做钱庄生意更是如此。你明白了吗？”

两天后，杭州钱业公司召集同行开会，商讨如何处理上头交下来的二十万两“户部官票”。刘庆生作为胡雪岩的代权人，在召集会上复述了胡雪岩关于“户部官票”的观点，并率先认销了两万两官票。其他钱业同行也踊跃认销，结果二十万数的“户部官票”还不够分派。在兵荒马乱的年月，钱业还出现此种景象，连德劭年高的钱业值军执事也颇为吃惊，对阜康钱庄很是佩服。自此，“阜康”这块招牌，不但在同行之间，而且在朝廷里，也立刻响亮起来，经过阜康钱庄转兑、私蓄的朝廷官员也越来越多。

胡雪岩之所以这么做，是因为在他看来，世上随便什么事情，都有两面，这一面占了便宜，那一面就可能吃亏，而做生意更是如此，买卖双方，天生就是敌对的。就拿眼下认购官票来说，如果朝廷章程订得不完善，滥发起来，它的价值当然会大打折扣。但即使是这样，也要认购，而且还要主动认购，这样才能先发制人。这里有两个原因：

第一，这是在帮朝廷的忙。只要是帮朝廷打胜仗的生意，哪怕亏本，也都要做。短期看，这是亏本，长远看却不是亏本，而是放了资本下去。放下去资本自然是要收回的。只要官军打了胜仗，时世一太平，百业待兴，什么生意都可以做。那个时候，也就可以收回先前投下去的资本了。自己为朝廷帮过忙、出过力，朝廷自然会给予回报，处处提供做生意的方便，哪里还有不能发达的道理？

第二，认购“户部官票”，也是显示阜康的实力，是阜康挣得名气的机会。目前，杭州城里各大小钱庄同行都心存犹豫，小同行看大同行，大同行互相看，都怕派购官票太多，包袱太重，如果这时阜康站出来大胆认购，一方面能够在同行中显示阜康临事不惧的气派，显示阜康的实力，另一方面也能显示同行的义气。阜康在同行中的名气和地位，一下子就起来了。

5. 做事就是要迅速准确地行动

做事时，若能准确而迅速地做出判断并付之于行动，你就掌握了成功的主动权。而模棱两可、犹豫不决的人只能坐失良机，一事无成。

生活中，有些人踌躇满志，下定决心要做一番大事业，而且也以莫大的勇气去做了，可往往没有取得成功，其原因就在于做事缺乏准确性和迅速性。大凡成就大事的人，无不是能当机立断、把握时机的人。著名的

"红顶商人"胡雪岩就是一个很好的例子。

有一次，巡抚给王有龄下了一个任务，要海运局筹备一笔款子购置五百支毛瑟枪，加强浙江绿营兵的军事装备。由于当时战火纷起，军火买卖利润十分巨大，回扣也不菲。但做这门生意的风险很大，因此许多商人都不愿接手，王有龄正愁差谁去经办，忽然胡雪岩求见，便将此情转告胡雪岩。胡雪岩早就垂涎军火生意，苦于无处着手，如今凭空知道了这条消息，正可捷足先登，虎口夺食，把这笔生意夺回来自己做。

胡雪岩心算一下，毛瑟枪每支约五十两银子，五百支需二万五千万两银子，回扣一分以上，这笔军火生意起码可获利三千两银子，是一笔好买卖。当下他立刻应允，请王有龄开了一张三万两银子的官票，预备到上海花费。然后立即收拾行装，雇了一只小火轮，急急连夜奔赴上海。

胡雪岩算定太平军购军火不会很快，洋商必定讨价还价，拖延时日，把太平军逼到最后关头，好高价敲一笔。从高老三口中，胡雪岩得知太平军欲购五百支枪，这批军火数量巨大，洋商不可能有现货。故而胡雪岩满怀信心要把这批军火半道易手，为己所用。

不几日，胡雪岩到了上海，求见上海青帮老大廖化生，说明自己要做军火生意，请他出面帮忙。廖化生笑呵呵道："生意人人做，就看谁占先。凭胡先生的才能，这笔生意你想做，就能做成。"胡雪岩谦虚道："靠我单枪匹马，万难成功，还要老哥鼎力相助。这批军火生意做成之后，老哥可分三成利润，算是合伙生意。"

廖化生喜出望外，没想到胡雪岩出手十分大方，如此慷慨豪爽，道："需要我做什么，尽管说，自家弟兄任你差遣。"

"我对洋商所知甚少，请老哥派一位懂行的弟兄陪陪我。"

廖化生仔细琢磨了一会儿，说："眼下有一位弟兄，在洋行当翻译，外国话说得流利，深谙洋商底细，就叫他帮助你如何？"

胡雪岩道："最好，最好！"

不一会儿，一位青帮弟兄带进一名青年，戴墨镜，穿洋装，着皮鞋，打扮很像洋人，只是脑后却拖根长辫子，显得不中不西，不伦不类，十分滑稽。廖化生向胡雪岩作了介绍，这小伙子叫欧阳尚云，在洋行干了多年，懂法语和英语，是上海洋商中名气很大的人物。欧阳尚云操着一口半生不熟的汉语，告诉胡雪岩说："因从小就在洋行当小厮，学会说洋话，天长日久，中国话反而不流利了。"胡雪岩见他聪明伶俐，反应灵敏，暗忖今后一定以诚相待，将来同洋商打交道，他是个不可多得的人才。

欧阳尚云果然对上海洋商的情况了如指掌，问起洋商事务，如数家珍，娓娓而谈。胡雪岩从他口中了解到，太平军向英商麦得利购买五百支毛瑟枪，但一时没有这么多货，麦得利向国内拍电报催运，商定下月初双方进行交易。胡雪岩算算离双方成交还有二十多天，不禁拍手称庆，"真是天助我也"，二十天用来周旋，时间绰绰有余。依照当时商业惯例，只要货未交出，一切协议契约，均无约束，签约毁约，不用负担任何责任。胡雪岩久经商战，十分有把握令麦得利改弦易辙，撕毁与太平军的签约，把生意转给自己做。

主意打定，胡雪岩叫欧阳尚云同麦得利联系，亲自和他面谈。

第二天，欧阳尚云陪同胡雪岩，前去一家洋酒馆会晤麦得利。胡雪岩他们刚到酒馆门外，这时，麦得利已经快步出门厅迎接，他身材瘦长，像根晾衣杆，鼻子尖细且弯，令人想起鹰嘴。麦得利爽朗大笑，十分热情地抱住胡雪岩。热烈欢迎之后，胡雪岩便开门见山同麦得利谈起那笔军火交易。麦得利十分为难地连连摇头，说已同别人签约，不可失信。胡雪岩善意地警告麦得利，他们同反对清政府的乱民做军火生意，无异于反对中国政府，如果那样他们的在华利益将不会受清政府保护。

这一招很厉害，麦得利无言以对。胡雪岩抓住要害，进一步对麦得利进行劝说，如果清廷得知这笔交易，派兵截获军火，那时他们不单血本无归，还要被清朝政府追究责任，利弊如何，不是明白无遗吗？麦得利苦笑着，耸耸肩膀，两手一摊，表示无可奈何。他狡辩说，枪支已经启运，很快到达上海，若中途毁约，将蒙受巨大损失。胡雪岩告诉他，自己可以代表浙江地方当局买下这批军火，并可提高出价。麦得利双眼一亮，连叫“OK”，表示很有考虑的必要。胡雪岩盯着他说，不是考虑，而是必须，否则自己将动用所有力量，破坏麦得利的军火交易。

此时，欧阳尚云也乘机告诉麦得利，胡雪岩在中国官场中的影响和势力究竟有多大，并且告诉他，胡雪岩的钱财，足可以买下英伦三岛的其中一个。麦得利惊得张大嘴巴，连连伸出拇指比画，金钱的力量立刻降服了他，麦得利认为同胡雪岩这样的巨富打交道，比同“乱民”太平军来往有利多了。

费了这番周折，麦得利终于放弃了原来的打算，同胡雪岩谈起购买枪支的具体事宜。为了确保军火生意顺利成交，胡雪岩特地允许麦得利把每支枪价格提高一两银子。麦得利高兴得手舞足蹈，斟满一杯洋酒，同胡雪岩碰杯，共同庆贺双方合作愉快，生意成交。从这笔军火生意中胡雪岩轻松地获利五千多两银子。

从上面的事例中不难看出，一个希望成大事的人，一定要有迅速做决定并及时采取行动的能力。一旦对事情考察清楚，并制订了周密计划后，就不要再犹豫，而要勇敢地去做。这样才能对任何事都做到驾轻就熟，马到成功。

6. 给对手一个措手不及，越快越好

许多人认为成大事是一个长期的过程，因此就习惯于支出架子准备进行持久的拉锯战。对此，胡雪岩主张以出其不意的方法，给对手一个措手不及。这一策略要点包括，在做事的过程中来个突然袭击，改变态度，使对手在毫无准备的情况下束手无策，不知所以。

胡雪岩在与米行谭柏年的较量中，就是采用了这种办法，不仅为钱庄

挽回了损失，而且得到了谭柏年这个不可多得的经营人才。

在米行中，真正的老板名石三官，远在苏州乡下，是个纨绔。父亲死后遗下一大笔财产，又继承了年代颇久的一家老米行。石三官喜欢斗鸡、走马、玩蟋蟀，疏于生意买卖，便把米行一切事务交给舅舅谭柏年，委托他全权处理一切，连账本也不过目，每年只需按时交付赚来的银子，便不过问。因此，谭柏年不是老板，胜似老板。

谭柏年干米行生意，屈指算来已有三十多载，精通业务自不必说，做米生意的个中奥秘亦了如指掌。

论谭柏年的资历和才干，本可以开一家米行，做真正的老板，但命运偏偏与他作对，家道本届小康，一场突如其来的火灾，使房屋财产付之一炬，沦落到给人帮工的地步，慢慢爬到米行档手，所靠的几位老板相继破产，谭柏年惶惶如丧家之犬，不断寻找新的避难地。幸而上苍有眼，天不灭曹，外甥石三官聘用他做“隆昌”档手，无比信任。谭柏年蛰伏多年的念头又萌动起来。尽管在隆昌，大小事情他说了算，但每当辛辛苦苦赚来的银子必得如数交给石三官，他心里就发痛。外甥待他不薄，年俸可观，外加不少红利，但终究不是自己的米行。谭柏年打起“小九九”，要做老板，得靠自己的手段，账目上做手脚，略施小计，石三官看不出来，这里头揩的油，抵得上两三个档手的薪水。但雕虫小技，难成大器，真正大把捞进的机会在于存米销出的方式。

谭柏年一直在寻找这种机会。

正好，机会就来了，一日，山东米商潘家祥抵达上海，谭柏年闻讯前去码头相迎。他俩是老相识，言谈之间，谭柏年得知对方有意要在上海收购大批谷米，运往北方。此前，潘家祥见到《申报》刊登快讯，知道齐鲁适遇大旱，庄稼歉收，急需赈米救灾。两相印证，潘家祥肯定要做一笔大生意。上海米行林立，各家竞争激烈，这块肥肉到底落入谁家之口，尚难料定。谭柏年决意拼力一争，做成这笔生意。

凭经验，谭柏年知道潘家祥本钱雄厚，不屑于做零碎买卖。与小本米行锱铢必较，费力劳神，且不能满足需要，能看得上眼的大米行，在上海不过三五家。谭柏年把几家米行加以排列，估量实力，隆昌属前三名，可以力争。谭柏年同样喜欢做大买卖，报损率高，回扣可观，一笔生意下来，除了应付石三官，自己还能落下一笔银子。

一见面，两人寒暄一阵，便转入正题。

谭柏年告诉潘家祥，隆昌米行存米充裕，质量上乘，只要价格合适，完全可以独家供给，满足对方需求。

潘家祥颔首表示赞同，他与谭柏年已打过几次交道，知道对方所言不虚，可以作为合作伙伴。末了，谭柏年提出可否草签协约，确定具体价码，并且希望能沿袭去年旧例成交。潘家祥却没有过去那样爽快，他眯着双眼，沉吟不答。过了一会儿，潘家祥挪挪身子，靠近谭柏年，做出亲密状，道：

“柏年兄，贵行的实力，我当然清楚，亦愿成交，只是货比三家，今年米价下跌，已有人愿以每石少五钱银子的价码，大量抛售新米，柏年兄似已迟了一步，实在抱歉得很。”

而这个人正是胡雪岩，这多少有点令谭柏年吃惊。他万没料到胡雪岩会在上海米行中抢生意，所以事先排定的上海各家米行名单中，根本就没有想到过胡雪岩。这真是半路杀出个程咬金，令谭柏年的如意算盘落了空。按他的筹算，隆昌米行的存米全部出手，他至少可得二万两银子的外快，而今却打了水漂儿，怎不叫谭柏年锥心般刺痛。

谭柏年怀恨在心，故向潘家祥进谗言，说胡雪岩之所以敢如此低价抛售，多半是陈米的过。潘家祥也听信了谭柏年的话，单方面与胡雪岩毁了约。

胡雪岩得知潘家祥毁约的消息后，他不因为对方愿付一笔罚金而高兴，反而陷入莫名的烦恼之中。但此事兹事体大，他很快振作起来，思考应对方案。

胡雪岩很快了解到是谭柏年在从中作梗。其实他对谭柏年并不陌生。有一年，浙江谷米歉收，朝廷严令浙江海运局限期运送谷米，以解北方燃眉之急。紧迫之际，胡雪岩曾向“隆昌”购买一批谷米运送北方，彼此有了交道。此刻，胡雪岩努力回忆同谭柏年的交往，试图从中寻找可资利用的蛛丝马迹。

胡雪岩搜索枯肠，细细回想那笔交易的每一个情节。如果换成其他人，早已把这些陈谷子烂芝麻的事忘得一干二净。但胡雪岩毕竟是胡雪岩，他记忆力惊人，忽然记起一个情节：当时同谭柏年讨价还价时，谭柏年并不在意谷米的价码，只是要求按一厘二的回扣，把钱存到“裕和”钱庄户头上。胡雪岩敏感地觉察到这笔钱存得蹊跷，若是替主人赚的钱，必然随大笔米款同存入一个户头。分开来的目的，说明谭柏年私吞这笔回提银，而石三官毫无察觉。生意场上，档手欺骗东家，“账房吃饱、老板跌倒”的现象比比皆是，胡雪岩见惯不惊。以此观之，谭柏年单是从售米私吞的回扣，当不是少数。可以推测，此次潘家祥毁约与隆昌成交，谭柏年必然竭尽诋毁诽谤之能事，而为一大笔回扣力争，似获得成功。

胡雪岩有些兴奋，他自知抓住对方狐狸尾巴，只需用力拖曳出洞，使其真面目大白于天下，则可战而胜之，挽回败局。

后来，胡雪岩利用与“裕和”钱庄档手谷真豪的关系，轻松获得了谭柏年私吞回扣的证据。

胡雪岩下一步要做的当然就是不露声色地让隆昌真正的老板石三官知道这件事。事情果如胡雪岩所料。石三官知道后愤慨不已，仿佛聪明了许多，他决意立刻启程到上海，开销了谭柏年，自己掌管隆昌米行。

除掉谭柏年，并不是胡雪岩的本意。无论谭柏年上天堂还是下地狱，同胡雪岩的荷包毫无关系。相反，他得设法利用谭柏年的经营才干，自己挽回损失。

所以当他得知石三官打算启程到上海时，义利相诱，决定自己入股隆昌米行，股本占三成，代行老板之职。

后来，当石三官和胡雪岩一起站在谭柏年面前时，谭柏年竟有些丈二和尚——摸不着头脑。及至石三官宣布胡雪岩入股隆昌，负责米行事务，谭柏年犹如五雷轰顶，差点昏过去。生意上的对头顷刻竟成上司，事情来得如此突然，谭柏年无论如何也接受不了。

幸而胡雪岩立刻宣布，米行一切依旧不变，各司其职，只因入股需要盘点查账，亦在情理当中。

第二天，胡雪岩叫谭柏年到内室谈话，客套话也未多说，只告诉他“裕和”那档子事他早已知道，并把谷真豪开列的内容一五一十地报给他听。这下可真要了他的命，谭柏年急得嘴唇直打哆嗦，语无伦次：“你……怎么……知道的？”

“要是报了官，你一文也取不出来，还要依律治罪。”

谭柏年宛如受了重重一击，双膝一软，跪了下来，求道：“胡先生饶了小人。”

“我做事宽宏大量，不会把你逼上绝路。”胡雪岩扶他起来，“只要你照我吩咐，办事漂亮，非但既往不咎，裕和里的私款，分文不少属于你，你档手照样做，啥事也不会发生。”

谭柏年完全折服，感激道：“胡先生叫我做的事，拼了老命也要办到。”

“不需要拼命，举手之劳而已。”胡雪岩告诉他，虽然入股隆昌，但海运局和米行到底是两家，那笔生意，解铃还须系铃人，劳烦他去告知潘家祥，隆昌打算毁约，请他信守前约，和胡雪岩成交。

至此，谭柏年才明白胡雪岩的真正用意，暗暗佩服他的老成练达，自己绝不是他的对手。若依了他，隆昌算彻底栽了，不但要付出一笔违约金，而且存米无处销售，石三官要关门大吉。皮之不存，毛将焉附，自己这个档手还做得成吗？

胡雪岩看出他的顾虑，许诺道：“事成之后，你到海运局做事，强过替石三官卖命，说话算数，绝不食言！”

谭柏年无路可走，只好打定主意，死心塌地替胡雪岩效力。

给对手一个措手不及，毫无还击之力，是胡雪岩处理这件事给我们的启示。事实也证明胡雪岩的这一做法是相当有效的。

第十二章

灵活变通，能根据形势随机应变

每个人都希望自己的事业能够一帆风顺，不愿看到出现什么变数，害怕由此引来的失败。但是，世事是变幻无常的，纵观那些已经取得了成功的人，他们在通往成功的路途中，都懂得适时地灵活变通。变通是一种方法，是一种策略，更是一种艺术。记住：规矩是死的，人是活的，变通者是成功的，这是成功人士的经验之谈。

1. 通灵应变是商场的生存法则

一个哲人说："灵活变通是最好的生意经。"对于善于变通的生意人来说，这个世界上没有挣不了的钱，只是暂时没有找到合适的办法而已，所以善于变通的生意人只有一个归宿，那就是成功。

胡雪岩从商业经验出发，认为一个社会要想存在，必然有一个秩序的核心。这一核心起作用与否，全看我们一般人的态度。假如我们投注力量，加以维护，那么这个核心必然是有效的，其生发的秩序，使我们每一个人受益。假如我们人人自危，对这个核心也采取瓦解的态度，那么这个核心必然无效，社会也自然堕入一种无序状态，而一个无序的社会，对我们任何一个人都是不利的。

基于这一认识，当太平军起事时，胡雪岩并不认为这是一个可以乘机捞一把的好机会。在他看来，浑水摸鱼，只是因为水是混乱的，才让人侥幸中有所获。倒过来想，胡雪岩认为自己应该替官府维护秩序，秩序建立起了，自己也有一个从事商业的好环境，官府感谢，也会给你提供好多便利。

故而胡雪岩提出，他的当务之急是帮助官府打太平军，而不是今天从太平军那里捞一把，明天从官府那里捞一把。因为这样的话，两面都面临信任危机，太平军怀疑你与官府有勾结，官府怀疑你替太平军着想，商业最重要的是一个信用，信用丢了，那么他的生意就做不了。

出于同样考虑，当清政府发行官钞时，胡雪岩做出了与钱业同行不同的选择。同行们都认为，太平军近在眼前，政府是否可信大成问题。如果今天我接了这官钞，明天没有人要，兑换不出去，那就烂在手上，白白损失。胡雪岩的看法不同。按他的分析，朝廷毕竟大势还在，尽管朝廷遇到了许多麻烦，不过社会要想运转，还非得靠现在这个朝廷不可。况且朝廷的信用是大家做出来的，人人出来维护，他的信用自然就好。所以别人不理这官钞，胡雪岩却要接。不但自己接，还动员别人接，并且以自己的信用作保证。

帮助官府，就是胡雪岩善于处变的体现。胡雪岩这种看法，符合商业的一般原则。任何一个商人都要求稳定。商人可以面临纷乱的局面不顾生死去求取利润，但这种纷乱局面却不是商人的愿望。任何一个商人都希望在一种平静的气氛下进行风险最小的投资，以求得利润最大。更何况当时的清廷，基本结构尚在，所受的只是猛然一击，但却并非致命一击。

对于清廷旧制，胡雪岩还有另外一层看法。许多人只是畏惧官府，没有想到驾驭官府。胡雪岩一开初倒不会有驾驭官府之想，但是在他帮助的王有龄升官之后，他逐渐发现自己借王有龄获得的便利甚多。首先是资金周转便利，因为有了官府的流转金作依托；其次是发现官府的好多事自己可以以商业活动完成，既减少了官僚办事的低效，自己也赚取了利润；最后是自己借了官府之名，能做到许多以商人身份很难涉足之事。

所以，后来胡雪岩对于利用旧制有了信心。一开头他并不愿捐官，认为生意人和做官的人在一起别扭。后来想法变了，既然官府与生意有千丝万缕的联系，那就不妨捐官，涉入官场。这样做其实也是经商手法活络的一种表现。

胡雪岩在人们心目中，其最大特点就是“官商”，也就是人们说的“红顶商人”。这“红顶”很具象征意义，因为它是朝廷赏发的，戴上它，意味着胡雪岩受到了皇帝的恩宠。事实上，它意味着皇帝肯定了胡雪岩所从事的商业活动的合法性。既然皇帝是至高无上的，皇帝所保护的人自然也不应受到掣肘。换一层讲，皇帝的至高无上也保证了被保护人的信誉。所以，王公大臣才能很放心地把大把银子存入阜康钱庄。

胡雪岩一面获得了信用，另一方面也清扫了在封建时代无所不在的对商人的干预，所以才能让他如同一个真正的商人那样去从事商业活动。

对于太平军，胡雪岩的应对又有不同。

前边讲到，有许多商人，洪杨起事，他们抱了投机的心理，想乘机捞上一把。所以他们就没一条准则、一条理念，只图一时的利润。这样做无异于自毁信用。到头来，太平军也不信任他了，因为他是依顺官府的；官府也不信任他了，因为他曾暗通太平军。

胡雪岩的原则很明确，太平军的口号在他看来不得人心，总是长久不了的。所以他必须帮助官府打太平军，以维持一个大秩序。

不过胡雪岩对于因为洪杨起事而使自己纷扰不安也有着与一般人不同的另一层同情的看法。

在胡雪岩看来，太平军起事，有好多老百姓都是“被迫”卷入这场纷乱中的。比如周八俊，不堪别人的欺负犯了事，只得投靠太平军。再如蒋营官，太平军打到了家门口，男耕女织的平安日子过不下去了，只好投了军，出来与太平军作战。

他们都是不得已而卷入的，所以他们对大时局并无太多看法。他们只希望老老实实在其中一边做事。人只要勤勉，不论在哪一边总是会越过越好的。

有了这种同情的认识，胡雪岩对他们也就不那么苛刻，尤其是在遇到像周八俊这样的人存银子时，他能以同情的心对待，愿意以自己的商业活动，给他们一个再生的希望。

当然也可以说胡雪岩这里边有商业的动机在。不过，如果不是有这种同情的了解，胡雪岩就不会看得那么深，他对这些人手头的银子就会唯恐避之不及。因为很显然，这些人是与太平军有染的。

但是胡雪岩不这么看。与太平军有染，没错。不过要看是什么原因，什么姿态。这些人都是些老实的小民。你不吸收他的存款，他就不得不把它们给太平军用，或者被无理的官差劫掠走。这样于秩序无益，反倒有害。

照胡雪岩的看法，就是商人对客户讲信用，对朝廷讲良心。两者对象不同，原则不同，假如各行其是，各司其职，整个社会便井然有序。否则就只会增加混乱，而于事无补。

胡雪岩的这种灵活的思路，保证了他对所有可能不受官府严格控制的私人财产的吸纳。文煜愿意存钱于阜康，除了上述的信用好以外，就是看中了胡雪岩在经营钱庄时，坚持钱庄只管吸款，不问款项来源的原则。款项来源的正当与否是款项持有人和官府间的事。在现代，是财产持有人和法院间的事，而不是财产持有人和银行之间的事。胡雪岩的过人之处，就在于不是怕官府，以至于不敢按自己的思路经营，而是厘清思路，放手去做。

胡雪岩因为身处沿海，最先看到洋人的坚船利炮，最先与洋人打交道，所以一开始就主张用洋人、洋枪打太平军。当然，这里边也有利益的考虑，而且自始至终，胡雪岩商业利润中很大一部分，都来源于他从事购买军火、购买外国机器、筹借洋款的活动。对洋人的态度还成了他依附官府，维持社会大秩序，最终开拓出一个经营好环境的资本。

萧伯纳说："聪明的人使自己适应世界，而不明智的人只会坚持要世界适应自己。"成大事也是同样的道理。没有听说哪个人抱残守缺、滞步不前，可以先拔头筹；也没有听说哪个人立志求新、应变而起，没有取得成功。

我们所处的时代无时无刻不在发生着变化，不适应它是无法生存的，只有随时随势而变，才能够跟得上潮流，不会被时代所抛弃。

2. 以变应变，才有出路

成大事者必须灵活如脱兔，不断地变换自己的位置和做事的角度，以便让自己处于优势之中。但是话虽这样说，可有些人在这方面却很难开穷，总是死守一点，不够活络，所以越做越差。而胡雪岩却善于变通，他能审时度势改变自己的做事手法，起到最终获利的效果，同时还能另辟出路，得出奇制胜之功。

做生意要以变应变，主要的意思是指不要死守一方天地，而要能根据具体情况做出灵活反应。一个生意人如果只能看到自己正在经营、熟悉的行当，最终只会是抱残守缺，连正在经营的行当都不一定经营得好，更不用说为自己广开财源了。胡雪岩的生意做得活络，在他驰骋商场一步步走向鼎盛的过程中，他灵活机动，四下出击，真可谓是一步一个点子、一路一趟拳脚、一动一套招式，而招招式式都能为自己点化出一条财路。

胡雪岩为自己的蚕丝生意和帮办王有龄湖州官府的公事，几下湖州，结识了湖州颇有势力的民间把头、现正做着湖州“户房”书办的郁四。胡雪岩凭着他的仗义和识见，也因为他帮助郁四妥善处理了家事，深得郁四敬服，为了报答胡雪岩，郁四做主，为胡雪岩娶了寡居的芙蓉姑娘做“外室”。芙蓉姑娘家原来是开药店的，胡雪岩一定要认了这门亲，就是看准了芙蓉姑娘家的祖传秘方。胡雪岩经商手法活络，他才不会固守着钱庄这一种行当，他在乱世中一下就看出药店生意将是一个相当不错的财源。其一，军队行军打仗，转战奔波，一定需要防疫药。其二，大兵过后定有大疫，逃难的人生病之后要救命药，只要货真价实，创下牌子，药店生意就不会错。而且，开药店还有活人济世、行善积德的好名声，容易得到官府支持，在为自己赚钱的同时，还能为自己挣得好名声，何乐不为？自己不懂这行生意不要紧，刘不才懂，只要能够将他收服，迫他改掉身上的毛病，他就可以当起大用，而且他手上的那几张祖传秘方也正好可以充分利用。这些想妥之后，胡雪岩请郁四帮忙，摆了一桌“认亲”宴，就在这认亲宴上便谈妥了药店开办的地点、规模、资金等事项。

胡雪岩的“胡庆余堂”也就这样立起来了。在其后的几十年中，“胡庆余堂”成为名闻天下的老字号药店，素有“北有同仁堂，南有庆余堂”之说。胡庆余堂药店不仅成为胡雪岩的一个稳定财源，也为他挣来了“胡大善人”的好名声，对他的其他生意也带来了极好的影响。

一个钱庄老板，在本业之上还要去做蚕丝生意销“洋庄”，在做着蚕丝生意的时候又想起开药店，胡雪岩这四面出击，不断为自己广开财源的灵活思路，确实不能不让人叹服。事实上，做生意最没出息的，大概就是死守着一方天地。一笔生意再大，也只能有一次的赚头，一个行当再赚钱，也只是一条财路。显然，要广开财源，死守着一方天地是绝对不行的。胡雪岩说，做生意要做得活络，这里的活络，自然包括很多方面，但不死守一方，灵活出击，而且想到就做，绝不犹豫拖延，应该是这“活络”二字的精义所在。

3. 必要时以不变应万变

美国哈佛管理学大师鲍比在《经营的稳固性》一书中，提倡“经营个性”，其要义是“一个没有经营个性的人，一定走不远自己的路”。那么，所谓经营个性，就是自己一向行事的方式，尽管我们一再强调要学会变通，但很多时候，我们还是要坚守自己的个性，做到以不变应万变。

胡雪岩帮助王有龄解决解运漕米难题的时候，经过胡雪岩的一番努力，终于与松江漕帮达成协议，先由松江漕帮在上海的通裕米行垫付十几万石大米，解浙江海运局漕米解运难以按时完成之困，待下一步浙江漕米解运到上海，再以等量大米归还松江漕帮。

这个时候，胡雪岩又提出了另一个方案，他与王有龄商量，想将松江漕帮那批大米改垫付为直接收购，即让信和先借出一笔款子，买下松江漕帮的大米在上海交兑，完成漕米交兑任务，而浙江现有来不及运到上海的那批漕米，自己囤积起来。

胡雪岩改变主意，是因为在与漕帮首领进行接洽的时候，从松江官方打听到一些有关局势变化的消息。一个重大的消息，是洪秀全已经开国称王，自立国号为太平天国。洪秀全改江宁（今南京）为“天京”，定尊号为“天王”，置百官，定朝仪，发禁令，并由“天官丞相”林凤祥、“地官丞相”李开芳率领一路兵马出征，夺取镇江从瓜洲北渡，攻陷淮扬，已成北取幽燕之势。与此相应，朝廷也不示弱，派出两位钦差大臣，一位带兵前出江宁，在江宁城东孝陵卫扎营，形成围城之势。另一位钦差大臣就是曾任直隶总督的琦善。琦善率领直隶、陕西、黑龙江的马步各军，由河南南下，迎头阻击林凤祥、李开芳。目前，这两支兵马基本站稳了脚跟。

时局的这一变化，意味着朝廷与太平军之间，将有一场决定胜败的大战，而且，在胡雪岩看来，局势会向有利于朝廷方面的方向发展，关键只看朝廷的练兵和粮饷办得如何。

朝廷与太平军之间战事在即，又意味着做粮食生意将大有可为，因为不管哪一朝、哪一代，只要一动刀兵，粮食一定涨价。这个时候，做粮食生意，只要囤积得好，能够不受大的损失，无不大发其财。事情发生了这样的变化，胡雪岩感到的是一阵欣慰，因为在他看来，和漕帮议定的由他们垫付漕米，到时以等量大米归还的协约，真的是帮了他们的忙了。但与其让别人赚，还不如让自己赚。所以他要改变原来商定的办法，就是要将那批将来议定还给漕帮的大米囤积起来，等战事一开，自己卖出赚钱。他甚至想到就借漕帮的通裕米行来囤积这批粮食。虽然这是一个挣大钱的好机会，但他还是很快就否定了自己的想法，“江湖上做事，说一句算一句，答应人家的事，不能反悔，不然叫人家看不起，以后就吃不开了。”可以看出，胡雪岩确实是一个“说一句算一句”的诚信君子。

可见以不变应万变也是成大事的一个很重要的原则。另外，变要看是针对什么。从一般商人的眼光看，把米囤积起来自己赚也是无可厚非的，一来商人图利，有得钱赚就尽可去赚，只要不违法，就可以变。二来漕帮此时本来就急于脱货求现，以解燃眉之急，改垫付为收购，也许还正合他们的心愿，也算不得是不守信用。但是，这样变却是于道义不合，也与胡雪岩“说一句算一句”的行事手法相违背。这种变很显然一切只是为了自己打算，从自己的利益出发而不想想别人，本身就不是诚信君子所为，本身就是不讲信义也没有信用。这样的人，自然也就叫人看不起了，也自然不会有人和你合作了。对于胡雪岩这样精明的商人来说，不会不知道其中的利害关系。所以，还是坚持以不变应万变，照原计划进行。

4. 正确的决策常常来源于一个恰当的应变

胡雪岩深谙商道，能够在充满风险的商海中，时刻注意了解当前时势的特点，及时地预测可能要发生的情况变化，审时度势，应时而变，采取积极灵活的应对措施，使自己的生意越做越大。

胡雪岩加紧筹备钱庄，不料未等钱庄正式挂牌亮相，便有人找上门来。这天，一位老者来到阜康门前，指名道姓要见胡老板。胡雪岩见他戴瓜皮小帽，着青色缎袍，一副师爷模样，便请进内堂叙话。此人自称高师爷，在江宁府公干，胡雪岩察言观色，见他两颊如削，双眼深塌，前额微突，便知是惯弄刀笔的老吏。两人寒暄已毕，一时无话。师爷从夹袋里掏出一张官报，请胡雪岩过目。胡雪岩客气道：“胡某一个商贾，不敢与闻政事。”“看有何妨。”师爷微妙地笑笑，“生意人当眼观六路，耳听八方，战乱时期尤应如此。”

报上是一段地方官更迭的消息，其中有“江宁知府俞大寿迁升河南藩司”的内容，胡雪岩揣摩这也许是师爷来此的原因。师爷双目如鹰眼，扫视胡雪岩道：“胡老板看出其中的门道吗？”“没有。”胡雪岩大智若愚，答道：“胡某愚钝，敬聆老前辈指教。”

师爷跷起二郎腿，老实不客气道："我家主子升为河南藩司，实为喜事，胡老板难道不高兴？"

胡雪岩说："当然值得庆贺，但和我有什么关系？"

"若胡老板愿交朋友，鼎力相助，关系便非同寻常。"接着，高师爷压低嗓门，悄声道："千里做官只为钱，我家老爷，慷慨大方，乐善好施，在江宁任内三年，亏空了二万银子眼下新任已到江宁，等着交接，二万银子的亏空如不设法补上，恐遭诟谴，危及前途。"

胡雪岩一下便明白了，大凡有人升迁交接，前任亏空公款司空见惯，只要弥补及时，人不知鬼不觉，账面上做得干净漂亮，便可安然无恙，仍可落个"廉洁清正，操守可嘉"的考语。高师爷此行伸手告贷，其意不言自明。但这种借钱方式，不早不迟，偏偏在钱庄开业节骨眼上，尤其耐人寻味。一般而论，弥补亏空款子，如填无底洞，前任账目不清，溜之大吉，后任亦不认可，只苦了钱庄，白借一笔钱，有借无还。这种情况，胡雪岩当伙计多年，见过成千累万。有些本钱小的钱庄，在威逼下替官吏弥补亏空，以致倒闭。

胡雪岩开钱庄的消息，早传得沸沸扬扬，四方无赖之徒，莫不红了眼要来捞一把、吃白食。但胡雪岩做得聪明，与各个衙门搭上关系，又有知府王有龄撑腰，因此"吃白食"者尚不敢轻易开口要钱。这个江宁知府，莫非吃了豹子胆，晕了头，敢向胡雪岩伸手？

胡雪岩婉言道："高师爷，敝号是新张甫始，本小利薄，不敢高攀，恐难如愿，使你失望了。"高师爷摇头道："找个弥补亏空的钱庄，江宁多的是，老朽只当胡老板久居钱业，精明过人，才不远千里来结缘交友，不料胡老板拒人于外，蒙昧难教，实在可惜。"说着，起身便要走人。胡雪岩听他话中有话，忙做出很恭谦的样子，百般挽留，说："晚辈无知，冲撞老前辈，实在不应该，还请不吝赐教、指点迷津。"

高师爷才回嗔作喜道："生意人应该八面玲珑，一点就透，送上门的财，若放过了，财神爷生了气，终生都不照看你。"便说明来意。河南藩司为一省粮饷最高当权者，执掌河南银钱度支，因逢战乱年代，朝廷命河南地方每年筹措饷银七十万两，输送军前粮台使用。这方式称为“协饷”，协饷一般存放在信誉良好的钱庄备用，且不算利息，随时供军队取用。钱庄都渴望能得到协饷存银，一则充实钱庄本钱，二则可放款以获厚利。

胡雪岩果然一点就透，藩司想用河南协饷做好处，请阜康弥补亏空，日后河南协饷必定存入阜康。胡雪岩不消细算，直觉告诉自己，七十万对二万，好处不言自明，若长期来往，更是极划算的交易。当下胡雪岩做出大梦方觉的样子，对高师爷一揖到底，连声说：“小的有眼无珠，差点误解了高老前辈，多有得罪，实在惭愧！”

高师爷倚老卖老道：“年轻人经验不足，在所难免，吃得亏，人上人，日后就懂得了。”胡雪岩命人摆设上等鱼翅席，宴请高师爷，事后封好二万两的银票，交高师爷转给知府，又私下备了一千两的银票，送与高师爷。

忙碌过后，胡雪岩又有些担忧，唯恐二万银子有去无回，打了水漂儿。可是不到半月，河南协饷七十万两银子，果真划到阜康钱庄。这一变可是做了一门划得来的买卖。

钱庄面临开张，胡雪岩心中还有一桩心事尚未落实。他要把面子做足，台面撑大，不同凡响，令人敬畏，让杭州人看看阜康的场面和派头。钱庄的面子就是银钱，本钱越大信誉越高，胡雪岩打算用“堆花”的办法让众人大吃一惊。所谓“堆花”，就是钱庄新张，同行前来致贺，各家抬来银子存入钱庄，以壮气势，称为“堆花”，本是同行业的捧场做法。“堆花”纯属礼仪行为，同行都是钱庄，不可能拿大批银钱为别人壮威，礼仪上点到为止，图个喜气。

胡雪岩却不然，他打算借“堆花”大出一番风头，如何让同行肯抬上大批银钱为开业“堆花”助兴，几乎成了一件性命攸关的事。

胡雪岩与王有龄商议此事，没想到王有龄哈哈一笑，道：“如此区区小事，还用犯难吗？”他从官札中捡出一张官票来，对胡雪岩道：“户部刚刚行文下来，朝廷饷银吃紧，新近发行一种官票，要各地钱庄派销银钱，保证官票能够上市流通、兑换现银。”

清朝增发官方银票，和后来的政府多印钞票是同一码事。增发的银票必须要有银子做后盾，各地钱庄便承担了派销银票的任务，朝廷对钱庄颐指气使，巧取豪夺，钱庄忍气吞声，慑于压力，打落牙齿和血吞，还要召集同行各家钱庄，根据实力大小，分配派销份额。

“浙江新派四十万两官票。”王有龄说，“钱庄固然不愿意也没有办法，我们不妨在同业会上做个好人，声称全由阜康包了，不要大家承担，众人岂不感激涕零，提出‘堆花’还能拒绝吗？”胡雪岩有些担心：“四十万两银子不是小数目，我们能承担吗？”

“老弟原来不知。”王有龄说，“我们并不真的承担，只是装模作样罢了，待压过一段时间，另发一通官札，再平摊到大家头上，不露半点儿痕迹。”

“官札那么好发，说写就写？”

“举手之劳，要不，衙门里那么多刀笔吏，不清闲得发慌吗？”

胡雪岩恍然，原来如此办事，多半是应付老百姓的，拿着鸡毛当令箭。不过，由此他认定若做大生意，非懂得变通不可。

中秋节前，阜康钱庄开张大吉，自抚台以下，浙江各衙门官员纷纷莅临致贺。钱庄门前，高车驷马，冠盖如云。商贾同行，前来捧场，市民百姓，远远地围观。阜康钱庄柜台上，白花花的官制锭银，堆得如小山般，与阳光交相辉映，刺得人们睁不开眼睛。杭州市民，多少人生下来一辈子，没见过这么多银子。于是，街头巷尾流行一句民谣：金山银海，抵不上阜康的柜台。

胡雪岩灵活变通的行事方式，使他在商界如鱼得水，不仅为他化解了商业活动中的一个个困难，更主要的是他在各种关系中找到了自己巧妙投资的路子。

生意场上，各种情势总是处于不断的变化之中，所谓此一时，彼一时，成功的商人要学会审时度势、应时而变。这是因为此时可用且用之有效的招数，彼时不一定用之有效。凡事不可因循守旧、墨守成规，一种情势下绝不能采取的做法，移到另一种情势下，也许恰恰适用。生意场上要善于灵活变通，因为商场中没有陈法可以遵循的，墨守成规，等于作茧自缚，也等于自杀。

所以，一个生意人要在商场中做出大事业，一定要有随机应变的意识，因为“商”者，诡道也。

5. 活络经商，巧打“擦边球”

我们知道，胡雪岩是“官商”的典范，与官府打交道肯定是懂法的，但也因为这样，所以就更应该守法，大家可都是盯着的。但是，在胡雪岩认为在不改变法律形式的前提下，是可以变法律为己所用的，这一谋略真是登峰造极。

胡雪岩说过：“犯法的事，我们不能做，不过，朝廷的王法是有板有眼的东西，他怎么说，我们就怎么做，这就是守法。他没有说，我们就可以照我们自己的意思做。”胡雪岩主张的是只有守法才能用法，才可以适当地打一些“擦边球”。

钱庄本来就是以钱生钱的生意。胡雪岩与张胖子筹划的吸收太平军逃亡兵将的私财，向得补升迁的官员和逃难到上海的乡绅放款的“买卖”，的确是一桩无本万利的好买卖。得来的存款无须付利息，而放出去的款子却一定会有进账，岂不就是无本万利？

可是张胖子不敢做这笔生意。张胖子有张胖子的道理，他认为，按胡雪岩的做法，虽不害人，但却违法，因为太平军兵将的私财，按朝廷的说法无论如何应该算是“逆产”，本来是朝廷追缴之列，接受“逆产”代为隐匿，可不就是公然违法？

然而胡雪岩却不这样看。胡雪岩也有胡雪岩的道理。在他看来，犯法的事情自然是不能做的，但做生意要知道灵活变通，要能在可以利用的地方待机腾挪。比如，朝廷的王法本来是有板有眼的东西，朝廷律例怎么说，我就怎么做，不越雷池一步，这就是守法。而朝廷律例没有说的，我也可以按我的意思去做，王法上没有规定我不能做，我做了也不能算我违法。他的意思很清楚，不能替“逆贼”隐匿私产，自然有律例定规，做了就是违法。但太平军逃亡兵将绝不会明目张胆以真名实姓来存款，必然是化名存款的。朝廷律例并没有规定钱庄不能接受别人的化名存款，谁又能知道他的身份？既然不知道他的身份，又哪里谈得上违法不违法呢？

胡雪岩的说法很有些像“诡辩”，但也确实透出他头脑的灵活和手腕的不凡。胡雪岩的说法和做法，用我们今天的一种说法，也就是所谓打“擦边球”，说穿了，也就是在法令法规不尽完善的地方钻“空子”。

不过，从事过商业活动的人都知道，打“擦边球”有时确实也是一种很有成效的商事运作手段，特别是在市场经济形成初期，在市场还处在由无序向有序化发展的时候，有魄力、有头脑的经商者，往往能够借助打“擦边球”的手段，使自己在激烈的商战中保持主动的和领先的地位。循规蹈矩，有关法令法规规定不能做的不做，在两可之间，可能担几分风险的事情又不敢做也不知道怎样去做，这样的人，恐怕很难在商场上干出大成就。

但是有一点须注意，可以打“擦边球”，甚至还要敢于打“擦边球”，但“起板”打“球”的人必须先弄清自己确实是打“擦边球”而不是“界外球”。“擦边球”是好球，而“界外球”则无论如何都是坏球、臭球，而且，商场上打了臭球、坏球，还往往不仅仅是失分的问题，它带来的后果，常常就是悲惨地出局。这里有一个“度”的把握，其中机理，实在是只可悟而不可言。

6. 在审时度势中求变通

胡雪岩曾有名言："天变了，人应变。"意思是指时势时局变了，人也应做出相应的变化与调整以顺应时局。如何灵活运作自己的经商计划，当然离不开对大势的把握。时局大势之变，不可琢磨，常出人意料。所以，胡雪岩善于变通、"审时度势"，显示了他的灵活运作思想。

动荡识忠臣，日久见人心。这话是说，唯有改朝换代、政权交替之际，才能看出平常忠字当头、口号震天的臣子中，谁是真忠臣，谁是假忠臣。可惜的是，中国历史的实证经验显示，有拥抱当权者大腿习惯的家伙，通常都是有奶便是娘，只要当权者换了面孔，他们就换着大腿抱。这种政治上的策略被胡雪岩熟练地运用于自己的生活、生意中。

在清朝咸丰年间，太平天国运动席卷江南，占领了浙江省城杭州，巡抚王有龄自尽殉职，炙手可热的"红顶商人"胡雪岩只身逃至上海。虽然幸免于难，但胡雪岩孤家寡人滞留上海洋人租界，心思犹自魂牵梦萦着杭州，一方面，是挂心王有龄安危；另一方面，则是老母妻小未曾脱出，音讯茫然，生死不明。

杭州被太平军占领，消息辗转传到上海，王有龄固然是死了，但胡家满门却因为应变得法，及时走脱，躲到乡下，阖家老小平安。

有道是"大难不死，后祸不止"，一波未平，一波又起。虽说胡家满门皆告平安，但杭州城里所谓的"地方士绅"却颇有不少人为太平军做耳目。于公，这些人告诉太平军，杭州城里有胡雪岩这么一号人物，是办粮台搞后勤的好手，虽然人跑到上海，但家眷还留在杭州附近，可以其家眷为饵，要挟胡某人来归；于私，这帮衣冠中人打算借机掏弄胡雪岩，榨点银子花花。

这项消息传到上海洋人租界，传到胡雪岩耳里，让他又急又气。急的是老母、妻子、儿女的安危；气的是这些所谓的“地方士绅”，平常在乡里望之还似人君，开口王道，闭口朝廷，好像人人都是忠臣，个个都是孝子，如今太平军只不过席卷东南半壁，还没打过长江，这些家伙马上就露出尾巴。

平常人要是碰到这等事体，大概也没辙了，只好乖乖打算回杭州，听任新贵摆布。但是，这些家伙这次却踢到铁板，低估了胡雪岩，结果偷鸡不成蚀把米，到头来被胡雪岩吃得死脱。

胡雪岩的手法简单而高明，他走门路请人写了一纸公文，以他“浙江候补道兼团练局委员”的身份，上书闽浙总督。这公文里说，虽然他在城破之前，已经先行逃到上海，但是，临走前在杭州已有布置，已经暗中与杭州城中士绅某某某、某某某等约定，请该等士绅保护地方百姓，并且暗中布置，将来官军一到，就相机策应，这些人都是公正士绅，心在朝廷，现在虽然替太平军做事，但将来官军收复杭州之后，不论这些士绅当过太平军什么官职，都请既往不咎，并予重用。

然后，胡雪岩走门路请闽浙总督快速批示这公文，并由胡雪岩取得副本，而胡雪岩则请人将公文副本带到杭州，交给“地方士绅”。这封公文既狠又贼，要的是两面手法：一方面，让这些所谓的“地方士绅”知道，胡雪岩替他们在官军那面讲了好话，将来要是政府军光复杭州，他们可保无虞；另一方面，也让这些士绅知道，要是他们胆敢与胡家老少过不去，那么，胡雪岩只要把这封公文的副本送给太平军，光是“相机策应官军”，罪名就够抄家灭门。

计策果然是好计策，公文副本托人送到杭州之后，没过多久，胡家老小就平安脱险，悉数被送到上海，与胡雪岩团圆。

胡雪岩做事总是随时而变，见机行事，急缓相宜。应变意味着必须打乱固有的节奏和格局，所以因循守旧的做法不可能解决问题，而要换一个方式，做到出奇制胜。

7. 换个角度看问题，赢取制胜先机

生意变数非一般人能所知，它是一部《圣经》，胡雪岩则烂熟于心，运用自如，有着非常灵活的手腕，并且长于变通。

事物之间总有一种内在的必然联系，而且总是互用互变的。胡雪岩是一个很善于从事物的发展中找出其必然规律，并能积极地运用规律办事、经营的人，其中典型的一例，就是胡雪岩对货币运动规律的把握并按规律经营。

在钱庄的经营中，胡雪岩发现了“无息币”的规律并积极贯彻于其经营之中。所谓的“无息币”是指不要让货币滞留于手中。这一规律体现了商人资本的动态特点。

资本为了取得利润，就必须不断地买进货物卖出货物，与此相应，货币也必须不停地流动。这就是陶朱公“计然之策”所要求的“财币欲其行如流水”。从一定意义上说，不断地买进卖出过程，就是商人资本的存在形式。如果让货币停留在手中，就只是守财奴的行为。所以，从货币形式来看的商人资本，是货币在流通领域中的不断运动，“无息币”则是对这种运动的最好表达和概括。

胡雪岩自小在钱庄当学徒，深知钱业生意的奥秘。所以在开业之初，虽只有十万左右的款项，且每笔款项的存货日期相逼甚紧，他还是能够调动资金，及时投入新的丝茧生意。

档手刘庆生刚开始一听到胡雪岩的调度，迟迟不敢认同。他作为一

名优秀的钱庄伙计，深知钱庄须要有大批头寸垫底，方可不陷窘迫。胡雪岩猜透了他的心思，就拿“无息币”的道理给他讲一番。胡雪岩说，搞钱庄生意的，就是要七个盖子八个坛，盖来盖去不穿帮才显出你的本事。要算准了，今天进款多少，余款多少，什么时候要，支出多少，有可能还有些什么样的进项。眼光要放远，总起来盘算，让钱活起来，不要积死在手上，钱业生意最害怕的就是烂头寸。别人存款来了一大堆，放不出去，没地方用。要是这样的话，不过几天，你准备关门得了。

胡雪岩从刘庆生手里调动这笔资金时，他已经做了许多工作，估计到一旦王有龄署理湖州，另一批新款自然源源而来。这也更促使他做出冒险放款的决定。甚至连他自己也没有想到，就在第二天就有好事登门，由于事先曾有款放交情给了调任江苏藩司的麟桂，麟桂一到任后马上派人来告诉阜康钱庄，浙江押往江南大营的协饷全部由阜康来代理。相形之下，连刘庆生也感到第一天放款出去是极为正确的。不然的话，这么多头寸摆在那里，真是只落个虚好看了。

所以，从胡氏经营中，我们可以找到一个普遍一般性的方法，即要善于从事物中找出其规律，从偶然中看出其必然，并按这个规律、必然去行事。

苏轼的《题西林壁》中有一句话说：“横看成岭侧成峰，远近高低各不同。”此诗之寓意是对一个事物的看法与认识，从不同的角度与视角，得出的结论可能完全不同，对事物的认识程度也完全不同。所有成功的商人都有一套自己的“路子”。不难发现，他们的目标虽然同是赚钱，但达到目标的方法却存在很大的差异。很多时候，经营手法的特殊，使他们更快走向成功。由本质来判断，视角主要源于经营者个人的眼光。也正是胡雪岩的眼光，使他有精明分析问题的商务视角，从而挖掘出长流不断的财源。

只要你细心留意，学会用多棱镜观察问题、寻找商机，定能印证“条条大路通罗马”的俗话。

8. 别做环境的奴隶

环境对一个人的影响是巨大的，若能利用环境，取己所需，弃之无用，必将做成大事；反之，若随波逐流，甘做环境的奴隶，那么你将一事无成。

当然，改变不了环境就改变自己，并不是敦促你改变自己去做环境的奴隶，而是要你在不能改变大环境的前提下也绝不可做环境的奴隶去放任自己随波逐流，那样你终将一事无成。但这并不代表我们可以忽视环境对我们的影响，胡雪岩就善于利用身边的环境，因为处在一定的环境之中，不可能不受到环境的影响。

胡雪岩也说："做生意，把握时事大局是头等大事。"没有相应的社会环境气候，就没有英雄成长的土壤和其他条件，真正的英雄人物必须能够适应环境，化环境为己用。可以说，胡雪岩的成功，离不开其所处的环境这个大前提。

胡雪岩生于1823年（道光三年），卒于1885年（光绪十一年），历经清代道光、咸丰、同治、光绪四朝，适逢一个新旧嬗变、纷纭复杂的大变动时代。

首先，内忧外患交相煎迫，国库极度虚乏，时势需要商人扶危纾难。

近代以前，华夏民族虽与周边异族几经逐鹿，但整个国家的生存、发展并不因此受到威胁，相反，在与异族的冲突中不断维护和扩大了大一统的局面。这使封建统治者滋长了文化优越感、故步自封。近二三百年间，明清专制政权实行闭关和抑商政策，中间错过了从传统封建社会向资本主义社会过渡的有利时机。到18世纪末19世纪初，进入“悲风骤至日之将夕”（龚自珍语）的封建末世，与经过资产阶级革命和工业革命而国力大增的欧美资本主义国家相比，整整落伍了一个时代。

胡雪岩18岁那年，即1840年（道光二十年），鸦片战争爆发。英国军队挟坚船利炮打败了中国装备落后的八旗、绿营，于1842年8月29日（道光二十二年七月二十四日）逼迫清政府签订中国近代史上第一个不平等条约——中英《南京条约》。第二年，又订立中英《五口通商章程》和《五口通商附帖善后条款》（又称《虎门条约》）。通过这些条约、章程和条款，英国侵略者强占香港；勒索二千一百万元赔款（不包括六百万元广州“赎城费”）；逼迫中国开放广州、福州、厦门、宁波、上海五口为商埠；规定“值日抽五”的低税率；还攫取了领事裁判权（又称治外法权，即外国人在华犯罪由本国处理，不受中国法律制裁）和片面最惠国待遇。继英国之后，美、法两国分别胁迫清政府签了中美《望厦条约》和中法《黄浦条约》，扩大领事裁判权的范围，并获得在通商口岸自由传教的特权。“墙倒众人推”，中国遭遇国难时，西方其他一些国家，如葡萄牙、比利时、瑞典、挪威、荷兰、西班牙、普鲁士、丹麦等，也乘虚而入，与英、法、美“共同分享”侵略特权。

此后的十年间，本来就深受封建统治之苦的百姓又加上了帝国主义压迫这一重负，生活境况更加恶化，纷纷铤而走险。仅《清实录》道光、咸丰两朝所载，1842～1852年，全国武装起义就有九十二起。1851年1月11日，广东花县人洪秀全，在广西桂平县发动中国近代史上最大的一次农民起义——太平天国革命运动。在不到三年的时间内，太平军势如破竹，先在永安建国，继而迅速挺进两湖，定都南京，接着又溯江西征，挥师北伐，在相当长时间内，占有大片地盘，与清廷分庭抗礼。在此期间，上海与福建的小刀会、两广天地会、红巾军、北方捻军、贵州苗民、云南彝民和回民、陕甘回民、山东白莲教、浙江天地会也纷纷举起反清大旗。

中国内战使列强有隙可乘，他们趁火打劫，又先后迫使清政府签订

《天津条约》和《北京条约》。经此变故，外来势力从沿海扩大到长江流域，从华南伸展到东北，中国的领海和内河主权，海关和贸易主权、司法主权受到侵害，特别是公使驻京一条，意味着官派入京的洋人再不是康乾盛世时行面君之礼的“贡使”，而是以条约为护符、凭武力为后盾的公使，这对以“万邦来朝”的“天朝大国”自居的清王朝不能不说是个致命的打击。

道光以后内战外祸的结果使社会生产遭受严重破坏。素称“鱼米之乡”的东南地区兵祸之后，死亡枕藉、流离皆是。与此同时，全国各地的旱、涝、蝗、饥、疫等自然灾害也相当频繁，鸦片走私，战争赔款、内战军费加之各地官员贪污成风，使得清政府财政状况极端恶化。

国库空虚必使百业受困。19世纪中下叶正是举办洋务、筹边固防之时，常有请款之奏，而清政府财政捉襟见肘。任何一个政权都需要物质基础做统治基础，晚清财政的窘态为拥有殷实资本的商人介入国事提供了客观前提。其次，商品经济发展和欧潮澎湃东来冲击传统的农本商末观，为商人施展抱负创造了较前宽松的氛围。

中国封建社会大一统的专制政权是建立在小农经济基础之上的，这一本质决定了封建政府对极易引起人口流动、破坏小农经济稳定性的商品经济采取苛刻的态度，奉行以农稼为本、以工商为末的政策。传统的重农抑商的政策和儒家“不患寡而患不均”的教化，导致了“商为末业”、“商人为四民之末”的观念深入人心，无论政府立国施政还是民间世俗生活一直被“末修则民淫，本修则民悫”的原则所左右。

但是，商品作为一种特定的社会经济载体，起着沟通人与人之间、地区之间联系的纽带作用。社会发展需要商品经济，谁也无法回避这个客观事实。加上封建政权租赋仰给农田，往往竭泽而渔，导致种田勤苦而利薄，经商安逸而利厚，受实际功利的驱使，总有那么一批人会不顾政府的贬黜去闯荡商海，所以商品经济在封建高压下依然有缓慢的发展。到明朝中后期，已在磨难中出现资本主义萌芽，中国封建社会母体内的变革因素已悄悄萌动。进入晚清，偏离传统轨道的进程因鸦片战争的爆发而呈现跳跃式的轨迹。战后，由于门户洞开，各国大量输销工业品、掠夺农副产品和工业原料，中国被迫卷入世界市场，男耕女织的自然经济结构首先在东南沿海和长江流域受到冲击。第二次鸦片战争以后，列强通过控制海关、航运、财政、金融等经济枢纽，把经济活动拓展到中国广大腹地，并深入穷乡僻壤，从而进一步加速了中国封建经济的解体。19世纪60年代以后，中国举办洋务新政，开办一批近代军事、民用工业，这就促使传统的以手工劳动为基础的自然经济向以大机器生产为基础的社会化商品经济过渡。

此外，晚清以来，西方物质文明、生活习俗、自然科学和社会科学知识通过洋货输入、传教布道、租界展示、出洋考察和大众传播等各种渠道传入中国，这就不仅从经济上影响着中国，更是政治、文化的一种渗透。

人创造了环境，环境也造就了人。晚清的局面无疑是胡雪岩游走商界的一个社会平台。胡雪岩在这种大的环境趋势下，能积极应变，没有做环境的奴隶，才是他红极一时最关键的原因。